문학의 창으로 본 베트남

문학의 창으로 본 베트남

최귀묵

KOREA
UNIVERSITY
PRESS
고려대학교
출판문화원

※ 이 연구는 문과대학 박준구 기금 인문 저술 사업의 지원을 받아 수행되었음.

책머리에

이 책은 문학작품을 매개로 삼아 베트남을 이해하는 데 도움을 주고자 하여 마련되었다. 베트남문학의 정전(正典)이라고 알려진 작품의 요긴한 대목을 번역해서 소개하면서 필자의 견해를 밝히고, 베트남 안팎에서 이루어진 주요 연구 성과를 정리해서 보여 주고자 했다. 아울러 서술은 대학생, 일반 독자가 읽어서 이해할 수 있을 정도로 평이하게 하고자 노력했다.

필자는 몇 해 전부터 '문학으로 본 동아시아문명'이라는 강좌를 개설해서 학생들과 만나고 있다. 필자의 전공 영역에 딱 부합하는 수업이서 흥미도 있고 보람도 크다. 그런데 베트남문학과 관련된 부분을 강의할 때는 학생들에게 추천할 만한 교재가 마땅치 않았다. 필자가 연전에 낸《베트남문학의 이해》가 있지만, 체제나 분량이 압축적인 성격의 강의에는 맞지 않았다. 그러던 차에 학교 안팎의 요구에 부응해서, '문학으로 보는 동아시아문명'에 이어 '문학의 창으로 본 베트남'이라는 강좌를 구상하게 되었고, 거기에 소용될 새로운 저서가 필요하게 되었다. 저서를 구상하던 중에 문과대학 박준구 기금의 지원을 받게 되었다. 지원에 힘입어 베트남 곳곳을 다시 찾고 연구서를 사서 참고할 수 있었다. 앞선 저서를 이어 받으면서도 구상을 다시해서 새롭게 썼다. 이 책이 이루어질 수 있도록 도움을 주신 박준구 선생님께 깊이 감사를 드린다.

대학에서 베트남 관련 강좌에 대한 수요가 늘고 일반 독자들의 관심 또한 높아지는 것은 반가운 일이다. 이 책이 그러한 수요와 관심에 다소나마 부응할 수 있기를 바란다. 책을 잘 만들어준 고려대학교 출판문화원, 원고를 읽고 수정해 준 유해인, 조은숙, 최현민과 삽화를 그려준 고은정에게 고마운 마음을 전한다.

2017년 6월
최귀묵

일러두기

이 책에서 베트남어 표기는 다음과 같은 원칙을 따랐다.

— 근대 이전의 인명, 작품명 등은 우리말로 읽고 괄호 안에 한자를 적었다. 필요한 경우에는 베트남어도 병기했다. 쯔놈으로 표기된 경우에는 우리말로 읽고 베트남어를 적었다. 다만 지명(地名)은 되도록 우리말로 읽고 베트남어를 적었다.

— 근대 이후의 인명, 용어 등은 우리말로 읽고 괄호 안에 베트남어를 적었다. 작품명은 우리말로 번역하고 베트남어 원제목을 밝혔다.

— 고유명사를 표기할 때는 베트남어에서 띄어 쓴 대로 한글 표기를 하는 것을 원칙으로 했다. 다만 한글 표기가 이미 굳어진 경우는 표기와 띄어쓰기에서 관용을 존중했다.
(예) 베트남, 사이공, 하노이, 호찌민, 다낭, 쯔놈

— 쯔놈문학 작품을 인용할 때는 쯔놈 원문을 밝혀야 하지만 현실적으로 그렇게 하기가 힘들다. 그래서 대부분의 경우 쯔놈 원문 대신 베트남어로 전사(轉寫)한 바를 제시했다. 쯔놈 원문에서 한자어를 사용한 경우에는 번역문에서도 되도록 살려 쓰고자 했다.

목차

동아시아 속의 베트남

베트남 전도

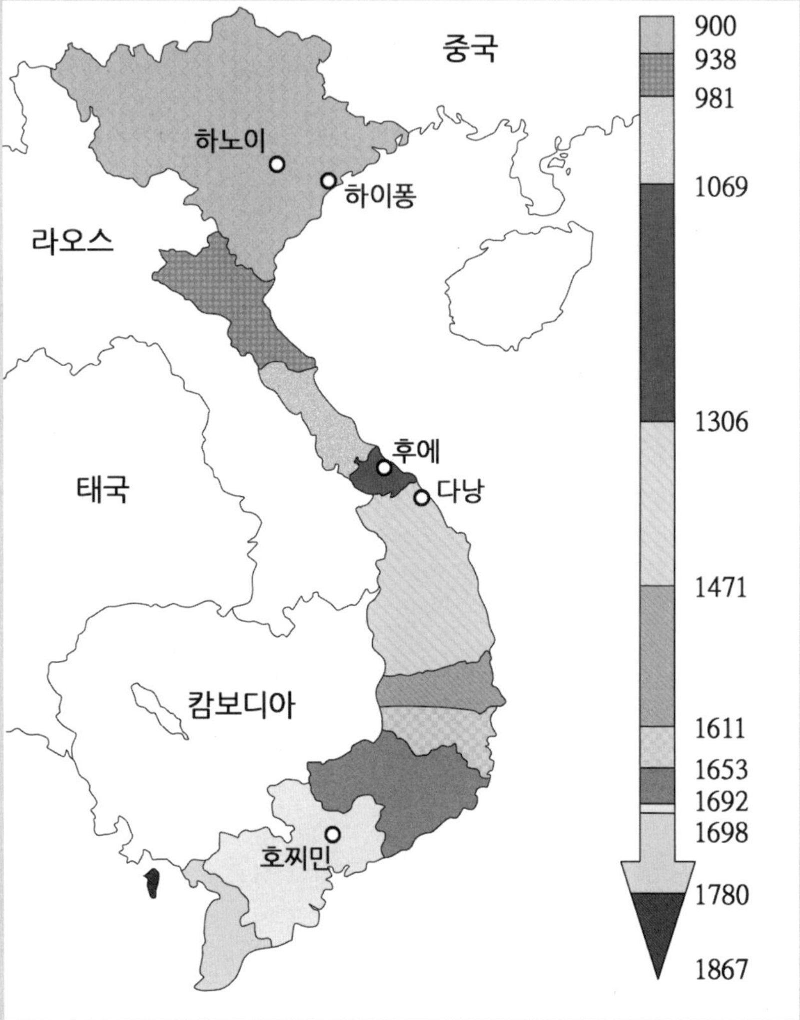
중국
하노이
하이퐁
라오스
후에
다낭
태국
캄보디아
호찌민
900
938
981
1069
1306
1471
1611
1653
1692
1698
1780
1867

베트남의 남진(南進)

1장 언어와 문자

1. 베트남어의 특징과 표기

베트남어는 오늘날 베트남을 이루고 있는 54개 민족 가운데 최다수 민족인 비엣족(=낑족)이 사용하는 언어다. 세계 언어 통계를 제공하는 에스노로그(Ethnologue)의 홈페이지에 따르면 베트남어 사용자 수는 약 7,700만 명에 이른다. 남북한을 합한 한국어 사용자 수보다 약간 많다.[1]

베트남어는 단음절 고립어이자 성조어라는 특징을 가지고 있다. 어형 변화나 접사(=접두사 · 접미사)가 없고, 단어가 놓이는 위치에 따라 문장 속에서 가지는 여러 가지 관계가 결정되며(=고립어) 여섯 종류의 성조가 있다(=성조어). 언어 계통 연구에 따르면 베트남어는 오스트로 · 아시아(Austro-Asiatic) 어족(語族)의 몬 · 크메르(Mon-Khmer) 어군(語群)에 속한다고 보는 설이 유력하다.[2]

베트남 사람들은 자국어(베트남어)를 '꾸옥 응으(quốc ngữ)'라고 한다. 한자어 '국어(國語)'를 베트남어로 읽은 것이다. 오늘날 베트남어의 표

---

1 http://www.ethnologue.com/statistics/country에 따르면 베트남어 사용자는 76,935,370명이고 남북한을 합한 한국어 사용자는 71,949,600명이다. (2016년 6월 15일 검색)

2 변광수, 《세계 주요 언어》(개정증보판), 역락, 2003, 31면. 베트남어는 "6개로 세분된 성조가 있다고 해서 이를 시노-티베트(Sino-Tibet)어로 분류하기도 하고, 각종 토착 어휘나 어순(꾸미는 말이 명사의 뒤로 가는 배열)으로 보면 주변의 캄보디아어와 유사하다고 해서 몬-크메르(Mon-Khmer)어로 분류하기도 한다."(최병욱, 《동남아시아사》, 대한교과서주식회사, 2006, 67면)

기에 한자가 쓰이는 것은 물론 아니지만, 독자의 이해를 돕기 위해서 이 책에서는 한자를 우리말로 읽어 '국어'라고 표기하기로 한다. 국어의 성립 과정에 대해서는 다음 절에서 설명하기로 하고, 여기서는 먼저 자모(字母)의 발음에 대해서 살펴보기로 한다. 베트남어 자모를 읽는 법을 대략적으로라도 알아 둔다면 이 책에 나오는 인명이나 지명을

베트남어의 모음과 자음[3]

모음	단어	발음
A	Am	아-암
Ă	Ăm	암
Â	Âm	엄
E	Em	앰
Ê	Êm	엠
I	Im	임
O	Om	오-엄
Ô	Ôm	옴
Ơ	Ơm	어-엄
U	Um	움
Ư	Ưng	응
Y	Yêm	이엠

자음	단어	발음
B	Ba	바
C	Ca	까
	ác	악
CH	CHa	쨔
	ách	아익(남부발음: 악)
	ếch	에익(남부발음: 엑)
	ích	익
D	Da	자(남부발음: 야)
Đ	Đa	다
G	Ga	가
Gh	Ghe	개
Gi	Gia	쟈(남부발음: 이아)
H	Ha	하
K	Ke	깨
Kh	Kha	카
L	La	라
M	Ma	마
N	Na	나
Ng	Nga	응아
	ang	앙
Ngh	Nghe	응애
Nh	Nha	냐
	anh	아잉(남부발음: 안)
	ênh	에잉(남부발음: 엔)
	inh	이잉(남부발음: 인)
P	Pha	파(영어의 f 발음)
	áp	앞
Q	Qua	꾸아(남부발음: 우아)
R	Ra	자(남부발음: 라)
S	Sa	사
T	Ta	따
	át	앝
Th	Tha	타
Tr	Tra	쨔
V	Va	바(영어의 v 발음)
X	Xa	싸

3 조재현 편저,《베트남어 한국어 사전》, 한국외국어대학교 출판부, 2000, x~xii면.

읽는 데 도움이 될 것이다.

영어(로마자)에 익숙한 독자가 직관에 의지해서 읽을 경우 잘못 발음하기 쉬운 자모가 있는데, 'd-', 'đ-', 'ng-', 'ngh-', 'nh-', 'tr-', 'ơ-', 'ư-' 등이 그것이다. 아래에 몇 가지 보기를 들어 본다.

Đông Dương Tạp Chí 〈동 즈엉 땁 찌〉(잡지 이름)[4]: 'd-', 'đ-'
Nguyễn Trãi 응우옌 짜이(인명)[5]: 'ng-', 'tr-'
Nghệ An 응에 안(지명): 'ngh-'
Nha Trang 냐 짱(지명): 'nh-', 'tr-'
phở 퍼(쌀국수): 'ơ-'
chữ nôm 쯔놈(베트남어 차자 표기): 'ư-'

한때 성씨 가운데 하나인 '응우옌(Nguyễn)'을 '구엔'으로 표기한 적이 있는데 베트남어 원음과는 거리가 있다.[6] 또한 한국인이 즐겨 찾는 여행지 가운데 하나인 'Nha Trang'을 '나 트랑'이라고 읽는다든지, 쌀국수를 뜻하는 'phở'를 '포'라고 읽는 것도 베트남어 원음과는 다소 거리가 있기는 마찬가지다. 각각 '냐 짱', '퍼'라고 읽는 쪽이 좀 더 원음에 가깝다.

베트남어의 한 음절을 구성 요소로 나누면 '성조+첫음(첫 자음)+운(韻, vần)'이 된다. 'toàn'(또안)을 예로 들어 보면, 모음 위에 있는 '＼' 표시는 성조(2성)를 표시하고, 't[t]'는 첫음(첫 자음)이며 'oan[wan]'은 운

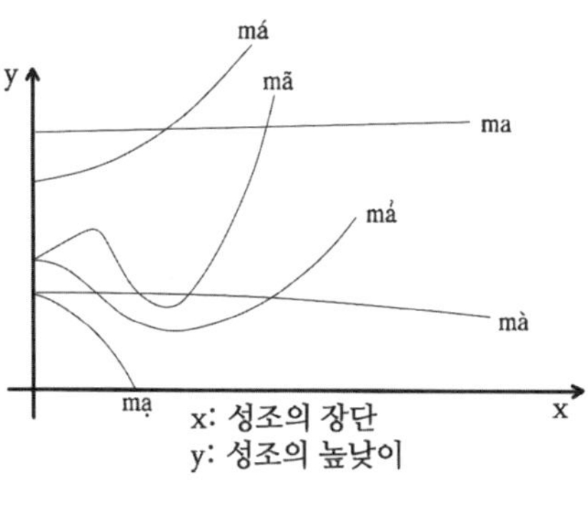

4 〈동양잡지(東洋雜誌)〉. 1913~1917년에 걸쳐 간행된 주간지.
5 완채(阮廌, 1380~1442).
6 일본어로는 'グエン'(구엔)으로 표기한다.

에 해당한다. 베트남어에는 그림에서 보듯이 여섯 가지 성조가 있다.

이름	표시	예	
1성	타인 응앙(thanh ngang)	모음 위에 아무런 표시가 없음	ba, hoa
2성	타인 후이엔(thanh huyền)	모음 위에 '＼'(후이엔) 표시	bà, hòa
3성	타인 응아(thanh ngã)	모음 위에 '~'(응아) 표시	bã, hõa
4성	타인 호이(thanh hỏi)	모음 위에 '?'(호이) 표시	bả, hỏa
5성	타인 삭(thanh sắc)	모음 위에 '/'(삭) 표시	bá, hóa
6성	타인 낭(thanh nặng)	모음 아래에 '·'(낭) 표시	bạ, họa

베트남어의 운에도 주목해야 한다. 베트남의 고전 시가(詩歌)는 대체로 압운을 하기 때문이다. 성조에 따라 나뉘는 평측, 모음의 성격에 따라 나뉘는 운에 대해서는 다음 장에서 논의하기로 한다.

어휘의 측면에서 볼 때, 한자어가 차지하는 비중이 높다는 점도 베트남어의 특징으로 꼽을 수 있다. 이는 베트남이 한국이나 일본과 마찬가지로 중세 동아시아 한문문명권의 일원으로서 한문을 수용해서 글쓰기를 하면서 나타난 자연스러운 현상이라고 하겠다. 한자어를 한월어(Từ Hán Việt)라고 하는데, 베트남어에서 차지하는 비중이 70퍼센트를 넘는다고 한다. 그래서 중등학교에서도 한월어 교육을 소홀히 하지 않고 있다.

오늘날 베트남에서 채택하고 있는 중등학교 교과서 부록 부분에는 한월어가 정리되어 있는데, 그 가운데 하나인 'thiên(天)'을 보면 다음과 같다.[7] (한자와 우리말 한자음은 필자가 적어 넣었다.)

thiên	thiên hạ 天下(천하)	thiên nhiên 天然(천연)
天(천)	thiên tai 天災(천재)	thiên thần 天神(천신)
	thiên thời địa lợi nhân hòa 天時地利人和(천시지리인화)[8]	

7 Bộ Giáo dục và Đào tạo, 《Ngữ văn(어문)》 6(tập hai), nxb Giáo dục Việt Nam, 2010, 174면.

8 기후 조건의 도움, 지리적 조건의 유리함, 사람들의 화합. "天時不如地利 地利不如人

베트남어를 배울 때, 이와 같은 한월어에 주목한다면 비교적 쉽게 어휘를 늘려 갈 수 있다. 오늘날 널리 쓰이는 《베트남어 한국어 사전》[9]에는 한월어의 경우 한자가 병기되어 있어 퍽 유용하다. 베트남이나 중국에서 출간한 《월한사전(越漢辭典)》도 여러 종 나와 있으니 함께 참조하면 좋을 것이다.[10]

2. 쯔놈

역사상 베트남어를 표기하기 위해 고안된 표기법으로 두 가지가 있는데, 쯔놈(chữ nôm)과 국어(quốc ngữ)다. 쯔놈은 중세 시기에 베트남 사람들이 한자를 차용해서 만든 베트남어 기록 문자다. 한자의 음과 뜻을 빌려 자국어 문장 전체를 적은 표기법이라는 점에서 한국의 향찰(鄕札)이나 일본의 만엽가나[萬葉假名]와 상통한다. '쯔'(chữ)는 '글자, 문자'라는 뜻이고, '놈'(nôm)은 'nam'(南)에서 유래한 말로서, '남쪽'이라는 뜻이다. 그래서 쯔놈은 '중국 남쪽에 사는 베트남 사람이 베트남어를 표기하기 위해서 사용하는 문자'라는 뜻이다. 쯔놈 표기를 국음(國音, quốc âm)이라고도 불렀다.[11]

쯔놈이 처음 등장한 것은 8세기 혹은 그 이전이라고 하는데, 시간을 두고 점차 정착하여 대략 13세기경부터 문학작품 창작에 본격적으로 사용되었다. 《대월사기전서(大越史記全書)》의 1282년 기사에 따르면 완전(阮詮)이라는 문인이 베트남어로 시를 짓는 데 능했는데, 이로부터 베트남어로 시부(詩賦)를 짓는 일이 비롯했다고 한다.[12] 완전의 사례는

和"(천시가 지리만 못하고, 지리가 인화만 못하다.) (《맹자(孟子)》).

9 조재현 편저, 같은 책, 2000.

10 한월어 학습은 베트남어 문어(文語) 사용 능력을 기르는 데도 효과적이다.

11 간혹 '추놈'이라고 하는 경우가 있는데, 'ch'는 '쯔'에 가깝고, 'ư'는 '으'에 가까운 소리이므로 쯔놈이라고 읽는 것이 더 적절하다.

12 "詮又能國語賦詩 我國賦詩多用國語 實自此始" [陳荊和 編校, 《校合本 大越史記全書》(上), 東京: 東京大學東洋文化研究所 附屬東洋學文獻センター, 1984, 355면].

13세기 말경에는 쯔놈으로 문학작품을 창작하는 것이 확실히 정착했음을 말해 준다고 해석할 수 있다.[13] 향찰이나 만엽가나와 마찬가지로 한자를 알아야 쓸 수 있었기에 상층 지식인들이 쯔놈 사용을 선도하는 것은 당연한 일이었다.

쯔놈은 한자를 그대로 이용하거나 변형시켜 만들었는데 글자를 만들어 베트남어를 표기하는 방법, 곧 조자(造字) 방식은 다양했다. 이곳에서는 쯔놈의 조자 방식에 대한 번거로운 설명은 피하고, 저 유명한 〈취교전(翠翹傳)〉의 첫 두 줄을 보면서 몇 가지 특징적인 면모를 살펴보기로 한다.

1870년 간행본의 서두 부분이다.[14]

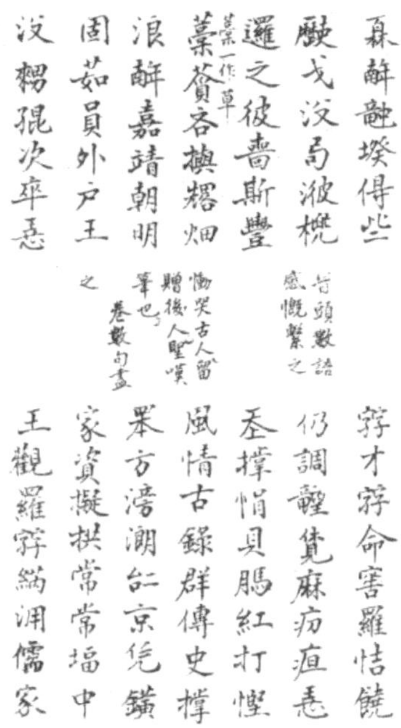

제시한 쯔놈 원문의 처음 두 구(句)를 현대 베트남어로 전사(轉寫)하면 아래와 같다. 우리말 번역도 덧붙였다.

> 𤾓𢆥𥪞𡎝得些
>
> Trăm năm trong cõi người ta.
>
> 才命窖羅恄饒
>
> Chữ tài chữ mệnh khéo là ghét nhau.
>
> 사람이 이 세상에서 사는 백 년 동안,
>
> 재(才)와 명(命)은 이상하게도 서로 미워한다네.[15]

---

13 Lại Nguyên Ân ch.b, 《Từ Điển Văn Học Việt Nam(từ nguồn gốc đến hết thế kỷ XIX)(베트남문학사전, 기원부터 19세기 말까지)》, nxb Giáo Dục, 1997, 714면.

14 이미지는 Hội Bảo Tồn Di Sản Chữ Nôm(쯔놈 유산 보존회)의 홈페이지에서 얻었다. http://www.nomfoundation.org

15 재능이 있는 사람이 기구한 운명을 타고나는 것을 재능과 운명이 서로를 미워한다고 표현했다. 미인박명(美人薄命).

'trăm'에 대응하는 쯔놈 글자 '𤾓'은 자형(字形)을 보고 쉽게 짐작할 수 있듯이, '百'과 '林'을 합쳐서 만들었다. 글자의 구성요소인 '百'은 뜻을 표현하는 부분이고, '林'은 발음을 나타내는 부분이다. 이렇게 한자 둘을 결합해서 만든 쯔놈의 경우, 하나는 뜻을, 하나는 음을 나타내는 경우가 일반적이다. 이들을 형성자(形聲字)라고 불러도 좋을 것이다. 동일한 방식으로 만들어진 쯔놈 글자를 정리해 보면 다음과 같다.

쯔놈 글자	발음 부분	뜻 부분	해석
䢉	'南'(năm)	'年'	년(年), 해
𥪝	'龍'(trong)	'中'	~안에, ~가운데
𡏦	'𡏦'(cõi)	'土'	지구(地區), 경역(境域)
𠊛	'㝵'(người)	'人'	사람
𡨸	'字'(chữ)	'字'	글자
恄	'吉'(ghét)	'忄'(心)	시기하다, 미워하다

첫 구 마지막에 있는 'ta'에 대응하는 쯔놈 글자는 '些'다. 한자 '些'의 소리를 취해서 'ta'라고 읽으며 '우리들'이라는 뜻이다. 한자의 의미는 고려하지 않고 음이 같은 한자를 가져다가 베트남어를 표기하고 있다. 둘째 구에 있는 'khéo', 'là'에 각각 대응하는 '窖', '羅' 또한 마찬가지로 한자음을 이용한 것인데, 'khéo là'로 쓰이면 '우연히 ~하다'라는 뜻이 된다. 'nhau'의 '饒' 또한 한자음을 취한 글자인데, 한자의 뜻과는 상관없이 '서로, 함께'라는 뜻을 나타내고 있다.

쯔놈 글자	발음 부분	뜻 부분	해석
些	'些'(ta)	–	우리들
窖	'窖'(khéo)	–	
羅	'羅'(là)	–	우연히 ~하다(khéo là)
饒	'饒'(nhau)	–	서로, 함께

마지막으로 볼 것은 둘째 구의 'tài'와 'mệnh'에 대응하는 글자 '才'와 '命'이다. 이들은 한자의 음과 뜻이 바뀌지 않고 그대로 쯔놈 글자로 쓰이고 있다.

쯔놈 글자	발음 부분	뜻 부분	해석
才	'才'(tài)	'才'	재능
命	'命'(mệnh)	'命'	운명

이처럼 쯔놈은 베트남어를 전면적으로 표기하는 데 유용하게 사용되었지만 무시할 수 없는 약점도 가지고 있었다. 무엇보다도 한자를 알아야 되기 때문에 쯔놈은 익혀서 사용하기가 무척 어려웠다. 차자표기가 본래 그렇기도 하지만, 한자를 조합하거나 변형해서 새로운 쯔놈을 만드는 방식이 널리 쓰였기 때문에 불편이 가중되었다. 한자로는 표현할 수 없는 베트남 고유의 자모가 적지 않아서 발음이 유사한 글자를 써서 표기했지만 그 때문에 잘못 읽을 수도 있었다. 하나의 어휘를 표현하는 데 서로 다른 쯔놈이 쓰이기도 해서 표기가 일관되지 못했다. 요컨대 쯔놈은 표준화되지 않고 자의적 성격이 강한 표기 시스템이라는 약점이 있었다고 할 수 있다.[16]

국가가 나서서 정책적으로 사용을 권장하고 표기 체계를 표준화하면 문제를 상당히 해결할 수 있었을 것이다. 실제로 역사상 두 번에 걸쳐서 쯔놈을 한자 대신 공식 문자로 삼으려는 시도가 있었다. 호계리(胡季犛, 재위 1400~1407)가 처음 시도했고 광중황제(光中皇帝) 완문혜(阮文惠, 재위 1788~1792)가 그 뒤를 이었다. 호계리는 쯔놈을 조정의 공식 문자로 지정했다. 광중황제는 황제의 칙령, 상거래 문서, 중요 의식의 제문 등에 모두 쯔놈을 사용토록 했다. 과거 시험에서도 시문은 쯔놈으

16 쯔놈의 조자(造字)방식과 쯔놈 표기법의 약점에 대한 논의는, 부이 주이 떤(Bùi Duy Tân), 박연관 옮김, 〈베트남의 쯔놈과 베트남에서의 쯔놈 연구〉,《아시아 諸民族의 文字》(口訣學會 編), 태학사, 1997을 주로 참조했다.

로 짓도록 했고, 완협(阮浹, 1723~1804)으로 하여금 사서삼경을 쯔놈으로 번역하게 했다.[17] 하지만 두 왕조 모두 극히 단명해서 국가 차원에서 쯔놈의 통일적인 체계를 수립한다거나 민간에까지 강력하게 보급하는 정책을 편다거나 하지는 못했다.

쯔놈은 거의가 산문체가 아닌 운문체의 글을 표기하는 데 쓰였다. 쯔놈은 운율의 제약에서 벗어난 자리에서 쓰일 기회를 좀처럼 얻지 못했던 것이다. 우리의 경우 향찰로 기록된 산문이 전하지 않는다는 사실을 떠올리면, 한자를 이용한 차자 표기로 길게 이어지는 산문체의 글을 쓰는 것이 얼마나 힘든 일일지 짐작할 수 있을 것이다. 그 결과 역사상 쯔놈으로 창작한 문학작품은 거의가 운문이었다. 구어를 반영해서 산문체로 길게 이어지는 글을 지으려는 시도는 어쩌다 혹간 있었을 뿐이다. 쯔놈 작품의 언어와 일상 구어 사이에 놓인 거리가 좀처럼 좁혀지지 않았다. 소설마저도 운문인 시전(詩傳, truyện thơ nôm)(=운문 소설)이었다. 중세 민족어 기록문학에서 발견되는 '운문의 압도적인 우위'는 베트남문학의 고유한 특징이다.

베트남은 중세 시기에 자국어의 어음(語音)을 정확히 표기할 수 있는 표음문자 시스템을 갖지 못하고 차자 표기에 의존해야 했다. 쯔놈은 배워서 사용하기 어려운 문자 체계였다. 글자나 운용 방법을 익히기 어려운 쯔놈으로는 가독성을 높이고 글의 쓰임새를 다양화하며 좀 더 많은 독자를 확보하는 것이 결코 쉬운 일이 아니었다. 그 결과 한국이나 일본의 중세 문학과 비교해 볼 때, '기록문학의 상대적 열세' 현상이 두드러진다. 한글이나 가나문자의 발명이 얼마나 혁명적인 사건이었는지를, 베트남과의 비교를 통해서도 알 수 있다.

17 유인선, 《새로 쓴 베트남의 역사》, 이산, 2002, 243면.

3. 국어

'국어(quốc ngữ)'는 두 가지 뜻을 가지고 있다. 하나는 '베트남 국민이 쓰는 말'이라는 뜻이고, 다른 하나는 '국어 글자(chữ quốc ngữ)'를 줄인 말로, 베트남어를 표기하는 로마자를 가리킨다. 쯔놈을 대신해서 베트남어를 표기하는 데 쓰인 문자(로마자)가 바로 '국어'다.

베트남어를 로마자로 표기하게 된 데는 가톨릭 선교사들의 역할이 지대했다. 프랑스 아비뇽 출신의 예수회 선교사 알렉상드르 드 로드(Alexandre de Rhodes, 1591~1660)가 1651년에 로마에서 낸 〈안남어 뽀르뚜갈어 라틴어 사전(Dictionarium Annamiticum, Lusitanum et Latinum)〉이 로마자화 초창기의 모습을 보여 주고 있다. 하지만 이 로마자 표기는 가톨릭 포교의 범위 내에서나 사용되는 것이어서 19세기 말까지는 별다른 주목을 받지 못했다.

국어가 본격적으로 보급된 것은 베트남이 프랑스의 식민지가 된 다음의 일이다. 프랑스 식민당국은 국어 사용을 적극 권장했다. 프랑스 문화를 보급해 동화(同化)시키기 위해서는 베트남어의 로마자화가 시급하다고 인식했던 것이다.

국어 사용이 공식화된 것은 코친차이나(베트남 남부)가 프랑스의 직할 식민지가 된 1862년으로 소급될 수 있다.[18] 1878년부터는 공문서에 베트남어(국어) 사용을 인정하고 학교에서 배우는 교과목으로 베트남어도 인정했다. 1896년에는 과거 시험의 일부에 국어를 쓰도록 하는 변화가 있었다. 그런데 과거제도는 1919년의 회시(會試)를 끝으로 폐지되기에 이르렀다.

베트남 남부 출신의 가톨릭 신자이면서 프랑스 식민당국에 협조적이었던 쯔엉 빈 끼(Trương Vĩnh Ký, 1837~1898)와 후인 띤 꾸어(Huỳnh Tịnh

18 1862년 6월 5일에 제1차 사이공 조약이 체결되었다. 이 조약에 따라서 베트남은 코친차이나의 동부 3성(省)을 프랑스에 할양했다.

Của, 1834~1907)와 같은 인물이 앞장서서 국어의 보급과 연구에 기여했다. 쯔엉 빈 끼는 저널리즘에 투신해서 최초의 국어 신문인 〈가정보(嘉定報, Gia Dịnh Báo)〉(1865년 창간, 월간)의 발간에 관여했다. 《프랑스어 베트남어 소사전(Petit Dictionnaire Français Annamite)》, 《베트남어 프랑스어 대사전(Grand Dictionnaire Annamite Français)》을 비롯한 수종의 사전을 편찬했으며 국어를 사용해서 고전 작품을 번역하는 데도 힘썼다. 국어를 이용해 여행기 같은 글도 저술해서 발표했다. 베트남 근대 국어 산문은 쯔엉 빈 끼의 중국, 베트남 고전 번역과 글쓰기에서부터 시작되었다고도 말할 수 있다.[19]

후인 띤 꾸어는 쯔엉 빈 끼와 함께 〈가정보〉의 발간에 참여해서

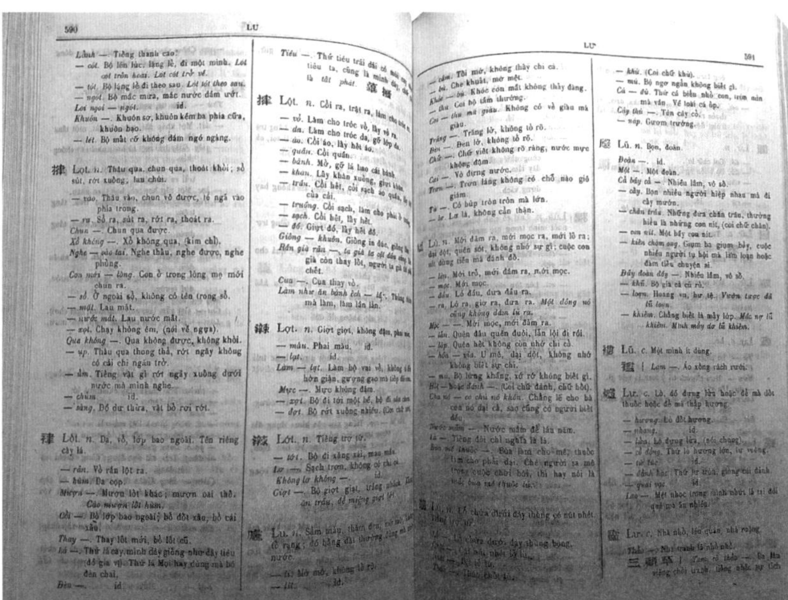
590
LU
LƯ
591

사진 1-1. 대남국음자휘

19 Dương Quảng Hàm, 《Việt Nam Văn Học Sử Yếu(越南文學史要)》(in lần thứ 10), Sài Gòn: Trung tâm học liệu thuộc Bộ Giáo Dục, 1968, 426면; Maurice M. Durand · Nguyen Tran Huan, An Introduction to Vietnamese Literature, trans. D. M. Hawke, New York: Columbia University Press, 1985, 22면.

1869년에는 주필(主筆)이 되었다. 쯔엉 빈 끼와 노선을 같이하면서 베트남어 사전인 《대남국음자휘(大南國音字彙, Đại Nam Quấc Âm Tự Vị)》(I · II, 1895~1896)를 편찬했다. 사진 1-1은 《대남국음자휘》의 한 부분이다.

한자나 쯔놈 글자를 표제어로 제시하고, 그 오른편에 국어로 음을 적었다. 그리고 해당 어휘의 뜻을 국어로 풀이한 다음, 줄을 바꾸어 해당 어휘가 사용되는 용례를 열거하고 각 용례의 뜻도 풀이해 놓았다. 이 사전은 당대 베트남어 어휘의 전모를 보여 주고 구어(口語)의 표준을 제시한 공적이 있다.[20] 이와 같은 쯔엉 빈 끼와 후인 띤 꾸어의 활동은 국어에 대한 사회적 관심을 불러일으키기에 충분한 것이었다.

하지만 한자나 쯔놈을 버리고 표음문자인 국어를 사용하는 전환은 글쓰기의 근간을 뒤흔드는 변화여서 전통의 계승과 단절이 얽히는 복잡한 양상으로 전개되었다. 사진 1-2는 동경의숙(東京義塾)에서 사용한 교과서인데, 한문과 로마자가 모두 이용되고 있음을 보여 준다. 동경의숙은 1907년 3월에 하노이(=東京)에서 문을 연 사립학교이고, 동경의숙에서 교과서로 삼아서 공부한 글을 통칭해서 동경의숙시문(東京義塾詩文)이라고 불렀다.

동경의숙시문에는 〈신정윤리교과(新訂倫理教科)〉나 〈월남망국노부(越南亡國奴賦)〉와 같은 한문 작품, 〈남해포신가(南海逋臣歌)〉와 같은 쯔놈

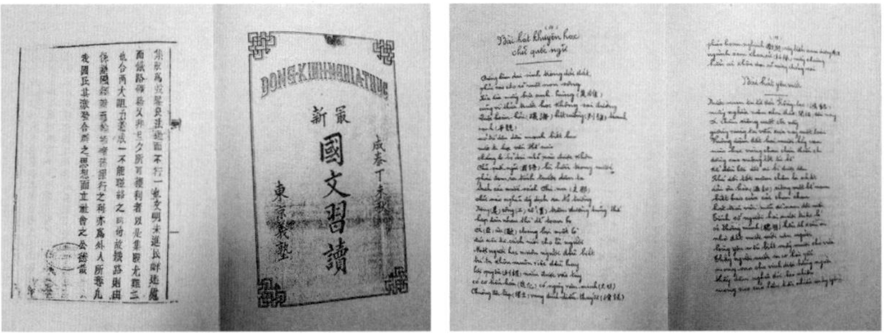

사진 1-2. 동경의숙시문

20 Maurice M. Durand · Nguyen Tran Huan, 같은 책, 22면.

시문, 〈국문습독(國文習讀)〉과 같은 국어 시문이 망라되어 있다. 국어로 창작한 시문이 있어서 국어 사용의 확대에 기여한 바가 크다고 할 수 있지만 한문학이나 쯔놈문학을 완전히 대체하기에 이른 것은 아니었다. 〈신정윤리교과〉가 보여주듯이 윤리·철학의 논의를 한문으로 하고 있는데, 아직은 국어가 그 역할까지 감당하지는 못하고 있었다는 사실을 보여 주는 점이 흥미롭다.

국어가 근대적 글쓰기, 근대 문학의 도구로 확고하게 자리 잡아 가는 흐름은 19세기 후반 베트남 남부에서 발원했는데, 1930년대에 이르러서는 거스를 수 없는 주류가 되었다. 국어 사용은 어째서 남부에서부터 시작되었는가? 그것은 남부에서 먼저 식민 도시가 형성되었기 때문이라고 말할 수 있다. 베트남 남부는 18세기 이후 새로 획득한 영토였는데, 19세기 후반부터 프랑스가 메콩 델타를 수출용 쌀 생산지로 개발하면서 급속하게 발전했다. 그 중심 도시가 바로 사이공(Sài Gòn)이었다.

사이공에는 유럽으로부터 인쇄 기술(등사판 인쇄)이 도입되어 대량 인쇄가 가능해졌고, 마침내 1865년에는 최초의 신문이 발행되었다. 그것은 식민지 정부의 관보(官報)였다. 이후 식민지화가 중부로 북부로 진행됨에 따라서 1910년까지는 베트남 전역에서 신문이나 잡지가 발행되기에 이르렀다.

국어로 된 신문·잡지, 번역을 포함한 각종 저작물이 속속 등장하면서 처음에는 저항감을 가지고 있던 중부와 북부의 지식인들도 근대 문물을 받아들여 보급하기 위해서는 한자를 버리고 국어를 쓰는 쪽으로 방향을 전환해야 한다는 판단을 하게 되었다. 남부에 비해서는 늦었어도 중부와 북부의 지식인들도 국어 사용과 보급에 적극 동참하게 되었다. 표의문자인 한자, 그것을 빌려 만든 불완전한 표기인 쯔놈과 달리 국어는 표음문자여서 쉽게 익혀 쓸 수 있는 장점이 있었다. 베트남 근대 지식인들은 민중을 계몽하거나 민족적 일체감을 형성하는 데 국어가 유효한 수단이라고 생각했다.

1930년대 이후로는 민간 베트남인이 저널리즘에 참여하는 일이 늘어나면서 신문이나 잡지를 독자적으로 발행하는 일도 증가했다. 유학을 익힌 구세대 지식인을 대신해서 서양식 교육을 받은 신세대 지식인이 등장하면서 근대 독자층이 형성되어 갔다. 베트남 근대문학은 국어를 읽고 쓸 줄 아는 새로운 식자층이 등장하고, 도시를 중심으로 언론 매체가 자리를 잡은 1930년대 이후 본궤도에 오르게 되었다.

2장 시가의 운율(韻律)

쯔놈문학은 중세 시기에 고안된 베트남어 차자 표기인 쯔놈으로 기록된 베트남어 문학을 가리킨다. 쯔놈문학에는 쯔놈 시와 쯔놈 산문이 있는데, 앞 장에서 논의한 바와 같이 쯔놈 산문은 쯔놈 시에 비해서 훨씬 발달이 늦었으며, 중세 시기 내내 양적으로나 질적으로나 열세를 면치 못했다. 쯔놈문학은 시가를 중심으로 발전했으며, 따라서 쯔놈문학의 양상을 서술할 때는 쯔놈 시를 중심에 두는 것이 타당하다. 쯔놈 시는 베트남어를 배열하되 행별로 음절 수를 일정하게 하고, 압운과 평측을 안배하여 이루어졌다.

쯔놈 시는 그 아래에 하위 갈래를 여럿 가지고 있다. 우선 민요의 운율을 그대로 자기 운율로 삼은 시가 갈래로 6·8체시, 7·7·6·8체시가 있다. 한시 형식을 준용한 시가 갈래도 여럿인데, 그 중에서 당률(唐律) 쯔놈 시가 가장 애용되었다. 6·8체시, 7·7·6·8체시, 당률 쯔놈 시는 공히 행을 이루는 음절 수가 정해져 있고, 평측과 압운을 안배하는 정형시다.

쯔놈 시를 국음시(quốc âm thi, 國音詩)라고도 부른다. 쯔놈 표기를 국음이라고 하는 데 상응하는 명칭이다. 완채(阮廌, 1380~1442)의 작품집을 《국음시집(國音詩集)》이라고 칭하고, 여조(黎朝) 성종(聖宗, 재위 1460~1497)이 주도한 궁중 시단의 작품집을 《홍덕국음시집(洪德國音詩集)》이라고 한 것을 보면 국음시라는 명칭이 일찍부터 정착되었음을 알 수 있다.

오늘날 연구자들은 '터 꾸옥 엄(thơ quốc âm)', '터 쯔놈(thơ chữ nôm)' 또는 '터 놈(thơ nôm)'이라고 부르고 있다. '터'는 '시(詩)'를 뜻하는 베트남어다. 한자로 기록한 한시는 '터 쯔 한(thơ chữ hán)'이라고 부르는데 '한(hán)'은 곧 '한(漢)'이다.

한시에서 평측을 따지고 운을 맞추듯이 베트남 쯔놈 시 역시 평측을 안배하고 압운을 한다. 또한 한시와 마찬가지로 대구를 맞추는 데도 유의한다. 앞 장에서 보았듯이 베트남어에는 여섯 가지 성조가 있는데 이 가운데 1성(타인 응앙), 2성(타인 후이엔)이 평성(平聲)으로 분류되고 나머지 네 개의 성조는 측성(仄聲)으로 분류된다. 평성을 다시 음역(音域)의 높낮이에 따라서 상평(上平)과 하평(下平)으로 나누는데, 1성이 상평이고 2성이 하평이다.

베트남어의 한 음절을 구성요소로 나누면 '성조+첫 음(첫 자음)+운'이 되는데, 첫 음 이하 부분을 운(韻, vần)이라고 한다. 압운이란 시행의 일정한 자리에 같은 운을 규칙적으로 반복하는 일을 말한다. 어떤 소리가 서로 호응하는 운인지 별도로 정해져 있음은 물론이다.

쯔놈 시 가운데 베트남 사람들이 애호한 형식은 6 · 8체시, 7 · 7 · 6 · 8체시, 당률 쯔놈 시였다. 이 장에서는 쯔놈 시 형식을 대표하는 이들 세 가지 시가의 형식과 운율에 대해 간략하게 살펴보고자 한다.

1. 6·8체시

6 · 8체시(thơ lục bát)는 6언(음절)행과 8언(음절)행이 연속해서 교대되는(6 · 8 / 6 · 8 …) 형식이다. 6언행과 8언행, 이 연속되는 두 행이 하나의 짝을 이룬다. 2행 14언의 한 짝이 의미와 운율의 기본 단위가 된다.

6·8체시의 경우 각 행의 홀수 음절은 평측에 제한을 두지 않는다. 이를 일삼오불론(一三五不論)이라고 한다. 둘째, 여섯째, (8언행의 경우) 여덟째 음절은 모두 평성이어야 하고, 넷째 음절은 측성이어야 한다. 8

언행의 여섯째 음절과 여덟째 음절은 각각 하평과 상평이 되도록 배치한다.

압운에 대한 규칙은 다음과 같다. 6·8체시는 요운(腰韻, vần lưng)과 각운(脚韻, vần chân)을 맞춘다. 6언행의 여섯째 음절과 8언행의 여섯째 음절은 운을 맞춘다. 이것이 요운(시행의 중간에서 운을 맞추는 일)이다. 8언행의 여덟째 음절과 다음에 이어지는 6언행의 여섯째 음절도 역시 운을 맞춘다. 이것이 각운(시행의 끝에서 운을 맞추는 일)이다.

지금까지 설명한 평측과 압운에 대한 규칙을 정리해 보면 다음과 같다. □는 평성이 와도 좋고 측성이 와도 좋은 자리를 표시한다.

6 □平□仄□平韻	Tiếng cưu ríu rít cùng chen,
8 □平□仄□平韻□平韻	Lắng nghe vẳng vẳng ở miền Hà châu.
6 □平□仄□平韻	Dịu dàng thục nữ kia đâu,
8 □平□仄□平韻□平韻	Hứng xem quân tử hảo cầu sáng đôi.

오른쪽은 《시경(詩經)》 〈관저(關雎)〉 편의 처음 네 행을 번역한 것이다. 《시경십오국풍연음가곡(詩經十五國風演音歌曲)》에서 가져온 번역인데, 전체는 11행으로 되어 있다. 쯔놈을 보이지 못하여 현대 베트남어로 전사했다.[21]

밑줄 그은 곳이 요운과 각운을 맞춘 부분이다. 6 · 8체시는 평성 운을 사용한다. 위에서 확인할 수 있듯이 운을 맞추는 자리인 6언행의 여섯째 음절(chen, đâu), 8언행의 여섯째 음절(miền, cầu, 하평)과 여덟째 음절(châu, đôi, 상평) 자리에는 모두 평성자가 쓰였다.

21 번역의 양상에 대해서는 7장에서 논의한다.

2. 7·7·6·8체시

7·7·6·8체시는 달리 쌍칠육팔체시(雙七六八體詩, thơ song thất lục bát)라고도 한다. 7·7·6·8이 연속해서 교대되는(7·7·6·8 / 7·7·6·8 …) 형식이다. 평측과 압운에 대한 규칙은 이러하다. 처음 7언행의 끝 음절과 아래 7언행의 다섯 번째 음절에 측성으로 압운을 하고, 아래 7언행의 끝 음절과 6언행의 끝 음절에 평성으로 압운을 하며, 6언행의 끝 음절과 8언행의 여섯 번째 음절에 평성으로 압운을 한다. 8언행의 마지막 음절은 다음에 이어지는 7언행의 세 번째 혹은 다섯 번째 음절과 평성으로 압운을 한다. 6언행은 각운만 맞추고, 나머지 세 행은 각운과 요운을 맞춘다.

7·7·6·8체시의 운율 규칙을 정리해보면 다음과 같다.

7 □□仄□平韻□仄韻	Cây đào non sắc tươi mươn mướt,
7 □□平□仄韻□平韻	Hoa thịnh nhiều quả tốt lá đông.
6 □平□仄□平韻	Ả kia về ở nhà chồng,
8 □平□仄□平韻□平韻	Hẳn rằng hiếu kính nên trong cửa nhà.

오른쪽은 《십오국풍연음(十五國風演音)》에서 가져온, 《시경》 〈도요(桃夭)〉 편의 번역이다. 7·7·6·8체시 작품은 이렇게 평측과 압운의 규칙이 정해진 7·7·6·8의 4행을 한 연(聯, khổ)으로 해서 길게 이어진다. 그 가운데 7언행은 3+4, 또는 3+(2+2)로 호흡과 의미가 나눠도록 정해져 있다.

7·7·6·8체시의 대표작은 등진곤(鄧陳琨, Đặng Trần Côn, 18세기 전반)의 〈정부음곡(征婦吟曲)〉이다.[22] 작품 서두의 두 연은 다음과 같다.

22 7·7·6·8체시 형식의 작품을 '음(吟)' 또는 '음곡(吟曲)'이라고 한다.

7 Thuở trời đất nổi cơn gió bụi,	천지에 풍진(風塵)이 일 때,
7 Khách má hồng nhiều nỗi truân chuyên.	홍안(紅顔)은 고난이 많기도 하다.
6 Xanh kia thăm thẳm tầng trên,	아득히 높고 높은 하늘이여,
8 Vì ai gây dựng cho nên nỗi này?	뉘를 위해 이런 고난을 만드는가?
7 Trống Trường Thành lung lay bóng nguyệt,	장성(長城) 북소리는 달그림자를 흔들고,
7 Khói Cam Tuyền mờ mịt thức mây.	감천(甘泉)[23]의 봉화는 구름을 깨운다.
6 Chín lần gươm báu trao tay,	구중(九重)[24]에서는 보검을 움켜쥐고,
8 Nửa đêm truyền hịch định ngày xuất chinh.	한밤에 격문을 날려 출정의 날을 정한다.
[7 Nước thanh bình ba trăm năm cũ]	[삼백 년 청평(淸平)[25]을 누린 나라이건만]

첫째 연 8언행의 마지막 음절 'này'는 둘째 연 첫 7언행의 다섯 번째 음절 'lay'와 평성으로 운을 맞추었다. 둘째 연 8언행의 마지막 음절 'chinh'은 셋째 연 첫 7언행의 세 번째 음절 'bình'과 평성으로 운을 맞추었다. 이렇게 연이 연속해서 이어지더라도 정해진 규칙에 따라 압운이 계속된다.

압운하고 있는 운을 자세히 보면 정확하게 일치하지 않는 곳이 있다. 예를 들어 처음 두 행의 'bụi'와 'nỗi'가 그런 경우인데, 이런 경우는 '통운(通韻)'이라고 하여 운이 맞는 것으로 인정한다. 통운으로 인정하는 범위는 정해져 있다.

3. 당률 쯔놈 시

당률(唐律) 쯔놈 시(thơ nôm đường luật)는 '쯔놈을 사용해서 당시(唐詩)의 형식으로 창작한 시'를 말한다. 다시 말해서 당률 쯔놈 시는 중국에서 창안되어 전해진 근체시(近體詩)의 운율을 준용하면서 베트남어(쯔놈)로 쓴 작품이다. 베트남어는 중국어와 같이 고립어이며 단음절어가 많은

23 중국 섬서성(陝西省) 서북에 감천산(甘泉山)이 있다.
24 대궐 안.
25 태평(太平).

언어이고, 성조어라는 특성을 가지고 있기 때문에 베트남어와 근체시 형식의 결합이 가능했다. 당률 쯔놈 시는 8행시(5언 8행, 7언 8행)이거나 4행시(5언 4행, 7언 4행)이다. 이는 당시의 율시(律詩)와 절구(絶句) 형식에 각각 대응한다.

작품 한 편을 예로 들어서 살펴보자. 역시 쯔놈을 일일이 옮기지는 못해 현대 베트남어로 전사한 것을 제시한다. 원문에서 압운하는 자리는 해당 음절에 밑줄을 그어 표시하고 표에서 압운하는 자리는 아래 첨자로 표시했다.

차가운 가을 연못 물 맑은데,
한 척의 조그만 낚싯배 (떠 있네).
푸른 수면에는 바람 불어 잔물결 일고,
단풍은 산들바람에 나부끼고 있네.
뭉게뭉게 구름은 짙푸른 하늘을 떠가고,
구불구불 대나무 숲길에는 손님이 끊어졌네.
기대고 앉아 한동안 낚싯대를 잡지만 얻는 것 없고,
어떤 물고기인지 수초 아래서 입질하고 있네.

平平仄仄仄平平韻	Ao thu lạnh lẽo nước trong veo,
仄仄平平仄仄平韻	Một chiếc thuyền câu bé tẻo teo,
仄仄平平平仄仄	Sóng biếc theo làn hơi gợn tí,
仄平仄仄仄平平韻	Lá vàng trước gió khẽ đưa vèo.
平平平仄平平仄	Tầng mây lơ lửng trời xanh ngắt,
仄仄平平仄仄平韻	Ngõ trúc quanh co khách vắng teo,
仄仄平平平仄仄	Tựa gối ôm cần lâu chẳng được,
仄平仄仄仄平平韻	Cá đâu đớp động dưới chân bèo.

완권(阮勸, 1835~1909)의 〈추조(秋釣)〉라는 작품이다. 근체시 중 칠언율시의 운율을 준용해서 평측을 안배하고, 1·2·4·6·8행의 마지막 글자에 압운('-eo')을 했다. 평측을 보면, 1행 두 번째 글자가 평성이니 평

기식(平起式)이다. 각 행의 두 번째 글자와 네 번째 글자는 평측이 서로 거꾸로 되는 이사부동(二四不同) 원칙이 지켜지고 있다. 또한 2행과 3행, 4행과 5행, 6행과 7행의 두 번째, 네 번째, 여섯 번째 글자의 평측이 같아야 한다는 점법(粘法)의 원칙도 따르고 있다.

〈추조〉는 무심(無心)한 가운데 한가로운 정취를 느끼게 한다. 경물 묘사가 잘 되어 한 폭의 문인화(文人畵)를 보고 있는 듯한 느낌을 준다. 중세적인 미감으로 충일한 근체시 한 편을 번역해 놓았다고 해도 좋을 것이다.

당률 쯔놈 시는 7언 8행시 형식이 가장 널리 쓰였는데, 칠언율시 한시와 마찬가지로 유학을 익힌 사대부가 중세적 인식과 미의식을 담아내기에 적합한 형식으로 선택했다. 이처럼 당률 쯔놈 시는 기원, 담당층, 미감에서 여타 민요 기원 쯔놈 시 갈래들과 구별되는 점이 있다는 사실을 특기할 필요가 있다. 중세 시기에는 한시와 방불할 수준으로 높은 서정성을 구현하는 형식이었지만 시대가 바뀌어 근대가 되자 한시와 흡사한 외래 형식이며 낡은 의식과 미감을 담았을 뿐이니 마땅히 청산해야 한다는 비판이 집중되었다.

3장 설화(說話)의 세계

일반적으로 신화, 전설, 민담을 통칭하여 설화라고 한다. 설화는 문헌에 한자로 기록되어 전하기도 하고(문헌설화) 구전으로 전승되기도 한다(구비설화). 어느 쪽이든 설화는 베트남 사람의 경험과 상상의 소산이기에 그들의 정신세계로 들어가게 해 주는 직접적인 통로가 된다고 할 수 있다. 이 장에서는 비엣족의 건국신화를 살핀 다음, 환검호(還劍湖) 지명의 유래, 쩌우 까우(trầu cau) 풍습의 유래, 바인 쯩(bánh chưng)을 빚는 풍습의 유래, 조왕신(竈王神)의 유래를 전하는 이야기를 차례로 소개하고자 한다.

1. 건국신화

비엣족의 건국신화는 문헌설화집인 《영남척괴열전(嶺南摭怪列傳)》(이하 《영남척괴》로 약칭함)과 역사서인 《대월사기전서(大越史記全書)》에 기록되어 전해지고 있다. 가장 이른 시기의 기록인 《영남척괴》에 보이는 내용을 요약해 본다.

염제(炎帝) 신농씨(神農氏)의 3세손인 제명(帝明)이 아들 제의(帝宜)를 낳고 얼마 후에 남방으로 순행(巡幸)하여 오령(五嶺)에 이르렀다. 그곳에서 무선(婺仙)의 딸을 만나 데리고 왔는데, 그녀와의 사이에서 아들 녹속(祿續)이 태어났다. 제명은 녹속에게 제위를 잇게 하려 했지만 녹속이 고사하자 제의에게 제위를 물려주고 북방을 다스리게 했다.

한편 녹속을 경양왕(涇陽王)에 봉하여 남방을 다스리게 했는데, 나라 이름을 적귀국(赤鬼國)이라고 했다. 경양왕은 수부(水府)에 오갈 수 있었는데 동정군(洞庭君)의 딸 용녀(龍女)를 아내로 맞이하여 숭람(崇纜), 곧 낙용군(貉龍君)을 낳았다. 낙용군은 부친을 대신해서 나라를 다스렸다. 그는 백성들에게 농경과 인륜을 가르쳤다. 때때로 수부로 돌아갔지만 백성들이 도움을 청하면 와서 도와주었다.

한편 북방의 제의는 아들 제래(帝來)에게 제위를 물려주었다. 제래는 치우(蚩尤)에게 국사를 맡기고 자신이 총애하는 여인[26] 구희(嫗姬)를 데리고 남쪽의 적귀국을 순행했다. 그곳이 마음에 들었던 제래는 즐겁게 지내며 돌아갈 것을 잊었다. 하지만 이렇게 되자 남방 백성들이 북방의 괴롭힘을 받게 되었다. 백성들은 용군을 불러 도움을 청했고 곧 용군이 달려왔다. 용군은 제래가 없는 사이에 미소년으로 변신하여 구희를 꾀어 용대암(龍岱巖)으로 갔다. 돌아온 제래는 구희를 찾으려 했지만 용군이 신술(神術)을 부려 변신하는 바람에 찾지 못하고 할 수 없이 북방으로 돌아간다.

용군과 함께 산 지 1년 만에 구희는 태(胎)를 하나 낳았는데, 상서롭지 못하다고 하여 들판에 내다버렸다. 7일이 지나자 태 속에서 알 100개가 나왔고, 알 하나마다 사내아이 하나가 태어났다. 이들이 바로 백월(百越)의 시조다.

이때 용군이 수부에 머물렀기 때문에 헤어져 있던 구희 모자는 북쪽으로 돌아가려고 했다. 하지만 신농씨를 멸망시키고 북방을 차지하고 있던 황제(黃帝)가 이들이 들어오지 못하도록 막았다. 어쩔 수 없이 남쪽으로 돌아온 모자는 용군을 불렀다. 지상으로 온 용군은 구희에게, "나는 용의 자손으로 수족(水族)의 우두머리고, 당신은 선인(仙人)의 자손으로 지상의 사람이니 유(類)가 달라 서로 상극이라 함께 살기 어렵소. 50명의 아이는 내가 수부로 데려갈 테니 나머지 50명의 아이는 당신과 함께 지상에 남아 나라를 나누어 다스리게 하오."라고 했다. 구희와 함께 지상에 남은 50명의 자식 가운데 뛰어난 자를 추대하여 임금을 삼아 웅왕(雄王)이라 칭하고, 국호를 문랑국(文郎國)

26 원문에는 '帝來'의 '愛女(총애하는 여자)'로 되어 있다. 그렇다면 용군이 남의 아내를 유혹해서 빼앗은 것이 된다. 그런데 《대월사기전서》에서는 이것을 '帝來'의 '女(딸)'로 바꾸었다. 중세 유교윤리의 입장에서 바꾼 것으로 보인다. 유인선, 《새로 쓴 베트남의 역사》, 이산, 2002, 427면에서 그 점을 지적했다.

이라고 했다. 대대로 왕위를 전하면서 웅왕이라고 부르고 그 칭호를 바꾸지 않았다.[27]

비엣족의 건국신화에서 주목되는 점을 정리해 보기로 한다.[28] 첫째, 북방(중국)에서 도래(渡來)한 인물과 남방(베트남) 사람 사이에서 태어난 자식이 베트남의 시조가 되었다고 한다. 오늘날 베트남 사람들은 낙용군과 구희를 자신들의 시조로 생각하며, 웅왕을 건국의 아버지로 여긴다.[29] 중국과 베트남 양쪽의 혈통을 지닌 혼혈인을 베트남에서는 자기 민족이라고 여기고, 북쪽의 문명을 자기 것으로 해서 베트남의 문화가 성장한 것이 당연하다는 사고방식을 나타낸 것이다.

둘째, 용신(龍神)사상이 나타나 있다. 건국신화의 주역은 용신인 낙용군이라고 할 수 있다. 용왕의 후손이기도 한 낙용군은 처음에는 비를 주관하는 신, 곧 풍농 제의에서 숭배된 신이었을 것으로 보이는데, 점차 '낙(貉)', 곧 베트남을 수호하는 수호신 역할을 맡게 되었다. 낙용군은 사악한 힘으로부터 백성들을 보호해 주었다. 예컨대《영남척괴》의 〈어정전(魚精傳)〉에서는 물고기 정령을 퇴치하고, 〈호정전(狐精傳)〉에서는 구미호(九尾狐)를 퇴치하여 백성들을 괴로움에서 구해 주고 있다. 이러한 낙용군의 활약상은 자연을 개척해서 삶의 터전을 넓혀간 현실 경험을 반영하고 있다고 생각된다. 한편 낙용군은 북방의 침입으로부터 베트남을 보호해 주는 수호신의 역할도 한다.《영남척괴》의 〈동천왕전(董天王傳)〉에서는 중국 은(殷)나라의 침입을 물리치는 일을 돕고 있으며 다음 절에서 소개할 환검호 전설에서는 신검(神劍)을 내려 주어 중국 명나라 침입군을 물리치게 한다.

---

27 박희병 옮김,《베트남의 신화와 전설》, 돌베개, 2000, 17~23면을 참고해서 요약했다.

28 Đinh Gia Khánh ch.b,《Văn Học Dân Gian Việt Nam(베트남 민간문학)》, nxb Giáo Dục, 1998, 281~291면; 박희병 옮김, 같은 책, 201~203면; 조동일,《하나이면서 여럿인 동아시아문학》, 지식산업사, 1999에 의거해서 연구 성과를 정리한다.

29 유인선, 같은 책, 23면

셋째, 산과 물의 결합과 대립이 중요하게 다루어진다. 이 신화소는 산족(山族)과 수족(水族) 간의 결합과 대립을 반영하고 있다고 생각된다. 《영남척괴》의 〈산원산전(傘圓山傳)〉에서는 산정(山精)과 수정(水精)이 싸우기 때문에 홍수가 일어난다고 하면서 홍수의 신화적 기원을 말하고 있는데, 이 역시 같은 맥락에서 이해할 수 있다.

넷째, 문랑국과 그 국왕인 웅왕이 거론되고 있다. 하나의 태에서 다시 알 백 개가 나왔고, 이 알에서 나온 아들들이 백월의 시조라고 했다. 백월은 기원전 중국의 동남지역 일대와 베트남 북부지방에서 살던 여러 종족을 가리킨다.[30] 하나의 태에서 다시 알 백 개가 나왔다는 것은 여럿의 동일한 기원을 상징한다고 생각된다. 백월 사이에서 동포의식이라고 할 만한 것이 형성되었음을 '하나의 태'로 상징화했다고 볼 수 있다.

2. 환검호

오늘날 베트남의 수도 하노이 중심부에는 환검호라고 부르는 호수가 있다. 베트남어로는 호 호안 끼엄(hồ Hoàn Kiếm) 혹은 호 그엄(Hồ Gươm)이라고 한다. 문자 그대로 '검(劍)을 돌려 준 호수'라는 뜻이다. 이 호수가 '환검호'라고 불리게 된 데는 다음과 같은 내력이 있다고 한다.

> 베트남이 명나라의 지배를 받을 때(1407~1427)의 일이다. 여리(黎利)가 명나라 침략군을 몰아내기 위해서 남산(藍山)에서 기의(起義)했으나 아직은 힘이 모자라 여러 번 패배했다. 그래서 낙용군은 적을 무찌를 수 있도록 신검(神劍)을 빌려주기로 한다.
>
> 그때 청화(淸化) 성에 사는 한 어부가 그물로 칼의 몸체 부분을 건져 올린다. 이후 그 어부는 남산의 군대에 들어가서 위험에 굴하지 않고 용감하게

30 유인선, 같은 책, 27면.

싸운다. 어느 날 여리가 몇몇 수종(隨從)을 거느리고 그의 집을 방문한다. 그때 칼이 집 한 구석에서 저절로 찬연한 빛을 발하는 것이었다. 여리가 이상하게 여기고 칼을 집어 들어 보니 '순천(順天)'이라는 두 글자가 아로새겨져 있었다.

다시 어느 날 여리는 적에게 쫓겨 혼자가 되어 숲속을 지나게 되었는데, 나무 위에서 무엇인가가 신비한 빛을 내고 있었다. 나무에 올라가 보니 그것은 옥으로 된 칼 손잡이였다. 칼의 몸체를 기억하고 있던 여리는 그것을 가지고 돌아온다.

며칠 후 부하들을 다시 만난 여리는 칼자루에 대해서 이야기 하고 칼의 몸체를 가져오게 해서 합해 보니 과연 딱 들어맞았다. 어부는 칼의 몸체는 여리에게 전하도록 하늘이 준 물건이라고 하며 바쳤다. 그로부터 여리의 군대는 사기가 충천한다. 여리의 수중에 든 신검은 명나라 군대를 몰아내는 전투에서 종횡무진 활약을 한다. 여리 군의 위세가 크게 떨치자 명나라 군사들은 혼비백산한다. 신검이 길을 열어 주어 마침내 적을 모두 몰아낼 수 있었다.

명나라 군대를 몰아내고 여리는 왕위에 올랐다. 어느 날 여리는 용선(龍船)을 타고 호수를 순행하고 있었다. 이때 낙용군은 신검을 돌려받고자 하여 금거북[金龜]을 보낸다. 용선이 호수 가운데로 왔을 때 거북이 수면 위로 올라와 "폐하, 용군의 검을 돌려주소서!"라고 말했다. 왕은 검을 받들어 금 거북에게 건넸다. 금 거북은 검을 입에 물고는 물속으로 들어갔다. 이때로부터 호수 이름을 검호(劍湖) 또는 환검호라고 부르게 되었다.[31]

명나라의 지배를 받고 있던 시기에 낙용군이 신검을 여리에게 내려주어 전쟁에서 승리하게 했고, 왕위에 오른 뒤 금 거북을 파견해서 호수에서 검을 돌려받았다고 한다. 여리는 바로 여조(黎朝)의 태조(太祖, 재위 1428~1433)다. 이 이야기에서 낙용군은 베트남의 수호신이다.

이 설화는 명나라의 지배를 종식시킬 수 있었던 원동력이 무엇이었는지를 말해 주고 있다. 우선 베트남의 독립은 하늘의 뜻이다. 검의 이름을 '순천'이라고 한 데서 베트남의 수호신인 낙용군은 명나라의 침

---

31 Bộ Giáo dục và Đào tạo, 《Ngữ văn(어문)》 6(tập một), nxb Giáo dục Việt Nam, 2010, 39~41면을 주로 참조해서 요약했다.

략을 '역천명(逆天命)'으로, 베트남의 저항을 '순천명(順天命)'으로 규정하고 있음을 알 수 있다.

낙용군의 뜻에 따라서 칼의 몸체 부분은 어부의 그물에 걸리게 되었고, 어부는 여리의 군대에 들어가 대명항쟁에 동참한다. 적에게 쫓겨 숲으로 피해간 여리는 나무에 걸린 칼 손잡이를 발견한다. 어부, 숲(나무), 여리가 한데 모여서 신검이 완성되었다. 베트남의 수호신, 민중, 베트남 산천의 정기, 영웅적 지도자의 역량을 하나로 결집해서, 그것을 원동력으로 삼아 민족의 독립을 쟁취했다고 말하고 있다.[32]

3. 쩌우 까우

베트남의 고유한 풍습의 기원을 말해 주는 설화로 쩌우 까우(trầu cau)와 바인 쯩(bánh chưng) 이야기가 있다. 쩌우 까우, 곧 빈랑(檳榔) 씹기는 베트남의 전통적인 풍습이다. 쩌우[33] 잎에 빈랑 열매(까우)와 석회 가루, 그리고 약간의 쓴맛이 나는 나무뿌리 껍질과 담배 등을 싸서 씹는 것이다. 쩌우 잎, 빈랑 열매, 석회가 꼭 필요하고 나머지는 없어도 된다.

쩌우를 씹으면 향기롭기도 하고 매콤한 맛이 나기 때문에 입 냄새를 제거하고 입술과 얼굴을 붉게 하는 효과가 있다. 예로부터 베트남 성인 남녀는 양치질을 하는 대신 쩌우를 씹었다. 특히 여성의 경우에는 입술과 얼굴을 붉게 하는 기능이 있어서 아름답게 보이려는 목적에서도 씹었다. 요즘도 농촌에서는 대부분의 사람들이 쩌우을 씹지만 도시에서는 노인들 외에는 씹지 않는다.[34]

---

32 오늘날 하노이에 있는 극장에서는 이 이야기를 수상인형극(múa rối nước)의 한 대목으로 연출해서 공연한다.

33 구장(蒟醬). 후춧과의 풀.

34 조재현 · 송정남, 《베트남 들여다보기》, 한국외국어대학교출판부, 2004; 부 썬 투이, 《베트남, 베트남 사람들》, 대원사, 2002에서 쩌우 씹기 풍습을 소개하고 있다. 쩌우를 씹기 때문에 치아가 검게 되는 것은 아니고 별도의 치아 염색 방법이 있다고 한다.

빈랑 씹기의 유래에 대해서는《영남척괴》〈빈랑전(檳榔傳)〉에 다음과 같은 이야기가 전한다.

웅왕 시대에 빈(檳)과 랑(榔)이라는 형제가 있었다. 부모가 돌아가신 후 형제는 같은 스승을 모시고 공부를 했다. 스승에게는 딸이 하나 있었는데 형과 결혼했다. 결혼한 이후 부부의 정은 날로 깊어간 반면 형이 아우를 대하는 태도는 예전과 같지 않았다. 그래서 아우는 자기를 잊은 것이라고 생각하고 서러워하며 집을 떠났다. 한참을 가다 깊은 강을 만났는데, 배가 없어 건널 수 없었다. 아우는 홀로 울다가 죽어서 강어귀의 나무로 변했다.

형은 아우가 없어진 것을 알고 찾아 나섰다. 강가에 와서 아우가 이미 죽은 것을 알고는 나무 곁에 투신하여 바위가 되어 나무뿌리가 자기를 감도록 했다. 한편 남편이 돌아오지 않자 이번에는 아내가 남편을 찾아 나섰다. 아내 역시 같은 곳에 당도하여 남편이 죽은 것을 알고 자신도 돌을 안고 죽었다. 아내는 죽은 후 덩굴로 변해서 쩌우가 되어 바위를 감쌌다. 당시 사람들은 형제의 우애와 부부의 절의를 칭찬했다.

웅왕이 순행하다 그곳에 와서 사연을 듣게 되었다. 왕은 덩굴 잎을 따오게 하여 입에 넣어 씹다가 바위 위에 뱉었다. 그 색은 붉은빛이었으며 씹을 때는 매콤하니 맛이 좋았다. 이에 왕은 돌을 불에 구워 재로 만든 다음, 그 재를 나무 열매 및 덩굴 잎과 함께 먹으라고 분부했다. 이 풍습이 널리 퍼졌고, 베트남 사람들은 쩌우와 빈랑을 혼례의 중요한 예물로 사용하게 되었다.

주지하다시피 전설의 작중 배경은 대체로 특정한 역사적 시공간이고, 주인공이 패배하는 결말이 흔해서 비장미가 두드러지는 이야기다. 또한 주인공의 출생 과정보다는 죽음에 이르는 과정을 자세하게 형상화하는 특징도 있다. 이 〈빈랑전〉은 그러한 전설의 특징을 잘 보여 주는 이야기다.

이 이야기는 모계사회의 일처다부제(一妻多夫制)에서 가부장제 사회의 일부일처(一夫一妻制)로 전환하는 과정에서 빚어진 갈등을 반영하고 있다고 보는 견해가 설득력이 있다.[35] 형은 일부일처 쪽에, 아우는 일처다부 쪽에 서 있는 인물이서 형제 간 갈등이 빚어졌다고 이해할 수 있다. 형제가 모두 죽는 비극적인 결말은 사회의 전환 과정에서 겪어야 했던 갈등이 격렬했음을 암시한다고 보아도 좋을 듯하다.

세 사람이 죽어서 된 나무 열매, 돌, 덩굴 잎을 섞어서 씹으니 붉은색이 돌고 매콤하니 맛이 좋았다고 했다. 이질적인 재료가 융합되어 전혀 새로운 색깔과 맛이 나오는 변화를 보인 것이다. 이렇듯 세 가지 재료가 섞여서 내는 붉은빛과 좋은 맛은, 차이를 넘어선 융합의 경지를 함축한다고 하겠다.

쩌우와 까우는 요즘도 혼례 예물로 없어서는 안 되는 필수품이다. 사교나 매매 시에 나누어 씹기도 한다. 그래서 "쩌우 씹기는 이야기의 시작이다.(Miếng trầu là đầu câu chuyện)"라는 말도 있다.[36] 이렇듯 빈랑 씹기가 문화 코드가 된 것은 빈랑 씹기가 차이를 넘어서서 이루는 조화와 화합을 은유하기 때문일 것이다. 비극적 전설을 전승하면서, 살아서 융합을 이루는 지혜를 발휘하자는 교훈을 얻을 수 있다.

---

35 Hữu Ngọc, Sketches For a Portrait of Vietnamese Culture, THE GIOI PUBLISHERS, 1984, 668면. 황귀연 · 안희완 · 하순 · 배양수, 《베트남의 이해》, 부산외국어대학교출판부, 1999, 184면에서는 이 설화가 모계사회에서 부계사회로 전환하는 과정에서 나타난 갈등을 형상화했다고 보았다.

36 호춘향의 작품으로 〈쩌우를 권함(Mời trầu)〉이 있는데, 쩌우 씹기 풍습을 제재로 해서 쓴 당률 쯔놈 시 작품이다. 호춘향의 작품은 8장에서 살핀다.

4. 바인쯩

베트남 사람들은 설 때면 으레 바인 쯩을 만들어 먹는다. 바인 쯩, 곧 설떡(떡만두)을 먹게 된 내력을《영남척괴》〈증병전(蒸餠傳)〉에서는 이렇게 전하고 있다. 제목의 '증병'은 바인 쯩을 한자로 옮긴 것이다.

> 은나라의 침입을 물리친 웅왕은 자식에게 왕위를 물려주고자 했다. 그래서 세밑에 맛있는 음식을 올리는 왕자에게 왕위를 물려주겠노라 선언한다. 스물두 명의 왕자 중 열여덟째 아들인 낭료(郎僚)는 그 어머니 쪽이 한미한 집안인데다 어머니마저 이미 돌아가셨기에 산해진미를 마련할 길이 없었다. 그래서 낭료는 그저 걱정만 할 뿐이었다.
>
> 그러던 어느 날 꿈에 신인(神人)이 나타나 어떤 음식을 준비해야 하는지 알려주었다. 천지의 물건 가운데 제일 소중한 건 쌀이니 쌀로 음식을 만들어야 한다고 했다. 찹쌀로 떡을 빚되 둥글고 모나게 만들어 천지의 형상을 본뜨고, 그 안에 맛있는 소를 넣어서 천지가 만물을 감싸주듯이 부모가 자식을 키운다는 뜻을 표현하라는 것이었다. 낭료가 그 말대로 하늘과 땅의 모양을 본떠서 바인 쯩과 바인 저이(bánh giầy, 찹쌀떡)를 만들어 올렸다. 왕이 먹어 보고 여럿 중에 제일이라고 평가하고 마침내 낭료에게 왕위를 물려주었다.

바인 쯩과 바인 저이는 베트남 농경 사회의 유서 깊은 풍습이다. 베트남 사람들은 설날이면 함께 돼지를 잡고 바인 쯩을 싸며 열두 시간 동안 바인 쯩을 찐다. 설날뿐만 아니라 결혼식에도 쓰이는데, 결혼식

때 남자 집안에서 여자 집안에 바인 쯩과 바인 저이를 가져간다.[37]

바인 쯩은 쌀, 콩, 고기, 파로 만들고 새로운 생명력을 상징하는 푸른색 잎으로 싼다. 바인 쯩은 네모 모양으로 땅·음(陰)을 상징하고, 바인 저이는 둥근 모양으로 하늘·양(陽)을 상징한다. 천원지방(天圓地方)을 형상화하여 천지의 은혜에 감사하는 마음을 표현하고, 소를 넣어 부모의 은혜를 잊지 말아야 한다는 뜻을 표현한다. 이런 윤리 의식은 후대에 중국에서 전래된 유교 문화를 빌려 음양론으로 설명되고, 효의 윤리로 정립되지만 각각의 사고의 단초는 베트남에 원래 있었다는 말로 받아들여도 좋을 듯하다.

5. 조왕신

조왕, 조왕신은 부엌을 맡아 관장하는 신이다. 베트남에는 부엌신의 유래를 말해 주는 다음과 같은 이야기가 전하고 있다.

> 옛날 아주 가난한 나무꾼 부부가 살았다. 남편은 술을 좋아해서 나무를 시장에 내다 팔고는 술에 취해서 집으로 돌아왔다. 그리고는 부인을 난폭하게 때리곤 했다. 도저히 견딜 수 없게 된 아내는 집을 나와 숲속으로 달아났다. 다행히 숲에서 사냥꾼을 만나 결혼하여 부부가 되어 화목하게 살게 되었다.
>
> 나무꾼은 아내가 떠난 후 겨우 나물만 먹고 지내는 곤궁한 처지가 되었다. 그렇게 되자 그는 더 이상 술을 마시지 않기로 맹세한다. 그리고는 집을 나간 아내를 찾아 나섰다. 얼마 후 나무꾼은 숲에서 조그만 오두막집을 발견했다. 그날은 마침 사냥꾼이 사냥을 하러 가고 아내 혼자서 집에 남아 있었다. 옛 아내를 본 나무꾼은 옛집으로 함께 돌아가자고 간청했다.
>
> 두 사람이 서로 이야기하고 있는데 갑자기 사냥꾼이 돌아왔다. 한 손에는 사냥한 토끼를 들고 다른 한 손에는 활을 들고 있었다. 아내는 깜짝 놀라서 어찌 할 바를 모르다가, 옛 남편에게 볏짚 더미 속에 숨으라고 일러 주었다.

---

37 부 썬 투이, 같은 책, 90면·138면.

사냥꾼은 문을 열고 들어서면서, 짚 더미에 불을 지펴서 오늘 잡은 토끼를 굽자고 말한다. 아내는 잠시 머뭇거리다가 짚 더미에 불을 지폈다. 짚 더미 속에 있던 나무꾼은 매우 뜨거웠지만 모든 일이 탄로 날까 봐 감히 뛰쳐나오지 못하고 그만 불에 타 죽고 만다. 아내는 이것을 보고 매우 마음이 아파 자신도 불 속에 뛰어들어 타 죽었다. 사냥꾼은 아내가 죽는 것을 보자 자신이 무엇인가 의리에 어긋난 짓을 한 것으로 생각되어 역시 불 속에 뛰어들어 따라 죽었다.

그 후 세 사람은 부엌 신이 되어 부엌에서 머리를 맞대고 부엌을 지키고 있다고 한다.[38]

한 여자와 두 남자의 얽힘, 얽힌 세 사람 모두의 비극적 죽음이라는 모티브가 위에서 살핀 〈빈랑전〉과 상통한다. 한 여자를 두 남자가 아내로 취할 수 없다는 인식을 담고 있는 점도 일치한다. 그래서 이 설화 또한 일처다부제에서 일부일처제로의 전환과 관련이 있다고 생각된다.

사냥꾼은 '자신이 무엇인가 의리에 어긋난 짓을 한 것'이라고 생각하고 불에 뛰어들어 죽었다고 했다. 이제는 일처다부제를 부정적으로 보는 시대가 되었다는 점을 표현한다고 생각된다. 사냥꾼과 나무꾼이 수렵·채취 단계의 삶의 양식을 보여 주는 인물이라고 본다면, 농사를 지으며 정착하게 되면서 그러한 의식(문화)의 변화가 나타났다고 해석해 볼 수 있을 것이다.

38 김기태 편역, 《쩌우 까우 이야기》, 창비, 1984, 211~213면을 요약한 것이다.

4장 대외 항쟁(抗爭)

일찍이 시인 또 흐우(Tố Hữu, 1920~2002)는 "옛날 우리 조상은 시 짓는 것, 적과 싸우는 것밖에는 몰랐다네."라고 읊었다.[39] 베트남의 역사는 대외 항쟁으로 점철된 역사라고 할 수 있으니 이 말이 과장만은 아니다. 베트남은 독립을 지키고자 중국, 프랑스, 미국에 맞서 지난한 싸움을 해 왔다. 문학은 그러한 역사적 경험을 반영해서 강한 민족주의적, 애국주의적 성향을 보인다. 이 장에서는 대외 항쟁의 역사를 따라가면서 문학이 어떻게 대응했는지 살펴보고자 한다. 이는 베트남 사람들이 고난 속에서 자주적 기상을 키워온 자취를 살피는 일이기도 하다.

1. 남북 대등의식

1) 이징부인(二徵夫人)

중국의 지배에 맞서서 최초로 대규모 저항운동을 일으킨 베트남 사람은 징측(徵側, Trưng Trắc)과 징이(徵貳, Trưng Nhị) 자매였다. 기원전 111년 전한(前漢)의 무제(武帝)는 남월(南越)을 멸망시키고, 남월의 판도 내에 일곱 개의 군(郡)을 설치한다. 한나라가 우리 한반도 북부에 사군(四郡)

39 부 썬 투이, 배양수 옮김, 《베트남, 베트남 사람들》, 대원사, 2002, 206면.

을 설치하기(기원전 108~107) 몇 해 전의 일이었다. 일곱 개 군 가운데 네 개의 군은 오늘날 중국 광둥 성(廣東省)과 광시 성(廣西省) 지역에 위치했으며, 교지(交趾) · 구진(九眞) · 일남(日男) 세 군은 베트남에 설치되었다.[40]

징씨 자매의 저항운동은 교지 지역에서 일어났다. 《월전유령(越甸幽靈)》(1329년)의 〈징성왕(徵聖王)〉 편에는 징측의 행적이 기록되어 있다. 대체적인 내용을 요약하면 다음과 같다.

> 당시 교주(交州)[41] 자사(刺史) 소정(蘇定)은 탐욕스럽고 난폭하여 징측의 남편 시색(詩索)을 살해한다. 징측은 남편의 원한을 갚기 위해 여동생 징이와 힘을 합해 군사를 일으켜 소정을 공격한다. 영남(嶺南) 지역 65개 성을 탈취하여 스스로 왕이 되었다.
> 한나라 황제가 소식을 듣고 노하여 소정을 주살(誅殺)하고 마원(馬援)을 보내 공격하게 한다. 징측은 징이와 함께 항전하다가 패전하여 죽는다. 나라 사람들이 애도하며 사당을 세워 기렸다.
> 훗날 이조(李朝) 영종(英宗) 때 몹시 큰 가뭄이 들었는데, 두 자매가 왕의 꿈에 나타나서 말하기를 '옥제(玉帝)의 명을 받들어 비를 내리러 왔노라.' 했다. 이에 왕은 사당을 수리하고 제사를 지내는 한편, '영정이부인(靈貞二夫人)'에 봉했다.[42]

징씨 자매는 토착 지배층인 락장(雒將)의 딸이었는데, 역시 같은 군내의 락장인 시색과 결혼한다. 당시 후한(後漢) 조정에서 파견한 자사 소정은 이 혼인을, 중국 통치에 저항하기 위한 세력 규합으로 보고 시색을 체포해서 처형한다. 그러자 징측은 남편을 죽인 소정에게 복수하

---

40 이 장에서 논의하는 작품의 역사적 배경은 유인선, 《새로 쓴 베트남의 역사》, 이산, 2002; 유인선, 《베트남과 그 이웃 중국》, 창비, 2012를 참조하여 서술하고 일일이 출처를 밝히지는 않는다. 다만 저자의 견해를 참조한 경우에는 해당 면수를 밝혔다.

41 교지는 203년에 교주(交州)로 개칭되었다.

42 陳慶浩 · 鄭阿財 · 陳義 주편, 《越南漢文小說叢刊》 제2집 제2책, 臺北: 臺灣學生書局, 1992, 24~25면.

기 위해 동생 징이와 함께 군사를 이끌고 교주 중심부를 공격했다. 기원후 40년에 일어난 일이다.

징측의 봉기에 토착 지배층이 적극 호응하여 저항 세력은 단시간 내에 65개 성을 점령하고, 징칙은 고향을 도읍으로 정하고 스스로 왕을 칭한다. 이렇게 되자 후한 광무제(光武帝)는 그 이듬해에 마원을 원정군 사령관에 임명하여 남방을 평정하게 한다. 마원의 군대에 맞선 징씨 자매는 군사력의 열세를 극복하지 못하고 산발적인 저항을 하다가 43년에 체포되어 처형되고 만다. 《후한서(後漢書)》에 따르면 마원은 참수한 수급을 낙양(洛陽)의 조정으로 보냈다고 한다.

비록 실패하기는 했지만 징씨 자매의 항쟁은 중국의 지배에 맞서 싸운 영웅적 투쟁의 선구가 되었다. 그런데 〈징성왕〉의 기사에서는, 징씨 자매가 왕의 꿈에 나타나 옥제(옥황상제)의 명으로 비를 내리러 내려 왔노라고 말하고 있다. 징씨 자매는 왕권을 수호하고 베트남인의 삶을 보호하는 수호신이 된 것이다. 이렇듯 베트남에는 역사적 인물을 민족의 수호신으로 격상시켜 숭상하는 오랜 전통이 있다.

징씨 자매가 주동이 되어 토착 세력을 규합하여 중국의 지배에 맞선 것을 보면 당시에는 여성의 지위가 상당히 높았음을 알 수 있다. 결혼한 징측이 여동생과 함께 군사를 일으킨 것이나 왕을 칭하고 도읍을 친정이 있는 지역에 둔 것을 보면 결혼해서도 여성은 친정과 밀접한 관계를 유지했다. 여성이 결혼해서도 남성의 권위에 예속되지 않고 상당한 정도로 독립적이었음을 알 수 있다. 이처럼 여성의 지위가 상대적으로 높은 것은 베트남 사회의 두드러진 특징이다.[43]

징씨 자매의 항쟁은 중국의 지배에 항거한 불굴의 영웅적 투쟁이었다. 또한 항쟁을 가능케 한 모계 사회적 습속, 남녀가 대등한 권리를 가

---

43 유인선, 《새로 쓴 베트남의 역사》, 이산, 2002, 45~46면. 베트남 여성의 사회적 지위에 대해서는 유인선, 《근세 베트남의 법과 가족》, 위더스북, 2014; 유인선, 《베트남 — 역사와 사회의 이해》, 세창출판사, 2016에서 소상하게 논의하고 있다.

졌던 문화적 전통을 알게 해 주는 역사적 실례이기도 하다.[44] 오늘날 베트남의 많은 도시에 '하이 바 쯩(Hai Bà Trưng)' 거리가 있는데, '두 징씨 부인[二徵夫人]'을 기리는 거리라는 뜻이다.

2) 〈남국산하〉

이번에는 문인의 한시를 살펴보자. 자주적 기상을 표출한 한시의 남상(濫觴)은 다름 아니라 〈남국산하(南國山河)〉로 알려진 이상걸(李常傑, 1019~1105)의 작품이다. 작가가 누구인가에 대해서 다소 엇갈린 견해가 있기는 하지만 대체적으로 이상걸이 지은 것으로 인정되고 있다.

南國山河南帝居	남국의 산하에는 남제가 거한다고,
截然定分在天書	절연히[45] 정해진 분수가 천서에[46] 있도다.
如何逆虜來侵犯	어찌하여 역로는[47] 우리 땅을 침범하는가,
汝等行看取敗虛	너희들은 참담한 패배를 맛보고야 말 것이다.[48]

베트남 이조(李朝)와 중국 송나라는 두 나라 사이의 국경 지대에 살던 만족(蠻族)(=소수민족)을 누가 통치하는가 하는 문제로 마찰을 빚었다. 갈등이 된 지역에서는 금이 산출되었기 때문에 만족에 대한 통치는 경제적인 이해관계와도 직결되는 문제였다. 중국으로서는 이조가 정치적 안정을 바탕으로 변경 지역에서 영향력을 키워 가는 것을 용납할 수 없었기 때문에 마침내 두 나라 사이에 전쟁이 발발했다.

중국 송나라 군대에 맞서 싸운 이조 군대의 사령관이 바로 이상걸이다. 이상걸은 1077년 송군(宋軍)을 공격하기 전날 밤, 〈남국산하〉를

44 Phạm Ngọc Liên 주편, 《Lịch sử(역사) 10 - Nâng cao》, nxb Giáo Dục, 2006, 147면.

45 맺고 끊음이 칼로 자르듯이 분명하게.

46 '천서(天書)'는 하늘의 계시를 적은 책.

47 '역로'는 이민족을 낮잡아 보는 말, 오랑캐.

48 Văn Tân ch.b, 《Tổng Tập Văn Học Việt Nam(베트남문학전집)》 1, nxb Khoa Học Xã Hội, 1980, 247면.

지어서 병사들에게 부르게 했다고 한다. 하늘에 태양이 둘이 있을 수 없듯이 땅에는 황제가 둘이 있을 수 없다는 흔한 주장을 완전히 부정했다.[49] 남국(南國)과 북국(北國), 남제(南帝)와 북제(北帝)가 대등하다고 천명하면서, 남과 북은 우열이 없는 지리적 개념이므로 베트남은 중국과 대등하고 독자적인 권역을 가지고 있다는 뜻을 말했다.

두말할 것도 없이 '남제'는 베트남의 황제를 가리킨다. 베트남은 밖으로 중국에 대해서는 '왕'을 칭했지만, 안으로는 '황제'를 칭했다. 이를 '외왕내제(外王內帝)'라고 하는데, 〈남국산하〉에서는 그러한 사실을 재확인하면서 저항의식을 고취하고자 했다. 중국에 맞서는 것을 '북거(北拒)'라고 하는데, '북거'의 역사적 경험 속에는 이러한 '남북 대등의식'이 자리 잡고 있다.

3) 〈백등강부〉

13세기 후반, 곧 진조(陳朝) 초기에는 3차에 걸쳐 원나라의 침입을 받았다. 15세기 초반에는 명나라의 지배를 받았다. 베트남은 원나라의 침입을 격퇴하고, 20년에 걸친 명나라의 지배를 종식시키기 위한 전쟁을 승리로 이끌었다. 그 과정에서 〈남국산하〉의 자주적 기상을 계승하는 작품들이 연이어 창작되었다. 전쟁으로 고난을 겪었지만 시문의 기풍은 건강하고 힘이 넘쳤다.

원나라의 제3차 침입 때 백등강(白藤江)에서 벌인 전투에서 진국준(陳國峻, 1226~1300, 일명 陳興道)이 이끈 베트남군은 대몽 항쟁기 최고의 승리를 거둔다. 일찍이 오권(吳權)이 남한(南漢)의 군대를 물리칠 때[50] 사용했던 방법을 다시 써서, 강에 말뚝을 박아 놓고 만조 때 적의 전함을 유인했다가 간조 때 공격하여 대승을 거두었다. 1288년의 일이며 이후

---

49 Lê Bảo, Hà Minh Đức, Đỗ Kim Hồi, 《Giảng Văn Văn Học Việt Nam(베트남문학 강독)》, nxb Giáo Dục, 1998, 143면.

50 938년의 일이다.

로 전승지(戰勝地) 백등강은 민족적 자부심을 고양하는 상징적 공간이 되었다.

백등강을 비롯한 전승지를 작품의 제재로 삼아서 민족의 항쟁과 승리를 기억하고 민족사가 단절될 수 없다는 의지를 드러내는 작품이 다수 창작되었다. 장한초(張漢超, ?~1354)의 〈백등강부(白藤江賦)〉, 진나라 명종(明宗, 1300~1357)의 〈백등강〉, 완채(阮廌, 1380~1442)의 〈백등해구(白藤海口)〉가 널리 알려져 있다. 명종은 석양이 비치는 백등강 강물을 바라보면서 전쟁으로 흘린 피가 마르지 않은 듯하다고 했다.[51] 또한 완채는 "산의 굽이굽이에서 악어를 베고 고래를 쪼갰으며, 언덕의 층층에서 창을 떨어뜨리게 하고 쌍지창을 꺾었도다."[52]라고 전쟁의 승리를 기억했다.

〈백등강부〉는 백등강 전승을 제재로 삼은 수많은 작품 가운데서도 대표작으로 손꼽힌다. 〈백등강부〉를 지은 장한초는 진흥도의 휘하에서 싸움에 참여해서 공을 세운 인물이다. 작품은 객(客)이 백등강에 배를 띄워 놓고 강변에서 부로(父老)의 말을 듣는 장면을 설정하여 당시의 전투에 대해서 말한 다음, 객이 노래를 부르는 장면으로 마무리하고 있다. 부로는 마을에서 나이가 많은 남자 어른을 높여서 칭하는 말이다.

서두에서는 백등강에 배를 띄운 연유를 말하고서 백등강의 가을 경치를 묘사했다. 백등강은 그리 멀지 않은 과거에 피비린내 나는 전쟁터였기에 객은 자연스럽게 전쟁 장면을 떠올리며 탄식하게 된다. 이때 객 앞에 부로가 여러 명 나타났는데, 그중에는 지팡이를 짚은 사람도 있고 배를 젓는 사람도 있었다. 이들은 객에게 백등강 싸움에 대해 말해 준다. 이곳으로 말하자면 진나라 군대가 원나라 장수 오마아(烏

---

51 "江水渟涵殘日影 錯疑戰血未曾乾" (《皇越詩選》 권지일).

52 "鰐斷鯨刳山曲曲 伐沉戟折岸層層" (조동일 해설, 지준모 옮김, 《베트남 최고시인 阮廌》, 지식산업사, 1992, 111면 참조).

馬兒)의 군대를 물리친 곳이고, 오권이 남한의 군대를 격파한 곳이라고 했다. 부로들의 고향 자랑은 당연히 베트남 역사에 대한 자랑이기도 했다.

이어서 전쟁의 전개 양상과 감회를 이렇게 말하고 있다.

> 그때에 전선(戰船)은 천리나 이어지고, 깃발은 바람에 나부꼈다. 육군은 비휴(貔貅)처럼[53] 용맹했으며 병기(兵器)는 벌떼와 같았다. 승패를 가리지 못하고, 남북(군사)은 서로 보루(堡壘)를 마주했다. 일월은 어둑어둑 빛을 잃고, 천지는 차디차 장차 무너지려 했다. 저 홀필렬(忽必烈)의 위세는 강했고, 유공(劉龔)의 계략은 교활했다. 스스로 말하기를 "채찍을 던져서 남국(南國)을 쓸어버릴 수 있다."고 했다.
>
> 그러나 하늘은 하늘의 뜻을 따르는 자를 돕기에 흉악한 무리들은 괴멸되고 말았다. 맹덕(孟德)의 군사는 적벽(赤壁)에서 쉽사리 재가 되어 날렸고, 부견(苻堅)의 군사는 합비(合淝)에서 순식간에 죽음을 맞고 말았다. 지금까지 강물은 흐르지만 끝내 치욕을 씻어내지 못했다. 하지만 다시 세운 공은 천고에 기림을 받으리라.
>
> 그렇도다. 우주가 생겨날 적부터 본래 이 강산이 있었다. 참으로 하늘이 만들어 놓은 험한 요새에서 인걸(人傑)의 힘을 의지해 평화를 이루었도다. 맹진회맹[盟津之會]의 여상(呂尙)같이 위풍당당했으며, 유수(濰水) 싸움의 한신(韓信)같이 탁월한 전략을 구사했다. 생각건대 이 강에서 이룬 대첩은 대왕이 대수롭지 않은 적이라고 여겼기 때문이다. 영웅의 풍모 기릴지니 칭송 소리 그치지 않으리라. 옛사람을 생각하니 눈물이 흐르고 강 물결 대하니 부끄러워지도다.[54]

인용한 부분의 첫머리는 소식(蘇軾)의 〈적벽부(赤壁賦)〉에 있는 구절

53 비휴는 범과 비슷하다고도 하고 곰과 비슷하다고도 하는 맹수. 용맹한 군대를 비유하는 말.

54 "當其舳艫千里 旌旗旖旎 貔貅六軍 兵刃蜂起 雌雄未決 南北對壘 日月昏兮無光 天地凜兮將毁 彼必烈之勢彊 劉龔之計詭 自謂投鞭 可掃南紀 旣而皇天助順 兇徒披靡 孟德赤壁之師 談笑飛灰 苻堅合淝之陣 須臾送死 至今江流 終不雪恥 再造之功 千古稱美 雖然自有宇宙 固有江山 信天塹之設險 賴人傑以奠安 盟津之會 鷹揚若呂 濰水之戰 國士如韓 惟此江之大捷 由大王之賊閑 英風可想 口碑不刊 懷古人兮隕涕 臨江流兮厚顔" (《皇越文選》 권지일)

을 약간만 바꾼 것이다.[55] '홀필렬'은 쿠빌라이를 가리키고, '유공'은 남한의 왕이다. 두 사람은 군대를 파견하여 베트남을 침략한 공통점이 있다. 시대는 다르지만 원나라 '홀필렬'과 남한의 왕 '유공'을 함께 거론하고 있는 것은 두 사람이 파견한 군대를 백등강에서 물리쳤기 때문이다.

'맹덕'은 조조(曹操)다. 후한(後漢) 말인 208년에 손권(孫權)과 유비(劉備)의 연합군과 적벽에서 싸웠는데, 손권의 장수 황개(黃蓋)의 화공(火攻) 계략에 말려 전선(戰船)이 불타는 패배를 당했다고 한다. '부견'은 오호십육국 시대 전진(前秦)의 황제였는데 383년 동진(東晋) 정벌에 나섰다가 '합비'에서 패한 후 세력을 잃었다. '맹진'은 주(周)나라 무왕(武王)이 주(紂)를 칠 때 제후와 회맹(會盟)한 곳이다. '여상'은 흔히 강태공(姜太公)이라고 불리며 주나라의 군대를 지휘한 인물이다. '한신'은 '유수싸움'에서 제(齊)나라와 초(楚)나라의 연합군에게 승리를 거두었다. '대왕'은 흥도왕(興道王) 진국준이다. 1287년 말 몽고군의 제3차 침입 때 진나라 인종(仁宗)이 적군에 대한 의견을 묻자 진국준은 "이번 적은 쉽다."고 대답했다고 한다.[56] 이처럼 전고를 많이 동원하고 대구를 즐겨 사용하는 것은 '부(賦)'라는 한문학 갈래의 특징이다.

요컨대 장한초가 부로의 입을 빌려 하고자 하는 말은, 하늘의 뜻에 순응하는 나라의 군사들이 지리적 이점이 있는 곳에서 탁월한 능력을 가진 장군의 지휘 아래 두 차례에 걸쳐 빛나는 승리를 거두었다는 것이다. 백등강 대첩은 중국의 적벽이나 합비에서 있었던 전쟁처럼 적고 약해 보이는 군대가 많고 강해 보이는 군대를 이긴 싸움인 점이 같다고 했다. 지휘관의 자신감과 탁월한 역량이 백등강 싸움을 승리로 이끌었다고 함으로써 천의(天意), 지리(地理), 인걸(人傑) 가운데 인걸이 관

55 원문은 "當其舳艫千里 旌旗旖旎"인데, 〈적벽부〉의 "舳艫千里 旌旗蔽空"을 이용한 표현이다.

56 "帝問興道王 賊至如何 對曰 今年賊閑(閑 猶言易也)" [陳 荊和 編校, 《校合本 大越史記全書》(上), 東京: 東京大學東洋文化研究所 附屬東洋學文獻センター, 1984, 362면]

건이 되는 역할을 했다고 보았다.

인용한 부분에 이어서 부로와 객이 노래를 주고받는 것으로 작품이 마무리된다.[57] 부로는 승리의 감격을 노래하고 있고, 객은 거기에 더해서 승리를 얻은 것은 험난한 요새 때문이 아니라 훌륭한 덕(德)을 지닌 덕분임을 알았다고[58] 노래하고 있다. 무엇이 훌륭한 덕인지 분명히 말하지는 않았지만 짐작해 볼 수는 있다.

위의 인용문에서는 위대한 인걸이 승리의 주역이라고 했다. 자신이 모신 장군 진홍도를 찬미하는 영웅주의를 천명했다. 하지만 인걸이 저만 홀로 위대해서 승리를 얻은 것은 아니다. 지세가 험한 조건도 요인의 하나라고 했지만 그것을 더해도 여전히 부족하다. 전쟁을 담당한 백성의 힘이 더해져야 했던 것이다. 백등강이 흐르는 마을에 사는 나이든 백성인 부로, 그 사람들이야말로 창칼을 들고 전장에 나가 싸웠던 군사들이었다. 그러므로 훌륭한 덕은 민족의 독립을 수호하기 위해서 상하의 역량을 결집시킨 탁월한 지도력이라고 보아야 한다.

실로 진나라는 '연홍회의(延洪會議)'를 통해서 상하의 역량을 한데 모았다. 쿠빌라이는 1284년 아들 토곤[脫驩]으로 하여금 대군을 이끌고 베트남을 치게 한다. 사태의 위급함을 감지한 진나라에서는 진홍도를 국공(國公)으로 삼아 군대를 통솔하고 전쟁에 대비하게 했다. 하지만 당시 베트남 군대는 원나라 군대에 비해 수적 열세를 면치 못했다. 이에 인종(仁宗)은 전국의 덕망 있는 촌로들을 모아 저항과 항복 중에서 택일할 것을 물으니 모두들 싸우겠다는 결의를 보였다. 베트남 역사에서는 이를 '연홍회의'라고 부르면서, 외세의 침입에 대한 베트남 민족의 단결을 보여 주는 상징적인 사건이라고 평가하고 있다.[59]

57 결말 부분은 조동일 해설, 지준모 옮김, 같은 책, 35~36면에서 살폈다.
58 "信知不在關河之險兮 惟在懿德之莫京(京 大也 左傳莫之與京)" (《皇越文選》 권지일).
59 유인선, 《새로 쓴 베트남의 역사》, 이산, 2002, 149면.

4) 〈평오대고〉

대외 항쟁 문학의 백미가 완채의 〈평오대고(平吳大誥)〉라는 데는 이견이 없을 것이다. 베트남의 '독립선언문'으로서 천고웅문(千古雄文)이자 공전절후(空前絶後)의 걸작이라는 평가를 받고 있다. 〈평오대고〉가 다른 작품들을 제치고 이렇게 높이 평가되는 것은 이 작품이 정치적 감흥과 예술적 감흥을 절묘하게 조화시키고 있기 때문이라고 한다.[60]

먼저 제목을 보자. '오(吳)'는 명나라를 가리킨다. 그렇게 된 연유에 대해서는 명나라 태조 주원장(朱元璋)이 오왕(吳王)을 칭한 적이 있기 때문이라고 설명하기도 하고, 월(越)에 대한 대칭으로 중국을 오(吳)라고 부른 때문이라고 설명하기도 한다. '고(誥)'는 원래 《서경(書經)》에서 기원한 양식으로, 임금이 신하에게 내리는 글이다. 〈평오대고〉는 명나라 세력을 몰아내고 여조 태조(太祖)가 즉위한 해(1428)에 완채가 왕명을 받들어 변려문 형식으로 지었다.

> 일찍이 듣건대 인의(仁義)의 거사는 요체가 백성을 편안하게 하는 데에 있고, 조민벌죄(弔民伐罪)의 군사는 포악함을 제거하는 일보다 앞세우는 일은 없다고 한다. 우리 대월국(大越國)은 실로 문명의 국가이다. 산천의 경계가 이미 다르고 남북의 풍속이 또한 다르다. 조(趙) · 정(丁) · 이(李) · 진(陳)이 우리나라를 창업할 때부터 한(漢) · 당(唐) · 송(宋) · 원(元)과 각기 한쪽에서 황제를 칭하고 다스려왔다.[61]

묵직한 서두를 마련하여 베트남의 자주독립이 정당하다는 뜻을 밝혔다. 정당성의 근거로 다음 세 가지를 들었다. 첫째, 베트남 땅에서 명나라 침략군을 몰아낸 것은 백성을 위해서 포악함을 제거한 인의의 거

60 Lê Bảo, Hà Minh Đức, Đỗ Kim Hồi, 같은 책, 140~150면.

61 "盖聞仁義之擧 要在安民 弔伐之師 莫先去暴 惟我大越之國 實爲文獻之邦 山川之封域 旣殊 南北之風俗亦異 自趙丁李陳之肇造我國 與漢唐宋元而各帝一方" (《皇越文選》 권지오. 이하도 《皇越文選》을 따른다. 조동일 해설, 지준모 옮김, 같은 책, 59~68면의 번역 참조).

사였다. 1407년에서 1427년까지 명나라는 베트남을 직접 지배하면서 인의를 저버리고 백성을 괴롭히는 만행을 저질렀다. 그리하여 태조 여리(黎利)는 주(周)나라 무왕(武王)과 은(殷)나라 탕왕(湯王)을 본받아 '조민벌죄'의 의로운 일을 행했다. '조민벌죄'는 백성을 위무하고 죄 있는 자를 친다는 뜻이다.

둘째, 베트남은 마땅히 독립을 누려야 할 문명국이다. 산천의 경계가 나뉨에 따라서 중국과 베트남은 풍속도 다르다. 베트남이 동아시아 한문문명권의 일원이 되었다고 해서 민족문화의 독자적 전통을 버리고 중국에 동화되어야 하는 것은 아니다. 베트남이 명나라의 동화정책을 단호히 거부한 것은 중세보편주의를 받아들이면서도 민족문화의 독자성 또한 지키려는, 지극히 정당한 처사다. 셋째, 베트남은 중국의 남쪽에서 황제를 칭하고 강역을 다스려 왔다. '대월'은 북쪽 황제국인 중국과 전연 대등한 역사를 가졌다. '각제일방(各帝一方)'했다는 점에서 남북은 대등하다. 완채는 이상과 같은 이념적, 지리적, 문화적, 역사적 근거에서 베트남의 독립은 지지되어야 한다고 선언한 것이다. 이상걸이 〈남국산하〉에서 남북 대등의식을 천명하고 '천서(天書)'를 거론한 것을 계승하면서 몇 걸음 더 나아간 것이라고 평가할 수 있다.[62]

위에 인용한 대목에 이어서 명나라 치하에서 벌어진, "동해의 물로도 더러움을 씻기에 부족하고, 남산의 대나무로도 그 악랄함을 적기에 부족한"[63] 악행과 참상을 길게 열거했다. 백성들이 얼마나 비참한 생활을 했는지 묘사하고 백성의 참상과 침략자의 탐욕·사치스러움을 대조했다. 역사적 사실에 근거하고 있으면서 동시에 강한 정서적 울림을 가지고 있어 읽는 이로 하여금 누구나 분노하게 한다. 이렇게 해서 서두에서 말한 조민벌죄의 정당성을 뒷받침했다.

이어서 태조 여리(黎利)가 기의(起義)한 시말을 서술했다. 이 내용이

62 Lê Bảo, Hà Minh Đức, Đỗ Kim Hồi, 같은 책, 142~143면에서 〈남국산하〉와 비교했다.
63 "決東海之水 不足以濯其汚 罄南山之竹 不足以書其惡".

전체 작품 가운데 가장 큰 비중을 차지한다.

> 내가 분연히 남산(藍山)에서 박차고 일어나 몸이 황야를 떠돌면서, 누대의 원수와 어찌 한 하늘을 이고 지낼 것인가 생각하고는 반역의 적도들과는 함께 살지 못할 것임을 맹세했다. 마음이 아프고 머리를 앓은 것이 십여 년이나 되며 섶에 누워 쓸개를 맛본 것도 하루 이틀이 아니다. 분발하여 끼니마저 잊으면서 매양 병서를 연구하고, 옛일을 가지고 오늘에 징험하면서 상세히 흥망의 이치를 추구하여 광복을 도모하는 뜻을 자나 깨나 잊지 않았다.[64]

'남산'은 타인 호아(Thanh Hóa) 성의 토 수언(Thọ Xuân) 현에 있는 지역으로, 여리가 기의한 곳이다. 서술의 초점은 여리의 심리, 고난, 승리에 두어졌으며 그것은 여리를 영웅으로 부각시키는 효과를 가진다. 여리가 제위에 오른 시점에서 반포된 글이기 때문에 더더욱 그를 중심으로 서술해야 했다.

남산에서 기의한 이후로 오랫동안(1418~1423) 적의 세력은 강하고 아군의 형세는 초라했다. 인재는 가을철 나뭇잎처럼 성기고 호걸은 새벽녘의 별처럼 드물었다. 양식이 떨어진 것이 열흘 이상이 되는 간고를 겪기도 하고 많은 사상자가 나서 군사의 수가 턱없이 부족해지기도 했다. 그런데 이런 악조건 하에서 어떻게 해서 끝내 이길 수 있었는가? 하늘이 나(여리)에게 대임(大任)을 맡기기 위해 고난을 주는 것이라고 생각하고 의지를 더욱 굳세게 했기 때문이라고 했다. 하지만 승리는 의지만으로 되는 것은 아니었다. 승리의 궁극적 원인은 다른 데서 찾아야 한다.

> 약함으로써 강함을 제압해야 했기에 혹 적의 방비가 허술할 때 공격했고, 소수로써 다수를 맞아 싸워야 했기에 늘 복병을 두었다가 기습했다. 끝내는

---

64 "予奮跡藍山 棲身荒野 念世讐豈可共戴 誓逆賊難與俱生 痛心疾首者垂十餘年 嘗膽臥薪者蓋非一日 發憤忘食 每研覃韜略之書 即古驗今 細推究興亡之理 圖回之志 寤寐不忘".

대의로써 흉하고 잔혹함을 이겼으며 지극한 어짊으로써 강하고 포악함을 갈아 치웠다.[65]

적의 약점을 노린 공격, 복병을 이용한 기습은 약한 소수가 강한 다수를 이기기 위한 전략이다. 그런 전략이 적중해서 승리를 거두었다. 거기에 더해서 베트남의 독립군은 인의(仁義)를 따르는 병사들이었다. 서두에서 제기한 유학의 원리를 재확인하면서 인의가 강포함을 누르는 것은 천리(天理)의 당연함이라고 말하고 있다.

승리의 궁극적 원인이 천리를 따른 데 있다고 결론을 미리 말하고서 개개의 전승을 상세히 기록했다. "포등산(浦滕山)으로 번개처럼 달려가 천둥처럼 쳐서 적을 격퇴했고, 다린(茶鱗)에서는 대를 쪼개듯 하고 재를 날리듯 하여 적을 궤멸시켰으니, 사기는 이로써 더욱 증폭되고 함성은 이로써 크게 진동했다."고 하고, "북소리 한 번에 고래를 베고 악어를 끊었으며, 북소리 두 번에 새들이 흩어지고 노루들이 놀랐다."고 했다.[66]

승전을 기록하는 부분에서는 다양한 수사기법을 구사했다. 열거와 대구를 활용했는가 하면 독립군의 기상과 명나라 군대의 겁약한 모습을 대조해서 묘사하기도 했다. 인명과 지명을 거론하면서 경과를 서술한 부분도 있고 추상적이고 과장된 묘사가 주된 부분도 있다. 이러한 글쓰기 기법들은 어느 쪽이 정의의 편인지, 승전의 기세는 어떠했는지 알고 느끼도록 하는 데 기여하고 있다. 변려문 형식이 그러한 효과를 증폭시켰다고 할 수 있다.

최후 결전의 승리를 말하고 난 다음에 이렇게 작품을 마무리하고 있다.

---

65 "以弱制强 或攻人之不備 以寡敵衆 常設伏以出奇 卒能以大義而勝凶殘 以至仁而易强暴".

66 "浦滕之霆驅電掣 茶鱗之竹破灰飛 士氣以之益增 軍聲以之大振" (…) "一鼓而鯨刳鱷斷 再鼓而鳥散麕驚".

사직이 이로써 평화롭게 되고 산천이 이로써 면모를 고치니, 건곤이 비색(否塞)했다가[67] 다시 번창하게 되고 일월이 암담했다가 다시 광명을 회복하게 되었다. 이에 만세 태평의 기초를 열고 이에 천고 무궁한 치욕을 씻으니, 이는 천지와 조종(祖宗)의[68] 영(靈)이 조용히 붙들어 주시고 넌지시 도와주심이 있음으로 말미암아 그렇게 된 것이다. 오호라 한차례 전쟁이 크게 안정되어 마침내 비할 바 없는 공적을 이루었으며 사해가 맑아지니 이에 유신(維新)의 조서를 반포한다. 널리 원근에 고하니 모두 듣고 알도록 하라.[69]

결말 부분에서 완채는 '평오', 곧 명나라 지배를 종식시킨 것은 치욕을 씻고 사직을 보존하고 태평의 기초를 연 의의가 있다고 했다.

그런데 이처럼 자주적 기상을 드높였다고 해서 고립주의 노선을 고집했던 것은 아니다. 자주적 기상을 떨치는 일과 문명의 동질성을 공유하는 일이 모순되지 않는다고 생각했다. 전쟁에서 이겨서 자주권을 쟁취한 다음 곧바로 중국과의 책봉관계를 복원했다. 한문학은 중국과의 외교 관계에서도 아주 중요한 역할을 담당했다. 문학은 국내적으로는 자주적 기상을 떨치면서 대외적으로는 문명의 동질성을 회복하는 수단이었다고 말할 수 있다.

2. 망국민(亡國民)의 비참한 처지

베트남에 대한 프랑스의 무력 침략은 1858년에 시작되어 1885년에 완결을 보았다. 프랑스는 1858년에, 중부에 있던 수도 후에(Huế)를 점령하기 위한 전 단계로 다낭(Đà Nẵng) 항을 공격했다. 그러나 베트남 수비대의 견고한 방어선을 깨지 못한 프랑스군은 후에 점령을 포기하고

67 운수가 꽉 막혔다가.

68 조상의.

69 "社稷以之奠安 山川以之改觀 乾坤旣否而復泰 日月旣晦而復明 于以開萬世太平之基 于以雪千古無窮之恥 是由天地祖宗之靈 有以黙相陰佑而致然也 於戱 一戎大定 迄成無競之功 四海永淸 誕布維新之誥 播告遐邇 咸使聞知."

대신 남부 사이공을 공격하여 1859년 초 점령에 성공했다. 이후 약 20년에 걸친 싸움 끝에 남부의 6개 성(省)을 전부 차지했고, 이 지역을 코친차이나라고 명명했다. 이후 프랑스는 1882년까지 북부를 장악했고, 1885년에는 중부까지 다 장악했다.[70]

청불(淸佛) 전쟁을 치르고 나서 1885년 6월에 청나라의 이홍장(李鴻章)과 쥘 파트노트르(Jules Patenôtre) 공사 사이에 조약(제2차 天津條約)이 체결되었다. 이로써 청나라는 베트남에 대한 프랑스의 지배권을 인정하게 되었다.

프랑스 지배하의 베트남 북부는 통킹, 중부는 안남, 남부는 코친차이나가 되었다. 완조(阮朝)는 여전히 존속했지만, 어디까지나 명목상이었을 뿐이다. 실질적으로 베트남의 모든 영토는 프랑스의 식민지가 되어 프랑스 관리의 통치를 받았고 후에의 황제는 의례적인 행사에만 참여했다.

베트남은 1885년 이후, 길게는 1954년까지 약 70년에 걸쳐 프랑스의 식민 지배를 받았다. 1862년 코친차이나의 동부 3성(省)을 프랑스에 할양한 때로부터 보면 피식민지 기간은 더욱 길어진다. 외침에 항거하는 자주적 기상의 문학 전통은 이 시기에도 의연히 발현되었다. 이 절에서는 반패주(潘佩珠, 1867~1940)의 《월남망국사(越南亡國史)》, 진제창(陳濟昌, 1870~1907)의 풍자시, 호치민의 《옥중일기(獄中日記)》를 살펴보고자 한다. 근대문학 시기에 창작된 작품은 장을 달리하여 논의한다.

1) 《월남망국사》

베트남 사람 반패주(Phan Bội Châu, 판 보이 쩌우)의 구술을 토대로 중국인 양계초(梁啓超, 량 치 챠오, 1873~1929)가 편집해 1905년 9월 상해(上海) 광지서국(廣智書局)에서 발간한 《월남망국사》는 일찍이 우리나라에도 소개

---

70 최병욱, 《베트남 근현대사》, 창비, 2008, 80~81면.

된 바 있다.[71] 그 주요 내용을 보면, 〈베트남의 망국 원인과 그 실상(越南亡國原因及事實)〉, 〈국망시절의 지사 소전(國亡時志士小傳)〉, 〈프랑스 사람이 베트남을 괴롭히고 약하게 하며 어리석게 한 사정(法人困弱愚瞽越南之情狀)〉, 〈베트남의 장래(越南之將來)〉의 네 부분으로 되어 있다. 각각 베트남이 프랑스에게 국권을 빼앗기기에 이른 과정, 근왕운동(勤王運動)[72] 시기에 활약한 지사들의 짤막한 전기, 프랑스의 탄압과 착취의 실상, 반패주와 양계초가 베트남의 장래에 대해서 나눈 대화를 기록했다. 《월남망국사》는 중국 사람을 일차 독자로 한 만큼 원문은 백화체(白話體)로 되어 있다.

〈국망시절의 지사 소전〉은 19세기 후반 대불(對佛) 독립 투쟁에 나선 열사(烈士)의 전기를 모은 부분이다. 반정봉(潘廷逢, 1847~1895)의 저항을 기록한 대목을 인용해 본다. 반정봉은 1885년 반포된 근왕령(勤王令)에 호응하여 의용병을 모집하고 10년 동안 조직적인 저항운동을 전개했다. 그는 오늘날 근왕운동의 대표적인 인물의 하나로 꼽힌다.[73]

반정봉은 서생이었을 때부터 벌써 세속과 어울리지 않았다. 그는 조정의 시험에서 일등을 하고서 어사가 되었다. 그때에 마침 간신이 나라 권세를 천단(擅斷)하여[74] 황제를 폐하고 새로운 황제를 세우려고 하여 조정에 병기를 숲

71 1906년 〈황성신문(皇城新聞)〉에 그 일부가 소개된 이후 같은 해 11월 현채(玄采)가 국한문혼용체로, 이듬해인 1907년 주시경(周時經)과 이상익(李相益)이 각각 순국문체로 번역, 소개했다[량 치챠오 편저, 안명철 · 송엽휘 역주, 《역주 월남망국사(越南亡國史)》, 태학사 2007, 5면. 이 책 253면에는 '월남망명객소남자술(越南亡命客巢南子述)'이라고 되어 있는데, '소남(巢南)'은 반패주의 호이다]. 반패주와 량 치 챠오 두 사람의 대화(필담)는 양계초가 머물던 일본에서 이루어졌다. 반패주는 1905년에 반식민운동을 하는 데 필요한 경제적 도움을 얻고 무기를 구입하고자 일본에 입국했다. (최원식 〈아시아의 連帶—'越南亡國史' 小考〉, 백낙청 · 염무웅 편 《한국문학의 현단계 II》, 창작과비평사 1983을 통해 《월남망국사》에 대한 기본적인 이해가 가능하다.)

72 유교적인 충군(忠君) 의식에 의지하여 프랑스의 침입으로부터 베트남 황실을 지키자는 운동. 1885년에 시작하여 1896년까지 지속되었다.

73 유인선, 같은 책, 314~315면.

74 제 마음대로 하여.

> 같이 걸어 세우고 대신을 모아서 위협하는데 조정 신하들은 숨도 쉬지 못하고 다만 반정봉만이 홀로 항거하는 상소를 올려 엄하게 탄핵하니 그 의기가 늠름하여 큰 솥에 넣고 삶아 죽이는 혹형까지 두려워하지 않았다. 황실을 구원하라는 조서가 내릴 때 반정봉은 마침 어머니 상중이어서 상복을 입은 채 조서를 받았다. 프랑스 군사와 싸우며 각 성의 의병을 거느리는데 이때에 두 성의 백성이 대부분 프랑스 사람에게 붙어 지내므로 의병의 호령이 행하여지지 못했다. 프랑스 사람에게 항복한 사냥개 황고계(黃高啓)는 반정봉의 동향 사람이라 좋은 말과 두터운 폐백으로 반정봉을 꾀어 보았는데도 실패했고 새 임금도 프랑스의 협박을 받아서 반정봉을 달랬는데도 반정봉이 또한 듣지 아니하니 프랑스 사람이 그의 친척을 잡으며 그의 선묘(先墓)를[75] 파냈다. 반정봉의 자제들이 통곡하면서 반정봉에게 이를 알리니 반정봉이 이렇게 말했다. "우리 집이 대대로 나라의 은혜를 받아 왔으니 나라와 동고동락해야 한다. 이것은 우리 선친의 소망이어서 내가 그 뜻을 이룰 것이다. 죽어도 포기하지 못한다."라고 하고 험한 곳에 웅거하여 의병을 기르고 군량을 저축하고 군기를 제조하니 기세가 남북에 행하더라.[76]

이어지는 내용은 실로 참담하다. 반정봉은 프랑스와의 싸움 도중에 병들어 죽고 만다. 프랑스 사람이 반정봉의 시신을 찾았는데, 어느 산적이 무덤 위치를 알려 주었다. 프랑스 사람은 반정봉의 시신을 찾아서 불태우고, 또 누가 그 태운 재를 가지고 장사할까 염려하여 다시 그 재를 바람에 날려 보냈다. 반패주는, "옛날부터 들어보지도 못한 이렇게 참혹한 형벌을 유럽의 문명국이 보여 주었구나. 진짜 강도한테도 이렇게 벌을 주는 법이 없는데 하물며 나라를 구하는 의사랴? 문명국이 천하의 질문에 어떻게 대답할까?"[77]라고 따져 물었다. 결국 이 모든 일이 '프랑스 사람이 베트남을 차지해서' 생겨난 일이며 베트남의 독립만이 모든 잘못을 바로잡는 길이라고 주장했다.

〈프랑스 사람이 베트남을 괴롭히고 약하게 하며 어리석게 한 사정〉

---

75 조상의 무덤을.

76 안명철 · 송엽휘 역주, 같은 책, 51~52면.

77 안명철 · 송엽휘 역주, 같은 책, 53면.

에서는 반패주가 '눈으로 직접 보고 귀로 직접 들은'[78] 프랑스 식민통치의 가혹함을 기록하고 있다. 거기에는 프랑스 치하 베트남에서 발생한 사건 하나를 소개하는 부분이 있다. 반패주의 말처럼 '동지들이' 이런 사정을 듣게 되면 '눈물을 흘리며 분노할'[79] 것이다.

어느 마을 사람들이 도저히 세금을 낼 수 없어 프랑스 보호관을 찾아가 사정을 호소했다. 처자도 집도 땅도 다 팔아서 더 이상 팔 것도 없고, 팔지 못한 것이라고는 머리 위에 있는 한 조각 하늘뿐이라고 했다. 그러자 프랑스 관리는 세금 대신 하늘을 넘기면 된다고 하고는 하늘을 파는 문서를 작성하게 한다. 그 일이 있고 나서 얼마 되지 않아 프랑스 순찰대가 달려들어 마을을 에워싸고는, 이미 마을 위의 하늘을 팔았으니 하늘을 보지도, 하늘 아래 나서지도 말라고 소리를 지른다.

프랑스 순경들이 내리 3일 동안을 물샐틈없이 하늘을 지켜 서니, 마을 사람들은 낮에는 해를 보지 못하고 밤에는 달과 별을 보지 못하는 처지가 되고 말았다. 이에 더욱 곤궁해진 마을 사람들은 프랑스 관리한테 갖가지로 애걸하여 그 마을 위의 하늘을 도로 찾아오게 해 달라고 했다. 정말로 처자와 집과 땅을 다 팔아 세금을 낸 다음에야 프랑스 순찰대가 돌아가고 백성들이 안정을 되찾을 수 있었다.[80]

더욱 심각한 문제는 베트남에서 인재가 자라나지 못하게 하는 일이었다. 그것이야 말로 "베트남 사람을 어리석고 어둡게 만드는" 처사였다.

> 프랑스 사람은 또한 한 가지 형용할 수 없는 금령을 내렸다. 프랑스 사람은 대프랑스 학교 하나와 프랑스 베트남 학교 하나를 설립해서 프랑스 글과 프랑스 말만 가르치다가 그 학도들이 프랑스 사람의 노예 노릇이나 할 만큼 배웠으면 곧 졸업을 시키고 넓고도 깊은 학문이나 쓸 데 있는 것은 절대로 보여

---

78 "(恐人或不信) 然我據耳目之所及 從寔說出" (안명철 · 송엽휘 역주, 같은 책, 236면).
79 "我只怕同人掩淚抑腦也" (안명철 · 송엽휘 역주, 같은 책, 230면).
80 안명철 · 송엽휘 역주, 같은 책, 63~65면.

주지 않는다. 학교 밖에서 만약 개인적으로 외국에 유학하거나 다른 외국 사람과 사귀어 각종 외국어를 배우고자 하는 자는 곧 은밀히 외국과 통하여 반역을 꾸미는 죄로 처리하여 꼭 그 사람을 잡아 죽이며 그 사람의 부모 형제와 처자를 연좌하여 본인을 잡지 못하는 경우에는 그 사람의 가산을 몰수하고 그 사람 조상의 묘지를 파내고 여러 족척(族戚)을 잡아서 연좌한다. 프랑스 사람이 이 금령을 반포한 의도를 잘 모르겠다. 베트남 사람이 외국어를 배우거나 외국인과 사귀면 왜 프랑스 사람한테 죄가 되는가? 하지만 프랑스 사람이 이러한 금령을 만들었다. 이것이 베트남 사람을 어리석고 어둡게 만드는 것이 아닌가? 베트남 사람뿐 아니라 오대주(五大洲)의 문명 강국들도 모두 프랑스한테 속은 것이다.[81]

하지만 반패주는 〈베트남의 장래〉에서 절망적인 상황이지만 희망을 잃지 않는다고 말했다. 정신의 힘, 열성과 용기로 끓어오르는 의기를 결집하면 모든 악조건을 극복해 낼 수 있다고 했다. 프랑스에 협력하는 부역자(附逆者)든 울분을 삼키면서 투쟁을 다짐하는 사람이든 종국에는 계층을 망라한 민족 구성원 전체가 다 함께 떨쳐 일어나 프랑스를 상대로 민족 해방 투쟁을 전개할 것이라고 굳게 믿었고, 또 그렇게 해야 한다고 촉구했다. 고발하고, 각성을 촉구하고, 결의를 다지는 글을 써서 망국을 딛고 독립으로 떨쳐 나가고자 했다.

2) 〈순사 나리〉

진제창(陳濟昌, 1870~1907)은 베트남 전통 왕조의 마지막 시기와 프랑스 식민지 초창기에 걸치는 시기에 짧고도 고뇌에 찬 삶을 살았던 시인이다. 수창(秀昌, Tú Xương, 뚜 쓰엉)이라는 이름으로 알려져 있기도 하다. 창작한 작품 수가 매우 많았다고 하는데 상당 부분 일실되고 오늘날 수집된 것은 대략 100편 정도가 된다고 한다.[82]

---

81 안명철·송엽휘 역주, 같은 책, 77~78면.

82 Lại Nguyên Ân ch.b, 《Từ Điển Văn Học Việt Nam(từ nguồn gốc đến hết thế kỷ XIX)(베트남문학사전, 기원부터 19세기 말까지)》, nxb Giáo Dục, 1997, 620면.

그는 과거(科擧)에 집착하다가 끝내 좌절한 경험, 프랑스 식민지로 전락한 초기 베트남 사회의 이모저모를 전통적인 시가 형식 속에 담아냈다. 당대의 언어, 도시의 풍물, 당대의 인물 군상을 놓치지 않았다. 서정성이 짙은 작품이 있지만 풍자적인 작품이 특히 뛰어나서 베트남 문학 최고의 풍자 시인으로 꼽힌다.

진제창은 다음 장에서 살필 완권(阮勸, 1835~1909)과 마찬가지로 세상사를 풍자한 작품을 많이 썼다. 특히 프랑스 식민지로 전락한 시기를 살아가는 여러 인물을 형상화하는 데 뛰어난 능력을 발휘했다. 프랑스 관리를 풍자하면서 베트남 사람들만 알아들을 수 있도록 중의법을 쓴 작품도 있다. 다음에 볼 〈순사(巡査) 나리(Ông Cò)〉는 프랑스 경찰에 대한 풍자로 가득한 작품이다. 당률 쯔놈 시 형식이다.

하남(河南) 제일로 명성 높으신 순사 나리,
그를 보면 누구나 감히 기침도 못한다.
양쪽 지붕이 해져서 비가 줄줄 새도 참아야 하고,
여덟 시 종 치기가 무섭게 웅크리고 자야 한다.
신분증 잊은 사람은 하늘이 노할까 두렵고,
개가 길로 뛰쳐나가면 주인은 걱정이 앞선다.
멍청히 똥 누는 놈 운 좋게 잡기라도 하면,
이거야말로 한번 크게 먹을 기회로다.

Hà Nam danh giá nhất ông Cò,
Trông thấy ai ai chẳng dám ho.
Hai mái trống toang đành chịu dột,
Tám giờ chuông đánh phải nằm co.
Người quên mất thẻ âu trời cãi,
Chó chạy ra đường có chủ lo.
Ngớ ngẩn đi xia may vớ được,
Chuyến này ắt hẳn kiếm ăn to.[83]

83 Lã Nhâm Thìn, 《Thơ Nôm Đường Luật(당률 쯔놈 시)》, nxb Giáo Dục, 1997, 341면에 원문

지붕을 고치려고 해도 신고하고 허락을 받아야 했는데, '순사 나리'는 까다롭게 굴고 돈도 요구했던 모양이다. 그래서 물이 줄줄 새는데도 고치지 못하고 있다. 밤 여덟 시부터 통행금지가 시행되었다. 신분증을 지참하지 않거나 개를 길에 풀어 놓으면 엄벌에 처해졌다. '순사 나리'의 막강한 힘은 식민 당국의 권력을 상징하고 있으며, 힘이 큰 만큼 베트남 사람들은 억압을 견디기가 힘들었다.

마지막 두 줄은 겉보기에는 경범죄 처벌을 말하는 듯하지만 베트남어를 알고 보면 그렇지만도 않다. 'đi xia'는 화장실에 간다는 말인데, 여기서는 '똥'을 눈다는 것을 암시한다. 그런데 마지막 줄의 '(kiếm) ăn to'는 겉으로는 순사가 많은 돈을 뜯어낸다는 말을 한 것인데, 베트남어로는 '큰 것을 먹는다'는 뜻으로도 읽을 수 있어, 앞의 행과 합해 보면 결국 큰 똥을 먹는다는 말이 된다.[84] 식민지를 무력으로 지탱해 주는 경찰을 똥이나 먹는 똥개로 전락시켜 버렸다.

진제창과 완권은 같은 시대를 살았다. 하지만 한 사람은 농촌의 풍물에, 다른 한 사람은 도시의 풍물에 더 많은 관심을 둔 점이 달랐다. 식민지 현실을 풍자적인 시선으로 바라본 작품을 남긴 것은 상통한다. 하지만 그에 못지않게 어조의 차이도 두드러진다. 완권이 상대적으로 부드러운 어조의 풍자를 택했다면 진제창은 강렬한 어조의 그것을 택했다. 진제창의 풍자시는 식민지로 전락한 제3세계 시인의 풍자적인 목소리로서 기억할 만하다.

3) 《옥중일기》

호찌민(Hồ Chí Minh, 胡志明, 1890~1969)은 삼십여 년 간 해외에서 항불(抗

과 주석이 있다.

84 Hà Xuân Liêm, 《Thơ Việt Nam, Thơ Nôm Đường Luật(Từ Thế Kỷ XV Đến Thế Kỷ XIX)(베트남 시, 당률놈쯔시, 15세기에서 19세기까지)》, Huế: nxb Thuận Hóa, 1996, 312면; Tuấn Thành, Anh Vũ tuyển chọn, 《Thơ Trần Tế Xương, Tác Phẩm Và Dư Luận(진제창의 시, 작품과 여론)》, nxb Văn Học, 2002, 80면.

佛) 독립운동을 하다가 1941년 2월에 귀국한다. 중국에 거주하는 베트남 교포들과 연대하여 일본에 대항하기 위한 세력 구축의 필요성을 절감한 그는 다시 국경을 넘어 중국으로 간다. 하지만 불운하게도 1942년 8월 27일 중국 광서성(廣西省)에서 중국 국민당 장개석(蔣介石) 군대의 검문에 걸려 조사를 받고, 간첩죄로 8월 29일 수감된다. 이후 1943년 9월 10일 석방되기까지 중국 광서성의 13개 현, 18곳의 감옥을 옮겨 다니게 되었다. 그때 감옥에서 지은 한시 작품이 《옥중일기》로 엮여 간행되었다.[85]

호찌민은 개인의 내면을 표현하기 위해 한시를 쓰는 전통을 계승한 마지막 세대에 속한 인물이었다. 옥중에서 한시로 감회를 표현하고 마음을 다잡고자 했다.

身體在獄中	몸은 감옥 안에 있지만,
精神在獄外	정신만은 감옥 밖에 있다.
欲成大事業	큰일을 이루고자 한다면,
精神更要大	정신은 더욱 더 커야 하리.[86]

〈권두(卷頭)〉라는 작품이다. 《옥중일기》에 수록된 작품은 제재에 따라서 크게 두 부류로 나누어 볼 수 있다. 그것은 감옥 생활의 양상을 형상화한 작품, 그리고 감옥 생활의 의미를 성찰한 작품이다. 〈권두〉는 그중 두 번째 부류에 속하는 작품이다. 감옥에 갇힌 고난에 굴하지 않고 민족의 독립, 계급투쟁의 승리라는 목표를 이루기 위해서 정신을 단련해야 한다고 다짐하고 있다.

같은 주제를 〈주로(走路)〉에서는 이렇게 말하고 있다.

走路才知走路難	길을 가 봐야 길 가는 어려움을 아나니,

85 안경환 역, 《胡志明 獄中日記》, 조명문화사, 2005, 194면.

86 작품의 번역은 김상일 옮김, 《옥중에 자유인 머물다》, 사람생각, 2000을 따랐다.

重山之外又重山	첩첩 산 너머에 또 첩첩이 산이 있네.
重山登到高峰後	첩첩 산 그 꼭대기에 오른 뒤에야,
萬里輿圖顧盼間	만 리 지도가 눈앞에 펼쳐지리라.[87]

이감(移監)되면서 산에 올라 보고 얻은 깨우침이라고 할 수도 있고, 고난을 견뎌내는 감옥 생활의 의미를 생각해서 얻은 결과라고 할 수도 있다. 개인의 고난이 베트남 전체의 고난이기도 하다는 취지로 읽으면 민족 수난의 의미에 대한 발언이자 미래에 대한 낙관적인 전망을 표현한 말이기도 하다.

事物循環原有定	사물의 순환은 원래 정한 이치니,
雨天之後必晴天	비 온 뒤에 반드시 날이 개는 법이다.
片時宇宙解淋服	어느덧 우주는 젖은 옷을 벗어 버리고,
萬里山河晒錦毡	만 리 산하 비단 이불에 햇빛이 쏟아진다.
日暖風淸花帶笑	바람 좋은 따뜻한 날에 꽃은 웃음을 띠고,
樹高枝潤鳥爭言	큰 나무 물 오른 가지에 새들 다퉈 지저귄다.
人和萬物都興奮	사람과 만물 모두 일어나 떨치고 있으니,
苦盡甘來理自然	고진감래는 이치의 자연스러움이라.[88]

제목은 〈청천(晴天)〉이다. 비 온 끝에 맑게 갠 하늘을 보고 시심(詩心)이 움직였다. 서두에서는 순환이 정한 이치라고 말하고 결론에서는 고진감래가 이치의 자연스러운 귀결이라고 했다. 자연이 순환하는 이치가 세상사에도 그대로 적용되어 지금은 힘들게 옥고를 치르고 있지만 풀려나 큰 뜻을 펼칠 날이 오고야 만다는 확신을 말하고 있다.

마음을 굳게 다잡고 희망을 노래하기 위해서 한시(문학)가 필요했다. 옥중에 있기 때문에 희망과 굳건한 의지가 무엇보다 중요했다. 시를 산문과 방불하게 쓰면서 수사적 기교는 돌보지 않았다. 그래서 그의

87 김상일 옮김, 같은 책, 28면.
88 김상일 옮김, 같은 책, 104면의 번역 참조.

한시는 질박하면서도 숭고하다는 느낌을 준다.

3. 미국에 맞서서

이른바 '베트남 전쟁'의 기원은 1946년으로까지 거슬러 올라간다. 1945년 호찌민은 하노이에서 베트남 민주공화국의 독립을 선언한다. 하지만 프랑스는 베트남에서 떠날 의사가 전혀 없었고 1946년에 재침략을 감행한다. 제1차 인도차이나 전쟁이 발발한 것이다. 8년간 전쟁이 계속되다가 디엔 비엔 푸(Điện Biên Phủ) 전투에서 베트남이 결정적인 승리를 거둔 1954년에 이르러서야 베트남과 프랑스 양국은 제네바에서 협정을 체결한다. 북위 17도 선을 경계로 호찌민 정부군은 북으로, 프랑스군은 남으로 이동하여 전쟁을 끝내기로 하며, 1956년 7월 이전에 총선거를 실시하여 남북통일 정부를 수립한다는 데 합의했다.

하지만 미국은 베트남의 절반이 공산화된 데 불만을 품고 협정에 서명을 하지 않았다. 1954년 6월 남부에 새로운 내각이 구성되자 아이젠하워 대통령은 즉각 지지를 공개적으로 표명한다. 이렇게 남북에 두 정권이 맞서게 되자 당연히 총선거는 실시될 수 없었다.

미국은 베트남의 사이공 정부를 동남아시아의 공산화를 저지하기 위한 하나의 전초기지로 간주해 경제 · 군사 원조를 확대했다. 하지만 사이공 정부는 부패하고 무능해서 미국의 신뢰를 얻지 못했다. 마침내 1965년 3월에 미국은 베트남에 지상군을 투입하여 직접 참전한다. 이로부터 1973년 3월 완전 철수할 때까지 북베트남은 미국에 맞서 싸워야 했다. 하노이 군에 의해 사이공이 점령되어 남북이 통일된 것은 1975년 4월의 일이었다.

미국과의 전쟁 시기에 북부 베트남에서 창작된 작품 가운데 번역되어 우리에게 알려진 작품은 극소수에 지나지 않는다. 우리는 미국과 남부 베트남 편에서 참전했기 때문에, 어찌 보면 당연한 일이다. 그렇게 알려진 몇 안 되는 작품 중에서도 독자를 얻은 편에 속하는 작품이 〈하얀 아오자이(Áo Trắng)〉다. 1973년에 발표된 응우옌 반 봉(Nguyễn Văn Bổng, 1921~2001)의 작품인데, 미군이 남부 베트남에 들어온 이후 사이공을 무대로 활동하던 베트남 학생들의 투쟁을 그린 소설이다. 원제목인 'Áo Trắng'은 '하얀 옷'이라는 뜻이다.

응우옌 반 봉은 1921년 베트남 중부의 꽝남(Quảng Nam) 성에서 태어났으며, 북베트남으로 넘어간 월북 작가다. 1943년부터 1945년까지 중부 후에(Huế)에 있는 투언 호아(Thuận Hóa) 사립학교에서 교편을 잡았는데, 이때 수필과 단편소설을 몇 편 발표했다. 1953년 말에 월북하여, 토지개혁선전회의에 참석한 후 타이 응웬(Thái Nguyên) 지역에서 토지개혁에 참가했고, 1957년에는 베트남 문인회 창립 멤버로 활동했으며, 하노이에서 〈인민일보〉 기자 생활을 하다가 미국이 베트남전에 개입하자 1962년 6월에 다시 남부로 내려가 활동했다. 1968년 구정 공세 때 사이공 현장에 있었고, 구정 공세 이후 다시 하노이로 복귀하여, 1972년부터 문예지 편집장을 지내다 은퇴했다. 그리고 2001년 8월 지병으로 하노이에서 세상을 떠났다.[89]

〈하얀 아오자이〉는 소박한 성공을 꿈꾸던 가난한 농촌 출신 여학생이 그 꿈을 이루려고 사이공에 있는 고등학교에 입학해, 공부만 하는 모범생으로 살다가 사회의 부조리와 국가의 운명에 눈을 뜨면서 '의식화'되어 가는 과정을 그리고 있다. 주인공은 학생운동에 참여하다가 체포되지만, 온갖 고문과 회유, 협박에도 굴하지 않고 끝까지 투쟁하다 마침내 풀려난다. 인물의 영웅적인 투쟁, 미래에 대한 낙관적 전망, 해피엔딩은 베트남 혁명문학 작품의 전형으로 평가된다.

> 사이공에서 집에 갔을 때가 생각났다. 사이공에는 미국, 독일, 일본, 홍콩, 타이완, 쩌런(Chợ Lớn)[90]에서 만든 향기로운 비누가 널려 있었지만 우리 엄마

---

89 응웬 반 봉 지음, 배양수 옮김, 《하얀 아오자이》, 동녘, 2006, 5~8면.

는 나뭇잎을 삶아서 머리를 감았다.

타잉이 체포된 후 티웅에에서 호앙을 만난 일도 생각났다. 그는 농담 반 진담 반으로, 머리핀을 잘 간수하라고 말했다.

그날은 날씨가 좋았다. 햇빛과 바람이 가로수와 강과 그가 서서 나를 기다리던 삼거리를 덮고 있었다. 그날 나는 따뜻한 바람 속에서 나풀거리는 하얀 아오자이를 입고 있었다. 내 몸은 지금 반짝이는 하얀색으로 둘러싸여 있다. 내가 지금 아오자이를 입고 있는지, 아니면 레반주엣 캠프에서 언니들이 준 검정 바지저고리를 입고 있는지 알 수 없었다. 만약에 지금까지 아오자이를 입고 있다고 하더라도 이미 찢어지고, 물과 피가 범벅이 되고, 독방의 오물로 더러워져 하얀 빛깔을 더는 볼 수 없을 것이다. 그런데도 몸에는 하얀색이 둥둥 떠다니다가 점점 멈추는 것처럼 아른거렸다. (…)

몸을 가누기가 힘들었고, 무엇인가가 계속 아른거렸다.

내 몸이 하얀색으로 둘러싸인 가운데, 빛나는 하얀색이 나를 들어 올리는 것 같았다.

독방의 벽 한쪽 구석 틈새에 머리핀을 감춰 뒀는데, 나는 손을 더듬어 그것을 집어 들어 벽에 대고 눌렀다. 어두운 독방의 검은 벽에 하얀 글씨가 분명해질 때까지 머리핀을 눌러 글씨를 새겼다.

내 하얀 아오자이는 세상에 더럽혀지지 않았고,
결혼은 아직 상상도 않고 있다네.

고향 시골길로 학교를 오갈 때, 옷자락 끝을 잡고 길가에 서 있는 나무에서 떨어지는 꽃잎을 받던 모습이 떠올랐다. 이곳 사이공에 와서 공부하고 일하고 투쟁하던 모습, 붐비는 도시에서 학생들 사이에 있는 자그마한 하얀 옷의 그림자가 보였다. 자전거를 타고 호앙을 만나러 티웅에 다리로 가던 날도 햇빛과 바람이 좋았다. 체포되어 차를 타고 쩐홍다오 거리와 쩐빙쫑 거리를 거쳐 레반주엣 캠프로, 다시 이곳으로 보내졌지만 내 옷은 여전히 하얀색이었다. 구타당하고 고문받았지만 그 하얀색은 여전히 내 주변을 맴돌고 있었다.

지금은 비록 고통스러워도

---

90 사이공에 있는 베트남 최대의 차이나타운.

하얀 아오자이는 영원히 퇴색하지 않으리.

나는 빛나는 하얀색으로 벽에 한 글자 한 글자 새겼다. 그리고 손을 놓고 쓰러졌다. 나는 다시 죽어 둥둥 떠 다녔다. 그러기를 얼마나 했는지 알 수 없었다. 갑자기 먼 곳에서 "가을이 왔다. 23일, 나는 변고에 처한 강산의 부름에 따른다."는 노랫소리가 들려왔다. 그 소리가 점점 분명하게 들렸다.

땀 오빠의 목소리가 맞았다. 그렇다면 밤이 지나고 아침이 되었단 말인가?[91]

여주인공 프엉은 두 형사에게 체포되어 '특별 공작단'의 전향 캠프(레반주엣 캠프)라고 불리는 곳에 감금된다. 그곳에서 프엉은 공산주의를 버리고 전향하라는 집요한 회유와 협박을 받는다. 하지만 프엉이 전혀 굴하지 않자 그들은 비밀 캠프의 독방으로 이감시킨다. 그곳에서 프엉은 심한 고문을 받고 기절했다 깨어났다 하기를 되풀이한다. 위에 인용한 대목은 그런 고난의 시기에 프엉의 내면이 어떠했던가를 보여 주고 있다.

하얀 아오자이란 무엇인가? 그것은 고결한 혁명의 이념, 구타당하고 고문받아도 꺾이지 않는 불굴의 의지를 상징한다. 더럽히려도 더럽혀지지 않기에 미래의 승리를 기약할 수 있는 희망이다. 나아가 하얀 아오자이는 베트남 그 자체다. 외세가 베트남을 유린하여 '찢기고 피범벅이 되고 더럽혀져도' 결코 독립을, 공산주의 세상의 도래를 막을 수는 없다.

남북 대립 시기에 북베트남에서 유일하게 공인된 문학 창작 원리는 사회주의 리얼리즘이었다. 베트남에서는 1962년 제3차 전국문예대회에서 창작 방법으로 채택되었다. 사회주의 리얼리즘은 '당파성', '전형성', '새로운 인간'을 세 가지 축으로 한다. 좀 더 구체적으로 말하자면, 계급모순이나 정치적 갈등에 대해서는 당과 합치된 노선을 택해야

91 응웬 반 봉 지음, 같은 책, 217~219면.

한다. 시대나 사회를 반영하는 전형적인 상황과 인물을 설정해서 미래에 대한 밝은 전망을 제시해야 한다. 공산주의의 이상에 감화되어 투쟁하는 중에 성장해서 자신의 결점이나 약점도 극복하고, 운명을 스스로 개척해 가는 주체적인 인물로 거듭나서 사회를 위해 헌신하는 인물을 제시해야 한다. 작가 응웬 반 봉은 사회주의 리얼리즘 문학의 규칙을 따르면서 작품을 창작했는데 〈하얀 아오자이〉는 바로 그 결과물이었다.

5장 불교와 유교

불교와 유교는 중세 시기 동아시아 한문문명권의 보편종교였다. 불교와 유교를 자기 세계관으로 삼은 승려와 유학자는 천지만물의 이치를 탐구하고 바람직한 삶의 자세를 제시하는 역할을 맡았다. 거기에 더해서 유학자는 역사 서술의 이념과 방법을 두고 고심했고, 실제 역사 서술을 담당하는 임무 또한 감당했다. 승려와 유학자(특히 성리학을 익힌 사대부)의 시문은 중세 동아시아의 정신세계의 높이와 깊이를 보여 준다고 할 수 있다.

이 장에서는 중세 시기 베트남의 승려와 유학자가 근본적인 이치를 탐구하여 성과를 담은 시문, 삶의 자세를 가다듬고자 하여 창작한 시문, 역사 서술의 방법에 대해서 논의한 글을 차례로 살펴보고자 한다. 이를 통해서 베트남 사람의 정신세계가, 같은 문명에 속한 동아시아의 다른 나라와 민족과 깊은 층위에서 동질성을 가지고 있다는 점, 그리고 철학의 영역에 있어서 베트남의 특수한 면모가 발견된다는 점을 확인할 수 있게 될 것이다.

1. 불교

베트남에 처음으로 불교를 전해 준 것은 인도나 중앙아시아 출신 승려들이었다. 그들은 주로 무역선을 타고 바닷길을 통해서 베트남에 들어

온 것으로 추정되며 소승불교를 전했다. 선종, 정토종, 밀교와 같은 대승불교는 중국을 통해서 전래되었다. 대승불교의 여러 종파 가운데 베트남에서 특히 융성한 것은 선종이었다. 선종 승려들은 한문을 읽고 쓸 수 있는 능력을 가지고 중국 선종을 수용했기에 중국 문화에 우호적인 상층 지식인의 환영을 받았다.[92]

불교는 이진(李陳) 시대에 융성했다. 이진 시대의 시문을 모은《이진시문(李陳詩文)》(1977~1988 간행)을 펼쳐 보면 승려의 시문이 절대적인 비중을 차지하고 있다는 것을 금세 확인할 수 있다. 수많은 승려가 다채로운 저술을 남겼는데, 철학 글쓰기의 수준을 보여 주는 저작으로는 진(陳) 태종(太宗, 1218~1277)의《과허록(課虛錄)》을 첫손에 꼽을 수 있다.

《과허록》은 현존하는 베트남 최고(最古)의 문헌이라고 알려져 있다. 책의 제목인 '과허록'은 허적(虛寂)한 도, 곧 불교의 이치를 깨치기 위해 필요한 가르침을 적은 글이라는 의미이다. 상하 두 권으로 되어 있는데, 논설, 서발(序跋), 어록, 가송(歌頌) 등 다양한 양식의 글들이 포함되어 있다. 상권의 〈금강삼매경서(金剛三昧經序)〉와 같은 글을 통해서는 불교 경전에 대한 이해를 가늠해 볼 수 있으며, 역시 상권에 수록된 〈어록문답문하(語錄問答門下)〉나 〈염송게(拈頌偈)〉와 같은 글을 통해는 선종 글쓰기의 활용 양상을 살펴볼 수 있다.

《과허록》 상권에 수록되어 있는 〈선종지남서(禪宗指南序)〉에서는 자신이 한때 출가를 결행했을 정도로 불교 수행에 열의를 가지고 있음을 서술하고, 스스로 창작한 게송[歌]을 묶어《선종지남(禪宗指南)》이라는 책으로 내게 된 경위를 밝히고 있다. '서'의 첫머리에서, 부처는 남북의 구별이 없어 누구나 수행을 통하여 될 수 있고, 성품은 지혜롭고 우둔한 차이는 있어도 모두 깨달음을 이룰 수 있다고 했다.[93] 부처가 되

92 베트남 불교사에 대한 간결한 소개로 이와모또 유따까 외, 홍사성 옮김,《동남아 불교사》, 반야샘 1987, 247~300면이 있다.

93 "佛無南北均可修求 性有智愚同資覺悟" [Trần Lê Sáng ch.b,《Tổng Tập Văn Học Việt Nam(베트남문학전집)》2, nxb Khoa Học Xã Hội, 1994, 47면(원문); Viện Văn học,《Thơ Văn

는 데는 남북의 구별이 없다는 말은 중국 사람이든 베트남 사람이든 가릴 것 없이 누구나 수행을 통해 부처가 될 수 있다는 말이겠다. 종교의 보편성이 민족의 차이를 넘어선다는 점을 천명하고 있다. 불교는 베트남 사람들이 형성해 가던 남북 대등의식을 훌륭하게 뒷받침해 주고 있다.

태종은 제위에 있으면서 경전 공부와 참선을 게을리 하지 않았는데 《금강경(金剛經)》을 읽다가 "마땅히 머무는 바 없이 그 마음을 일으킬지니(應無所住而生其心)"라는 구절에 이르러 문득 책을 덮고 오래 읊조리다가 환하게 스스로 깨치게 되었다고 했다. 중국 선종의 제6조 혜능(慧能)에게 있었던 깨달음의 순간이 태종에게도 찾아온 것이다. 그 깨달음을 바탕으로 노래를 짓고 제목을 〈선종지남〉이라고 붙였다고 했다. 그 책은 지금 전하지 않아 그 성격을 구체적으로 확인하기는 어렵지만 노래의 제목에 '지남'이라는 말을 사용하고 있으니 오도송(悟道頌)에 그치지 않고 후학들을 깨달음으로 이끌 수 있는 가르침도 담고 있었을 것이다.

역시 상권에 실려 있는 〈혜교감론(慧教鑑論)〉은 비교적 짤막한 글이지만 불교, 특히 선종 계통에서 항시 부딪치게 되는 '정(定)과 혜(慧)의 관계' 문제를 다루었다.

> 그러므로 지혜는 정(定)으로 말미암아 드러나고 정은 혜(慧)로부터 생겨난다. 정과 혜는 서로 의지하는 것이기에 둘 가운데 어느 하나도 빠뜨릴 수 없다. 가령 좌선을 한다고 하지만 마음이 아직 고요히 가라앉지 않았는데도 혜감(慧鑑)이 생기는 그런 사람은 없다. 비록 혜성(慧性)은 있다고 하더라도 좌선을 익히지 않고서 스스로 이르기를, "이미 지혜가 있는 사람인데 좌선은 해서 무엇 하겠는가?"라고 한다면 비록 지혜는 있다고 하더라도 감체(鑑體)가 없는 사람이다.
>
> 만약 선정에 들었을 때 마음이 아직 고요히 가라앉지 않았는데도 지혜가

Lý Trần(李陳詩文)》 II, nxb Khoa Học Xã Hội, 1988, 24면)].

발현되기를 바란다면 이는 비유컨대 풍파가 아직 가라앉지 않았는데도 달빛을 보겠다는 것과 같다. 만약 마음이 이미 가라앉았는데도 도리어 삿된 지해(知解)를 내면서 지혜가 발현되기를 바란다면 이 또한 풍파가 이미 가라앉아서 달빛이 맑고 깨끗한데도 다시 물속을 헤치면서 달빛을 보겠다는 것과 같으니, 어찌 볼 수 있겠는가? 그러므로 조사께서 "고요하면서 항상 비추고, 비추면서 항상 고요하다.(寂而常照 照而常寂)"라고 한 것이다.[94]

'혜감'은 지혜를 비유하는 말로, 지혜가 맑은 거울과도 같이 만물을 비추어 알기 때문에 이르는 말이다. '혜성'은 지혜로운 성품, '감체'는 거울의 몸체, '지혜'는 알음알이, 곧 분별심(分別心)을 뜻하는 말이다. 거울이 밝게 비추는 능력이 있는 것처럼 중생은 누구나 일체를 밝게 아는 참된 지혜를 구유하고 있다. 하지만 번뇌나 알음알이가 참된 지혜를 가리고 있기에 중생이 중생이다. 거울에 낀 먼지를 닦듯이 중생의 마음에 있는 번뇌나 알음알이를 없애야 참된 지혜가 드러나게 된다. 중생의 마음에 있는 번뇌나 알음알이를 없애는 것이 선정(禪定)의 역할이다.

그렇다면 선정을 할 마음은 어디에서 생기는가? 그런 마음이 생겨나게 하는 것은 마음속 참된 '혜(지혜)'의 작용이라고 보아야 한다. 태종이 〈혜교감론〉의 어디서도 분명히 말하고 있지는 않아도 "정은 혜로부터 생겨난다."는 말로부터 충분히 추론할 수 있다. 하지만 "정은 혜로부터 생겨난다."고 간단히 말하고 말았듯이, 중생의 마음에 갖추어진 신묘한 지혜와 그것의 작용, 곧 '조(照)'의 측면에 대해서는 더 이상 심도 있게 논의하지 않았다.

〈혜교감론〉은 선종의 철학 산문의 문제의식과 표현 방식을 잘 보여

---

94 "故知慧由定現 定自慧生 定慧相依兩無遺一 若假名坐禪 心未得定 而慧鑑生者 未之有也 雖有慧性而不習坐禪 自謂已有慧者 何假坐爲 若如是者 雖有慧者 而無鑑體 若於定時心未得定 而欲求慧 譬若風波未定 而求見月影者也 若心旣定而反生邪解 求於慧者 亦如風波旣定 月影澄淸 而復攪於水中求取月影 何得見哉 故祖師云 寂而常照 照而常寂"[Trần Lê Sáng ch.b, 같은 책, 45~46면(원문)].

준다고 생각된다. 선종의 철학 글쓰기에서 제시함직한 문제(주제)의 범위를 벗어나지 않고 있으며 문체는 간결하여 군더더기가 없고 글의 논리가 명료한 편이다. 이런 점은《과허록》에 실린 철학 글쓰기 어느 것을 보아도 마찬가지라고 할 수 있다.

선종의 이치를 탐구해서 얻은 바를 시문으로 표현하기도 했다. 상권 후반부에 〈염송게〉가 나오는데 그 중 한 대목을 보기로 한다. 방거사(龐居士)가 쓴 시구의 앞부분을 따서 참구(參究)할[95] 문제로 제시하고 게송을 덧붙이고 있다.

擧	
龐居士云	방거사 이르기를,
此是選佛場	"여기는 부처 뽑는 시험장이니,
心空及第歸	마음 비워 급제하여 돌아가노라."라고 했다.[96]
拈	
鴈塔題名	급제하여 탑에 이름 새기려면,[97]
不容曳白	백지 답안지 내서는 아니되리라.
頌	
鶉衣百結草鞋穿	백번 기운 누더기에 구멍이 난 짚신 차림,
選佛場中奪桂箋	부처 뽑는 시험장에서 종이를 빼앗으리라.
若謂心空來應擧	만약 마음 비웠기에 시험 치러 왔노라 하면,
不遭鞭撻也遭拳	채찍을 맞지 않으면 주먹으로 얻어맞으리라.[98]

'거(擧)'는 참구할 문제, 곧 공안(公案)을 제기한다는 뜻이다. 〈염송

95 '참구'는 꿰뚫어 밝히기 위해 집중하는 것. 의심을 깨뜨리기 위해서 거기에 몰입하는 것.
96 방거사는 중국 당나라 때의 거사(居士) 방온(龐蘊, ?~808)이다. 그의 송(頌)은《벽암록(碧巖錄)》제42칙 '평창(評唱)'에 나온다. 전문을 들면, "十方同聚會 箇箇學無爲 此是選佛場 心空及第歸"이다.
97 중국 당나라 때 과거에 급제하여 새로 진사가 된 사람은 장안(長安) 자은사(慈恩寺) 경내에 있는 대안탑(大雁塔)의 돌 벽에 자신의 이름을 새겨 넣는 풍습이 있었다고 한다.
98 Trần Lê Sáng ch.b, 같은 책, 권말 92~93면에 원문이 있다.

게〉에는 이런 문제의 수(='擧'의 수)가 총 43개이다.[99] '염(拈)'은 짤막하게 비평을 가하는 것이며 '송(頌)'은 문제(공안)에 대한 반응을 운문으로 표현한 것이다. '거', '염', '송'으로 이어지는 〈염송게〉의 글쓰기는 중국의 《벽암록(碧巖錄)》이나 《무문관(無門關)》, 한국의 《선문염송(禪門拈頌)》에 보이는 글쓰기 방식과 상통하는 것이다. 종교와 철학, 그리고 문학의 글쓰기가 구분되지 않고 하나로 융합되게 하는 선종(공안선) 고유의 방식을 베트남에서도 공유하고 있음을 확인하게 된다. 그리고 이러한 글쓰기 방식이 혜충(慧忠, 1230~1291)의 〈송고(頌古)〉에서도 발견되는 것으로 보아 불교계에서 널리 수용되었음을 짐작할 수 있다.[100]

수행을 통해서 깨달음을 얻은 사람의 삶의 자세는 어떠한가? 만각(滿覺, 1052~1096)의 임종게(臨終偈)인 〈고질시중(告疾示衆)〉은 이조(李朝)의 불가(佛家) 한시를 대표하는 작품으로 손꼽힌다.

春去百花落	봄이 가면 온갖 꽃이 지고,
春到百花開	봄이 오면 온갖 꽃이 핀다.
事逐眼前過	세상일은 눈앞을 지나가고,
老從頭上來	늙음은 머리 위로부터 온다.
莫謂春殘花落盡	봄이 가고 꽃은 다 졌다고 말하지 말지니,
庭前昨夜一枝梅	어젯밤 뜰 앞에 매화 한 가지 새로 피었도다.[101]

임종게이니 만각이 입적한 해인 1096년에 쓰인 작품이다. 몇몇 시어를 반복하면서 5언과 7언을 섞어 쓰고 있다. 각 행의 마지막 시어가 '지다[落] - 피다[開] - 지나가다[過] - 오다[來]'로 되어 있는 5언 4행은 자연과 삶이 무상(無常)하다는 이치를 말하고 있다. 계절이 바뀌듯이 한

99 Trần Lê Sáng ch.b, 같은 책, 권말 68면을 보면, 〈염송게〉라는 소제목 아래에 "以下四十三章"이라고 부기되어 있다.

100 Viện Văn học, 같은 책, 327~333면에 혜충의 〈송고〉가 수록되어 있다. 〈송고〉는 '거(擧)' '사운(師云)' '송왈(頌曰)'로 이어지는 방식이다.

101 이 작품은《선원집영》에 실려 있다. Trần Lê Sáng ch.b, 같은 책, 218~219면에 원문이 있다.

세상 살다가 늙어 죽는 것은 어길 수 없는 이치라고 한다. 그런 것을 윤회의 이치라고 한다면 중생인 한 그런 이치에서 벗어날 수가 없다.

하지만 7언으로 된 뒤의 2행에서는 그러한 이치를 뒤집는 진술을 하고 있다. 봄이 다 가고 꽃도 다 진 것처럼 보였지만 어젯밤 새로 매화 한 가지가 피었다고 했다. 어젯밤 새로 핀 매화는 아마도 무상한 변화를 넘어서 상주(常住)하는 진여(眞如)를 상징하는 시어일 것이다. 또는 작자 자신의 깨달음을 상징하는 시어라고 보아도 좋을 것이다. 윤회에서 벗어나지 못하는 것이 중생이지만 윤회의 굴레에서 해방되어 여여(如如)한 진실과 하나가 되는 차원 높은 경지에 이를 수 있다는 뜻을 제자들에게 전해 주고 싶었을 것이다.[102]

깨달은 사람은 일체의 구속에서 해방되었기에 자유로움을 구가하게 된다. 혜충의 〈방광음(放狂吟)〉은 그 전형적인 작품이다. 혜충은 출가하지 않고 거사로 있었지만 베트남 선종사에 심대한 영향을 끼친 인물이다.[103] 혜충의 작품 세계는 매우 다채롭다. 선리(禪理)를 말한 작품이 있는가 하면 산수에 노니는 감흥을 노래한 작품도 있다. 《상사어록(上師語錄)》을 구성하고 있는 〈대기(對機)〉와 〈송고〉는 선종 글쓰기의 한 전형이다. 그런가 하면 〈불심가(佛心歌)〉, 〈방광음〉, 〈추순음(抽脣吟)〉을 지어 형식에 얽매이지 않고 자유롭게 노래하려는 지향을 보이기도 했다. 다음에 〈방광음〉의 전반부를 보인다.

天地眺望兮何茫茫	천지를 바라보노라, 어찌 그리도 아득한가!
杖策優遊兮方外方	지팡이 짚고 한가로이 거니노라, 세상 밖에서!
或高高兮雲之山	때로는 높고 높아 구름 속에 든 산에 오르고,

102 이 작품에 대한 상세한 작품론으로 Nguyễn Huệ Chi, 〈Mãn Giác Và Bài Thơ Thiền Nổi Tiếng Của Ông(만각과 그의 유명한 선시)〉, 《Văn học Việt Nam - văn học trung đại: những công trình nghiên cứu(베트남 중세문학 연구논문선)》(Lê Thu Yến ch.b), nxb Giáo Dục, 2003, 14~19면이 있다.

103 혜충은 속명이 진숭(陳嵩)이다. 무언통파 소요선사(逍遙禪師)의 법을 이었고, 진나라 인종에게 법을 전했다.

或深深兮水之洋	때로는 물 깊고 깊은 바다에 이르노라.
饑則喰兮和羅飯	배고프면 바리때의 밥을 먹고,
困則眠兮何有鄕	피곤하면 아무것도 없는 고을에서 잠잔다.
興時吹兮無孔笛	홍이 일 때면 구멍 없는 피리를 불고,
靜處焚兮解脫香	고요한 곳에서는 해탈향을 피운다.
倦小憩兮歡喜地	힘이 들면 환희지에서 잠시 쉬고,
渴飽啜兮逍遙湯	목마르면 소요탕을 마신다.[104]

제목에 있는 말인 '방광(放狂)'은 이치에 벗어난 짓을 함부로 한다는 뜻이다. 작품은 제목 그대로 어디에도 매이지 않는 정신의 자유로움을 구가하고 있다. 불교 경전이나 도가 경전에 나오는 말을 활용하면서 비상(飛翔)과 초월(超越)의 경지를 형상화했다.[105]

2) 유교

진나라(陳朝, 1225~1400) 후반기에 접어들면서 과거제가 정비되어 진출의 길이 열려 있었고, 원나라와의 교섭 중에 활약함으로써 상승의 기회를 잡은 유가 문인들이 서서히 불교 승려를 대신하여 지식층을 형성하고 한시 창작에서도 두드러지는 역할을 하게 되었다.[106] 진나라를 지배해 온 귀족을 대신해서 신유학을 익힌 사대부 관료가 주도해서 중앙집권적 관료 국가를 만들려는 노력이 결실을 맺어 여조의 성립(1428)을 보게 되었다. 여조 이후로는 신유학을 익힌 사대부 관료가 정치와 문

---

104 Viện Văn học, 같은 책, 278면에 원문이 있다. 조동일, 《동아시아문학사 비교론》, 서울대학교 출판부, 1993, 359면에서는 혜충의 〈강호자적(江湖自適)〉을, 361면에서는 〈방광음〉을 살폈다. 〈강호자적〉은 산수를 찾는 감흥을 표현한 작품의 예로, 〈방광음〉은 선시의 예로 들었다.

105 '하유향(何有鄕)'은 아마도 《장자(莊子)》 〈소요유(逍遙遊)〉에서 말한바, '무하유지향(無何有之鄕)'일 것이다. 이상향(理想鄕)을 뜻한다. '환희지(歡喜地)'는 보살이 수행 과정에서 거치는 열 가지 단계[十地]의 하나이다. '소요탕(逍遙湯)'은 오욕(五慾)에 대한 애착, 곧 갈애(渴愛)를 풀어 주는 탕제(湯劑)를 비유한 말인 듯하다.

106 유인선, 《새로 쓴 베트남의 역사》, 이산, 2002, 143~151면.

학의 주도권을 장악했다.

(1) 이치 탐구

사대부가 사상계를 지배하게 된 시기에 창작된 철학 글쓰기를 대표하는 예가 완병겸(阮秉謙, 1491~1585)의 〈중진관비명병서(中津舘碑銘幷序)〉이다. 이 글은 완병겸이 벼슬길에 나갔다가 칭병하고 고향에 돌아와서(1542) 중진관을 건립한 내력을 적은 글이다. 글을 지은 해는 1543년이다. 〈중진관비명병서〉에서는 사람의 마음과 행위에 대한 신유학적 이해를 보여 준다.

> 인성(人性)은 본래 선하나 기품(氣稟)에 속박되고 물욕에 가려져서 본연의 선함이 혹 처음(의 선함)을 보존하지 못하는 경우가 있다. (그리하여) 교만하고 인색하며 마음이 비뚤어지고 치우치게 되어 하지 않는 일이 없게 된다. 조정에서는 이름을 다투고 저자에서는 이익을 다툰다. 윗자리에 있으면서 사치스러운 자들은 시원한 누각이며 따뜻한 객사를 짓고, 부유함을 과시하는 자들은 춤추고 노래하는 누대를 짓는다. (하지만) 길바닥에 굶주려 죽은 주검을 보고도 돈 한 푼 내놓는 것을 아끼고 노숙하는 이를 보고도 띠 한줌 집어 덮어 주는 일이 없다. (이렇듯) 선을 닦지 않은 지 오래되었다. 그러나 원래 천리(天理)는 사람 마음속에 있어서 결코 민멸된 적이 없다.[107]

사람의 본성에 대한 신유학의 이해에 의하면, 사람의 성품은 본래 선한데 기질(氣質)에 의해서 가린 바 되어 선한 본성이 드러나지 못하게 된다고 한다. 하지만 선한 본성은 가려졌을 뿐 없어진 것이 아니니 기질을 맑게 하는 공부를 하면 선한 본성을 회복하게 된다. 인용한 완병겸의 진술은 이와 같은 사람의 본성에 대한 신유학적인 이해를 그대로 보여 주고 있다.

---

107 "夫人性本善 自拘於氣稟 蔽於物欲 而本然之善 或不全于厥初 驕吝邪僻 無不爲已 在朝則爭名 在市則爭利 侈於貴 則凉臺燠舘 華其富 則舞榭歌樓 見塗莩而吝一金之損 視露宿而無把茅之蓋 善之不修者久矣 然本天理在人心 未常泯滅" (《皇越文選》 권지삼).

이 글은 사람의 마음과 행위에 대한 원론적인 이해를 정리해서 보여 주는 글인데, 이기(理氣), 성정(性情), 천리(天理), 인욕(人慾), 본연(本然), 기질(氣質) 같은 신유학의 기본적인 개념어를 떠올리게 되는 표현들을 사용하면서 논의를 전개하고 있다. 하지만 그 논의가 심도 있다고 하기는 어려울 듯하다. 모든 문제가 의심의 여지가 없이 해명되었다는 듯이 말을 하고, 개념어를 한 번만 사용함으로써 개념들 사이의 복합적인 관련에 대해서는 생각할 여지를 남겨두지 않았다. 이래서는 철학적 탐구가 본격적으로 진행되기 어렵다.

중세에서 근대로 이행하는 시기에 등장해서 베트남 철학을 대표하는 인물이 된 여귀돈(黎貴惇)의 경우는 어떠한지 보도록 하자. 여귀돈 철학의 핵심적인 내용은《운대유어(芸臺類語)》권1 〈이기어(理氣語)〉의 다음과 같은 말로 표명되어 있다.

> 천지간을 채우고 있는 것은 모두 기(氣)이다. 이(理)는 그것이 참으로 유(有)여서 무(無)가 아니라는 것을 말하는 것일 따름이다. 이(理)는 형적(形迹)이 없고 기(氣)로 말미암아 드러나게 된다. 이(理)는 곧 기(氣) 속에 있다. 음양(陰陽), 기우(奇偶), 지행(知行), 체용(體用)과 같은 것이야 짝을 지어 말할 수 있지만, 이기(理氣)는 짝을 지어 말할 수 있는 것이 아니다.[108]

> 태극은 하나다. 혼원(混元)한 일기(一氣)다. 하나가 둘을 낳고, 둘이 넷을 낳아서 만물을 이룬다. 이것이 태극이 하나를 지님이다.[109]

여귀돈의 철학은 이기(理氣)는 서로 대립하는 두 가지 실체가 아니고, 이(理)를 총칭하는 태극(太極)은 원기(元氣)일 따름이라는 말로 요약

108 "盈天地之間 皆氣也 理者言其寔有 而非無耳 理無形迹 因氣而見 理卽在氣之中 陰陽奇偶知行體用可以對言 而理氣不可以對言也"[Tạ Quang Phát dịch,《Vân Đài Loại Ngữ(운대유어)》I, Sài Gòn: Phủ Quốc Vụ Khanh Đặc Trách Văn Hóa Xuất Bản, 1972, 8b면(원문).《운대유어》는 이 책을 이용하고 면수만 밝히기로 한다].

109 "太極者 一也 混元一氣也 一生二 二生四 以成萬物 是太極有一也"(8b면).

된다. 이것은 바로 태극은 기이고, 이(理)는 기의 조리(條理)일 따름이라는 기일원론(氣一元論)의 명제이다. 기일원론을 제기한 것은 베트남 철학사에서 전에 보지 못했던 혁신이다.

여귀돈이 기일원론으로 방향을 잡은 것을 학문하는 태도와 방법의 재정립이라는 측면에서도 평가할 수 있을 것이다. 인용한 첫머리에서 '천지간을 채우고 있는 것은 모두 기'라고 했으니 모든 학문은 기학(氣學)이어야 한다. 실제로 여귀돈은 다른 곳에서, "매 사물마다 이(理)가 있다.", "물(物)이 있으면 반드시 규칙이 있다."고 해서, 사실과 실질을 그 자체로 탐구하고자 했다.[110] 실제 사실을 찾아서 정리한 저술을 다수 남긴 것은 이러한 철학이 바탕이 되었기에 가능했을 것이다.

그런데 실제 사실을 찾아서 정리하고, 다른 사람이 무슨 말을 했는지 일일이 기록한다고 해서 철학적 사고의 높이와 깊이가 보장되는 것은 아니다. 여귀돈 철학의 핵심을 담은 저술인 《운대유어》는 제목 그대로 자기 생각을 조리를 갖추어 기록하기 위한 저술이 아니라 여러 사람의 생각을 모아 놓는 것이 목적인 저술이었다. 자기 생각은 이따금씩 삽입해 놓았을 따름이다. 그러다 보니 기일원론을 제기하는 혁신적 진술도 단편적으로 제시되어 있다. 이기이원론(理氣二元論)과는 다른 길을 열어 놓았으면서도 그런 생각을 도저(到底)하게 밀고 가지 못하고 말았다. 게다가 논쟁을 통해 신유학에 대한 이해를 심화할 수 있는 기회를 가지지 못했고, 제자들이 대를 이어 철학을 계승·발전시킨 것도 아니었다.[111]

사실에 대한 폭넓은 관심의 이면에는 사회 현실에 대한 비판적인

---

110 Đinh Thị Minh Hằng, 《Lê Quý Đôn trên tiến trình ý thức văn học dân tộc(민족문학의식의 발전과정에서의 여귀돈)》, nxb Khoa Học Xã Hội 1996에서 논의했다. 원문을 구득하지 못해서 현재로서는 근거가 되는 원문을 직접 제시하지는 못한다. 여귀돈의 기일원론과 세계인식의 혁신에 대해서는 조동일, 같은 책, 385~389면에서 처음으로 논의했다.

111 여귀돈의 제자로 배휘벽(裴輝璧, 1744~1818)이 있다. 그는 《오경절요(五經節要)》, 《주례절요(周禮節要)》, 《논어절요(論語節要)》 등도 저술했다. 하지만 경전의 '절요'를 만들면서 스승의 기일원론을 발전시킨 것은 아니다.

음미가 부족한 보수적인 성격이 자리하고 있다는 평가도 있다.[112] 여귀돈은 철학사에서도 대단히 높은 지위를 차지하고 있지만 간혹 보이는 혁신적인 생각을 끝까지 밀고 나가지 못하고 주자학의 언저리를 맴돌다 마는 듯한 인상을 주는 것 역시 이러한 성향과 관련 있을 것이다.

지금까지 불교 철학의 글쓰기와 유교 철학의 글쓰기를 간략하게나마 살펴보았다. 가설적인 차원에서 베트남 철학 글쓰기의 특징에 대해서 정리해 보고자 한다. 우선 베트남에서는 철학 글쓰기의 역사를 통해서 끈질기게 논의된 주제가 발견되지 않는다는 점을 지적할 수 있다. 한국 철학사에서 문제가 된 회통(會通), 돈점(頓漸), 이기(理氣), 심성(心性)과 같은 논쟁적 주제를, 학파를 형성해서 대를 이어가면서 탐구한 자취가 발견되지 않는다. 철학적 견해가 달라져 종파나 학파가 나뉘고, 논쟁이 촉발되고 오랜 기간에 걸친 논란으로 발전한 예가 발견되지 않는다. 그래서 철학사에서 거론되는 인물들은 장대한 산맥 속의 우뚝한 봉우리라기보다는 망망한 대해에 흩어져 있는 섬과 같다고 말해 볼 수 있다. 바꾸어 말해서 베트남 철학 글쓰기에서는 원론에 대한 모험 정신이 약했다고 해도 터무니없는 오해나 과장은 아니라고 생각한다.

원론에 대한 탐구가 부족하고 학파의 분립과 계승관계가 미약하기 때문에 철학 글쓰기에서 다룬 내용들이 대개 개설적인 수준에 그치는 경우가 많다고 할 수 있다. 불가(佛家) 쪽에서는 어록(語錄), 전등록(傳燈錄), 공안집(公案集) 성격의 저술을 마련했지만 중국의 전례를 수용해서 베트남에 적용한 것이라는 인상을 강하게 줄 뿐이고 독창적인 발명(發明)이 더해졌다고는 생각되지 않는다. 완병겸이 베트남 신유학의 거벽(巨擘)이라고 하는데, 그의 철학 글쓰기 또한 신유학을 정리해서 수용한 면모는 보여주지만 독창성으로 이름이 난 것은 아니다. 도리어 도

112 Nguyễn Lộc, 《Văn Học Việt Nam(nửa cuối thế kỷ XVIII~hết thế kỷ XIX)(18세기 후반~19세기까지의 베트남문학)》(tái bản lần thứ hai, có chỉnh lý, bổ sung), nxb Giáo Dục, 1997, 97면.

참(圖讖)에 밝아서 이름이 났다고 한다. 여귀돈의 기일원론은 단편적으로 선언될 따름이었다.

철학이 부진한 이유를 세계를 인식과 글쓰기의 일반적 특성과 관련시켜 이해하는 것도 가능하다. 1장에서 중세 시기 베트남에서는 운문이 압도적으로 우세하다는 점을 말한 바 있다. 7장에서 보게 되듯이 경전의 번역도 운문으로 한다. 9장에서 보듯이 베트남 고전의 최고봉인 〈취교전〉은 6·8체시 형식으로 되어 있는 운문 소설이다. 사건의 긴박한 전개, 인물 간의 격심한 갈등도 압축적인 시구로 표현한다. 세계를 인식할 때는 논리나 이념보다 정감을 앞세우고, 인식한 세계를 표현할 때는 리듬감이 있는 — 율독이 가능한 문체를 즐겨 사용한다. 이 모든 특성은 천지만물을 대하는 태도가 논리적이거나 이념적이기보다는 정감적이기 때문에 나타났다고 볼 수 있다. 종교와 철학의 글쓰기는 한문으로 하는 것이니 쯔놈 사용과는 상관없는 일이라고 할 수도 있겠지만, 세계를 인식하고 표현하는 것은 문자 형식 이전의 문제라고 할 수 있다.

(2) 역사 서술

중세 시기 베트남 역사 서술의 전범 역할을 한 저작은 오사련(吳士連)이 책임자가 되어 1479년에 편찬을 완료한 편년체(編年體) 역사서 《대월사기전서(大越史記全書)》였다. 오사련은 선행하는 두 종의 《대월사기(大越史記)》, 곧 여문휴(黎文休, 1230~1322)의 《대월사기》(1272)[113]와 반부선(潘孚先)의 《대월사기》(1455)를 토대로 해서[114] 체제를 정비하고 거기에 외

113 오늘날 《사고전서(四庫全書)》에 수록되어 전해지는 《월사략(越史略)》(=大越史略)은 바로 이 책을 요약한 것이라는 견해가 있다.

114 여문휴는 기원전 207년부터 기원후 1225년까지의 역사, 반부선은 1226년부터 1427년까지의 역사를 서술했다. 반부선의 《대월사기》는 여문휴가 서술한 이후의 부분을 취급하고 있기 때문에 《대월사기속편(大越史記續編)》 또는 《사기속편(史記續編)》이라고도 부른다.[陳荊和 編校, 《校合本 大越史記全書》(上), 東京: 東京大學東洋文化硏究所 附屬東洋學文獻センター, 1984, 7면].

기(外紀) 한 권을 더해서 《대월사기전서》(1479) 15권을 편찬했다.[115] 오사련은 《대월사기전서》(이하 《전서》로 약칭함)를 완성하고 두 편의 글인 〈대월사기외기전서서(大越史記外紀全書序)〉(이하 〈서〉로 약칭함)와 〈의진대월사기전서표(擬進大越史記全書表)〉(이하 〈표〉로 약칭함)를 썼다. 이 절에서는 두 편의 글을 통해서 역사 서술의 의의, 베트남 역사 서술의 방법, 베트남 역사서와 동아시아 한문문명권 정전(正典) 역사서의 관계에 대한 오사련의 견해를 밝히고 음미해 보고자 한다.

역사를 서술하는 이유는 무엇인가? 오사련은 〈서〉와 〈표〉에서 다음과 같은 몇 가지 이유를 들었다.

(i) 과거의 일을 기록하여 장래의 교훈으로 삼는다.
(ii) 인물의 선악(善惡)을 밝혀 선한 일을 권장하고 악한 일을 징계한다.
(iii) 민족적 자부심의 역사적 근거를 제시한다.

(i)과 (ii)가 역사서 일반의 의의를 말한 것이라면 (iii)은 베트남 역사를 서술한 역사서의 가치를 말한 것이다. 오사련은 베트남이 중국에 맞서 독립을 유지하기 위해서는 (iii)의 기능을 하는 역사서가 필요하다고 보았다. 아주 이른 시기부터 역사 서술을 해 온 중국에 대응하기 위해서는 풍부한 선례(先例)를 기록한 베트남의 독자적인 역사서를 마련해야 했다. 그래야 민족의 자부심을 고취하고 미래를 예측할 수 있게 된다.

(iii)에 대해서 오사련이 말한 내용을 좀 더 자세히 살펴보자. 오사련은 베트남이 중국에 못지않게 역사가 오래되었으며, 남북으로 나뉘어 대등하게 맞서는[抗衡](=대항하는) 관계에 있다고 했다. 이처럼 오사련이 베트남의 독립성과 자주성에 대해서 강한 자부심을 표명한 것은 원

115 "取先正二書 校正編摩 增入外紀一卷 凡若干卷 名曰大越史記全書" [〈大越史記外紀全書序〉, 《校合本 大越史記全書》(上), 55면]. "增入鴻厖蜀王外紀 總若干卷 今已成編" [〈擬進大越史記全書表〉, 《校合本 大越史記全書》(上), 57면].

나라, 명나라 군대를 무력으로 물리치고 독립을 이룩한 자랑스러운 기억을 가지고 있기 때문일 것이다. 오사련은 베트남 사람으로서 민족적 자부심을 가슴에 품고 있었고, 역사 서술을 통해서 이러한 민족적 자부심의 근거를 제시하고자 했다고 할 수 있다.

이전의 베트남 역사서와 비교해 볼 때《전서》는 무엇이 달라졌는가? 오사련은 〈서〉와 〈표〉에서 이 문제에 대해서 논의했다. 두 글에서 밝힌 내용을 정리해 보면 다음과 같다.

먼저 오사련은 이전의 대표적인 역사서인《대월사기(大越史記)》(1272)와《대월사기속편(大越史記續編)》(1455)이 어려운 여건 속에서 마련된 훌륭한 역사서인 것은 분명하지만 다음과 같은 약점을 보여 유감스럽다고 말했다.

① 기록이 미비하다.
② 체제가 적절치 못한 부분이 있다.
③ 문장이 순탄치 못하다.
④ 인물과 사건에 대한 평가가 타당하지도 간결하지도 못한 면이 있다.

그래서 오사련은《전서》에서는 다음과 같은 방향으로 다듬었다고 했다.

(a) 미비한 기록을 보충했다.
(b) 잘못된 체제를 바로잡았다.
(c)《사기(史記)》'본기(本紀)'의 편년(編年)을 본받았다.
(d) 문장을 고쳤다. '부화(浮華)'한 문장을 '간실(簡實)'하게 고쳤다.
(e) 유학(儒學)의 관점을 분명히 했다.
(f) 인물의 선악을 평가하는 의견을 새롭게 덧붙였다.
(g)《춘추(春秋)》의 서술 방식과 평가 방식을 본받았다.

(c)에서 《사기》를 본받았다고 했지만 '열전(列傳)'을 갖추지는 않았다. (d)는 〈서〉와 〈표〉에서 함께 강조하고 있다. 이전 베트남 역사서의 '화려하지만 내용이 빈약한 문장'을 '간결하면서도 내실 있는 문장'으로 고쳤다고 했는데, 이는 곧 '고문(古文)'의 문장으로 수정했다는 뜻으로 보인다. 중국 송나라 때 구양수(歐陽修)와 송기(宋祁)가 《구당서(舊唐書)》를 《신당서(新唐書)》로 개작할 때 문장을 손질하는 데 큰 공을 들였는데, 《구당서》의 문장을 '고문' 문장으로 바꾸는 것이 수정의 방향이었다. 오사련도 그 점을 잘 알고 있었고, 그런 전례를 따르고자 했다고 생각된다. (c)에서 말한 《사기》나 (g)에서 말한 《춘추》는 '고문'을 써야 한다고 하는 사람들이 전범으로 삼는 정전이기도 하다.

(e) · (f) · (g)는 오사련의 '사관(史觀)'의 요체에 해당한다. (e) · (f)는 유학의 관점에서 사건과 인물을 평가하겠다는 뜻인데, 이는 곧 평가를 뒷받침해 주는 개념, 평가 대상과 비교되는 역사상의 사건이나 인물, 전거(典據) 등을 중국의 경전에서 가져오겠다는 뜻이기도 하다. 《전서》의 사평(史評)에서 오사련이 인용하고 있는 《시경(詩經)》, 《서경(書經)》, 《역경(易經)》, 《춘추》, 《논어(論語)》, 《맹자(孟子)》, 《중용(中庸)》 등의 경전은 곧 동아시아 한문문명권 전체의 공유재산인 정전이다. 오사련은 동아시아 한문문명권의 정전에 근거해야 베트남 역사에 대한 이해가 타당하게 이루어질 수 있다고 보았다.

(g)에서는 《춘추》를 역사 서술의 전범으로 받아들인다는 뜻을 말했다. 《춘추》의 객관적인 서술 태도를 본받아서, 믿을 수 있는 사실이면 그대로 기록하고, 만약 확신할 수 있는 증거가 없는 것이라면 의심나는 그대로 기록해서 후세에 전하겠다고 했다. 또한 《춘추》의 서술 방식을 본받아서 간결한 서술 속에 사건이나 인물에 대한 엄격한 평가가 함축(암시)되도록 하겠다고 했다. (d)에서 말한 '간실'한 문장은 간결하면서도 함축적인 문장을 뜻한다는 점을 알 수 있다.

(a)~(g)는 동아시아 한문문명권 전체가 공유하는 정전의 요건이라

고 할 수 있다. 오사련은 동아시아 한문문명권 전체가 공유하는 정전의 요건 — 특히 체제, 문체, 서술 방식과 태도, 역사의식 — 을 베트남사 서술에서도 실현하고자 했다. 요컨대 오사련은 민족의 역사서를 문명권 전체의 정전 수준으로 격상시키는 것을 역사서 개작의 목표로 삼았던 것이다. 오사련은《춘추》가 동아시아 한문문명권에서 정전의 지위를 차지하고 있듯이《전서》또한 베트남에서 베트남 역사서의 정전 지위를 차지하기를 바랐다고 할 수 있다. 바로 이 점이 이미 국가 주도의 역사서가 마련되어 있었지만 다시 개인 자격으로 역사서를 찬술하게 된 근본 동기였다고 생각한다.

〈서〉와 〈표〉에서 오사련은 민족적 자부심의 역사적 근거를 제시하기 위해서 역사서가 필요하다고 했다. 그와 동시에 오사련은 베트남 역사서를《춘추》에 최대한 근접시키고자 했다. 이처럼 오사련은 민족적 자부심을 드높이려는 열망과 문명권이 공유하고 있는 정전에 근접한 역사서를 마련하려는 열망을 동시에 표명하고 있다. 두 가지 열망은 모순되는 것이 아닌가?

베트남 사람이 민족의 독립성, 주체성을 내세우는 것은 그 자체로 타당하다. 무력(武力)에 의지해서 외침을 물리치고, 외적의 군대를 몰아내고 정치적 독립을 쟁취했을 때는 자부심이 더욱 높아진다. 그런데 오사련은 무력에 의해 쟁취한 '대월(大越)'의 독립성과 주체성이 문화적인 고립이나 정체(停滯)를 합리화하는 명분이 되어서는 안 된다고 생각했다.《대월사기》와《대월사기 속편》이 훌륭한 역사서임은 분명하지만 민족의 주체성을 일방적으로 찬미하다가 고립을 자초할 위험이 있다고 생각했다.

오사련은 무력(에 의한 승리)과 문명권 중심부와 비교했을 때 확인되는 문화적 수준 사이의 '불균형'을 해소하기 위해서는《춘추》,《사기》를 본받아 동아시아 어디에 내놓아도 손색없는 역사서를 갖추고 역사인식을 바로잡아야 한다고 보았다. 문화의 수준을 두고 벌이는 경쟁에서도 뒤지지 않아야 무력으로 얻은 승리를 지킬 수 있다고 보았다.

공자는 《춘추》에서 '화이(華夷)'의 구별을 엄격하게 했는데, 오사련은 《전서》를 '화(華)'의 수준으로 써서 베트남이 문명국가인 '화(華)'임을 증명하고자 했다. 《전서》를 읽는 사람은 누구나 베트남이 유구한 역사를 가진 문명국가(='華')라는 사실을 알아야 할 뿐만 아니라 각자 '화(華)'의 자질을 내면화하기 위해서도 힘써야 한다고 했다. 이러한 오사련의 노력이 헛되지 않아 《전서》는 베트남의 정전 역사서의 지위를 지금까지도 유지하고 있다. 《전서》는 문명권의 정전을 수용해서 민족의 정전으로 재창조해 내는 모범적인 사례라고 할 수 있다.

(3) 사대부의 자기 성찰

동아시아 사대부는 나아가서는 벼슬길에 올라 뜻을 펴고, 물러서서는 내면을 수양하는 사람이었다. 사대부 문학에는 그들의 삶과 인식이 형상화되어 있다. 그들이 남긴 시문에는 수기(修己)에 힘쓰며 선우후락(先憂後樂)하는 마음을 지니고, 정치 현실에서 물러나 산수자연과 벗하면서 한거(閑居)의 즐거움을 누리고, 그러면서도 늘 세태를 염려하는 마음이 오롯이 담겨 있다. 이 점은 베트남 사대부도 크게 다르지 않았다. 이 절에서는 대표적인 베트남 사대부의 시문을 검토해 보고자 한다.

완채(阮廌, 1380~1442)는 당대 최고의 정치가요 전략가이며 유학자인 동시에 시인이었다. 호는 억재(抑齋)라고 한다. 1400년 호씨(胡氏) 정권 하에서 과거에 급제하여 관직에 오른다. 훗날 태조(太祖) 여리(黎利)를 도와 대명항쟁과 여조(黎朝) 건국에 혁혁한 공을 세운다. 하지만 말년에 황제[太宗] 시해 사건에 연루되어 있다는 모함을 받아 삼족(三族)이 죽임을 당하는 비극적 최후를 맞고 만다.

완채의 작품은 여조 초기를 대표하는 작품으로 평가를 받는다. 〈해구야박유감(海口夜泊有感) 2〉를 보자.

一別江湖數十年　한번 고향 산천 이별한 지 수십 년이 흘러가고,
海門今夕繫吟船　오늘 저녁 해문에서 시인의 배를 매었다.
波心浩渺滄州月　바다는 넓고 아득한데 섬에는 달빛 가득하고,
樹影參差浦溆煙　나무 그림자는 높으락낮으락, 갯가에는 노을빛 서려 있다.
往事難尋時易過　지난 일을 찾을 길 없으니 시간이 쉬 지나갔고,
國恩未報老堪憐　나라 사랑을 다하지 못한 터에 늙어 서글프기만 하다.
平生獨抱先憂念　일평생을 홀로 먼저 걱정한다는 생각을 지녔기에,
坐擁寒衾夜不眠　앉은 채 이불을 끼고 밤에 잠 못 이룬다.[116]

과거에 급제하여 출사하고, 명나라와 독립 전쟁을 치르고 새로 들어선 왕조의 공신이 되기까지 삼사십 년의 세월이 흘러갔다.[117] 이제는 어느덧 노경에 접어들었지만 나라와 백성을 먼저 근심하는 마음, 이른바 선우후락(先憂後樂)하자는 마음은 평생을 지녀 왔고 지금도 변함이 없다. 그 때문에 한가롭게 배를 띄우고 있으면서도 여전히 나랏일 걱정에 잠을 이루지 못한다. 이와 유사한 심리 상태를 〈해구야박유감 1〉에서는 "임금과 어버이 생각에 한 치 마음이 붉다."[118]고 했다. 이들 작품에는 사대부 문인으로서 사회적 책임을 다하고자 하는 마음가짐이 잘 표현되어 있다. 베트남 사람들은 이러한 완채의 우국 정신과 책임감을 높이 평가해서 고금의 시선집에 이들 작품을 선발해 놓고 있다.

세간사에 능통해서 관직에 있는 것은 아니라는 점을 누차 고백하면서도,[119] "사방을 향한 큰 뜻 평생에 지녔으니, 이 행로에서 어찌 우리

116 Hoàng Khôi dịch, 《Ức Trai Tập(억재집)》 tập thượng, nxb Văn Học, 1994, B-17b면. 조동일 해설, 지준모 옮김, 《베트남 최고시인 阮廌》, 지식산업사, 1992, 172~173면의 번역을 따랐다.

117 완채가 과거에 급제하여 출사한 것은 1400년의 일이다. 명나라와의 전쟁이 끝난 다음 여조가 선 것이 1428년이며 완채가 사직하고 곤산으로 물러난 것은 1439년이다. Nguyễn Hữu Sơn tuyển chọn và giới thiệu, 《Nguyễn Trãi, Về Tác Gia Và Tác Phẩm(완채, 작가와 작품)》, nxb Giáo Dục 1999, 38면.

118 "君親在念寸心丹"(Hoàng Khôi dịch, 같은 책, B-17a~B-17b면).

119 "平生迂闊眞吾病"(Hoàng Khôi dịch, 같은 책, B-20b면).

백성 앓는 것을 모른 체하리"[120]라고 출사하는 이유를 말했다. 관직에 있으면서는 "백성은 물과 같아 배를 엎어 버리는 일도 하고, 요새를 의지한다 해도 운명은 하늘에 있는 법"[121]임을 명심해야 한다고 되뇌었다.

幽齋睡起獨沉吟　그윽한 집에 자고 일어나서 홀로 노래 흥얼거리니,
案上香消淨客心　서안(書案) 위의 향은 다 타고 나그네의 마음은 말갛다.
靜裏乾坤驚萬變　고요 속에서 세계는 놀랍게도 만 번이나 변했고,
閒中日月值千金　한가한 중에서도 시간은 천금이나 값진 것이다.
儒風冷淡時情薄　선비의 풍속이 냉담해지면 시속의 인정도 야박해지지만,
聖域優遊道味深　성인의 경지에 넘놀게 되면 도에 대한 음미는 깊어질 것이다.
讀罷羣書無箇事　여러 서적을 다 읽고 나니 별로 할 일이 없어,
老梅窓畔理瑤琴　늙은 매화나무 언저리에서 거문고 줄을 골라본다.[122]

〈추일우성(秋日偶成)〉이라고 한 이 작품에서 보듯이 완채의 사유 골간은 유학이었다. 안으로는 "자신을 수양함에 다만 착한 일을 하는 것을 즐거움으로 알고"[123] 살고자 한다는 말도 유학을 내면화하고서 하는 말이다. 하지만 유학의 도를 존재론이나 심성론의 측면에서 추구해 들어가지는 않았다. 철학적인 탐구를 치열하게 하는 전통이 부재할 뿐만 아니라 완채가 살면서 겪어야 하는 풍상이 그러한 여가를 더더욱 허락하지 않았다. 공맹(孔孟)의 가르침을 삶의 현장에서 실천하고자 고심한 데서 완채가 추구한 '유학의 사업'의 의미를 찾아야 한다.

다음은 〈자계(自戒)〉라고 한 국음시(國音詩)(=쯔놈시) 작품이다.

사람은 중용(中庸)의 도를 지켜야 한다고,

---

120 "四方壯志平生有 此法寧辭我僕痡" (Hoàng Khôi dịch, 같은 책, B-11b면).
121 "覆舟始信民猶水 恃險難凴命在天" (Hoàng Khôi dịch, 같은 책, B-6b면).
122 Hoàng Khôi dịch, 같은 책, 상, B-23a면. 조동일 해설, 지준모 옮김, 같은 책, 204~205면.
123 "修己但知爲善惡" (Hoàng Khôi dịch, 같은 책, B-20b면).

항상 마음속으로 되새긴다.
진퇴(進退)를 신중히 해야 하고,
탐욕과 어리석음을 버려야 영웅(英雄)이지.
맹호와 야수는 우리에 가두어 두고,
아첨하는 지빠귀와 영악한 새는 새장에 가두어야 한다.
무모한 혈기(血氣)를 억제해서,
재난을 벗어나 유유자적하리라.[124]

Làm người thì giữ đạo trung dung,
Khăn khăn dặn dò thửa lòng.
Hết kính hết thìn bề tiến thoái,
Mựa tham mựa dại nết anh hùng.
Hùm oai muông mạnh còn nằm cũi,
Khướu hót chim khôn phải ở lồng.
Rán lấy hung hăng bề huyết khí,
Tai nàn chăng phải lại thung dung.[125]

'맹호'와 '야수', '아첨하는 지빠귀', '영악한 새'는 마음속의 욕망을 은유한다. 그러한 욕망을 잘 다스려서 중용의 도를 지키고, 진퇴를 신중히 하는 것이 살아가는 바른 자세라고 했다. 완채의 작품 가운데는 제목이 '자계(自戒)', '자탄(自嘆)', '언지(言志)', '진정(陳情)'으로 되어 있는 경우가 많은데, 내용을 보면 대개 사대부로서의 삶의 자세를 진지하게 성찰하는 것이다.[126]

위의 〈자계〉에도 나와 있듯이 진퇴, 곧 벼슬길에 나아갈 것인가 물러날 것인가 하는 고민은 중세 시기 사대부의 기본적인 문제의식이었

124 황귀연 · 안희완 · 하순 · 배양수, 《베트남의 이해》, 부산외국어대학교출판부, 1999, 209면에 있는 번역을 참고해서 다시 번역했다.

125 Bùi Văn Nguyên, 《Thơ Quốc Âm Nguyễn Trãi(완채의 국음시)》, nxb Giáo Dục, 2003, 109면에 원문과 주석이 있다. 원문에서 보듯이 6언행이 섞여 있다.

126 Lã Nhâm Thìn, 《Thơ Nôm Đường Luật(당률 쯔놈 시)》, nxb Giáo Dục, 1997, 90면.

다.《논어》에서 "나라에 도가 있으면 벼슬에 나아가고 나라에 도가 없으면 거두어 숨길 줄 아는 것이 군자"[127]라고 하고,《맹자》에서 "옛사람은 뜻을 얻으면 백성들에게 은택을 베풀고 뜻을 얻지 못하면 자기 몸을 닦아 세상에 드러내며, 궁하게 되면 홀로 자기 몸을 선하게 하고 영달하게 되면 천하와 함께 선하게 했다."[128]고 한 데서 이미 진퇴 문제가 거론되었다. 진퇴 문제는 나아가 겸선(兼善)하는 것과 물러나 자수(自守)하는 것 사이의 긴장 관계를 본질로 한다는 점은 널리 알려진 바와 같다.

진퇴 문제를 다룬 대표적인 작품은 완병겸이 남겼다. 완병겸은 오늘날 하이 퐁(Hải Phòng, 海防) 시 빈 바오(Vĩnh Bảo, 永保) 현 출신이며 호를 백운거사(白雲居士)라고 했다. 1535년 마흔다섯의 늦은 나이에 과거에 장원급제하여 8년간 막씨(莫氏)의 조정에서 벼슬을 한다. 열여덟 명의 권신을 탄핵하는 상소를 올렸으나 받아들여지지 않자 1542년에 칭병(稱病)하고 사직한다. 하지만 오래지 않아 조정에 다시 나와야 했고 1561년에 두 번째, 그리고 1563년(혹은 1564)에 세 번째로 벼슬에서 물러난다. 결국 일흔이 넘어서야 비로소 완전히 치사(致仕)할 수 있게 된다.[129]

세 번이나 벼슬에서 물러나 귀향을 청했다는 데서 분명히 드러나듯이 완병겸은 출사(出仕)와 퇴휴(退休) 사이를 오갔던 인물이다. 벼슬하는 것은 물에 빠진 백성들을 위난(危難)에서 구하기 위함이지만 그럼에도 고향으로 돌아가고픈 소망도 여전히 간직하고 있다고 했다.[130] 시끄러운 거마(車馬) 소리를 멀리하고 전원으로 돌아와서 책이며 바람이며 강

---

127 "君子哉 蘧伯玉 邦有道則仕 邦無道則可卷而懷之" (〈衛靈公〉).

128 "古之人 得志 澤加於民 不得志 修身見於世 窮則獨善其身 達則兼善天下" (〈盡心 上〉).

129 Trần Thị Băng Thanh, Vũ Thanh tuyển chọn và giới thiệu,《Nguyễn Bỉnh Khiêm về tác gia và tác phẩm(완병겸, 작자와 작품)》, nxb Giáo Dục, 2001, 58~59면에 정리된 연표를 따른다. 과거에 장원급제했고, 정국공(程國公)에 봉해졌기에 흔히 '장정(狀程, Trạng Trình)'으로 불린다.

130 "濟溺扶危愧不才 故園有約重歸來" (〈寓意〉(二),《皇越詩選》 권지오).

물을 벗하지만[131] 그 언제나 태평한 시대를 이룰 수 있을지 근심이라고도[132] 했다.

昨夜金風一陣吹	어젯밤 한바탕 가을바람 불었는데,
閑亭兀坐動秋思	한가로운 정자에 앉아 가을날 이런저런 생각에 잠겼네.
雲邊鴈過渾無數	구름 옆을 나는 기러기는 수를 헤아릴 수 없고,
天上月明應有期	하늘에 밝은 달은 약속이라도 한 듯하네.
光景逐人年似矢	경관은 사람을 재촉하고 세월은 화살같이 빠른데,
危時憂國鬢成絲	위태로운 시절 나라 걱정에 살쩍은 하얗게 세었네.
田園自笑歸來晩	늦게야 전원에 온 것 스스로 웃고 있는데,
松菊猶存是故知	여전한 소나무 국화는 오랜 친구로구나.[133]

〈추사(秋思)〉라는 작품이다. 현실 정치에서 퇴처(退處)하여 산수 간에 노닐면서도 우세(憂世)하는 마음을 간직하고 있다고 노래하고 있다. 이런 작품을 보면 완병겸은 완채의 계승자라는 점을 알 수 있다. 하지만 은거하자 곧 죽음을 맞이한 완채의 불행은 겪지 않았다는 점에서는 다르다. 혼란스러운 시대가 부여한 한계를 느끼면서도 진출과 퇴처에서 상대적으로 불만이 덜한 삶을 살았다고 할 수 있다. 완병겸의 시를 평가하기를 '청쇄혼아(淸灑渾雅)'하고 '뜻이 높다'고 한 것은 아마도 이런 면과 무관하지는 않을 것이다.[134]

다음은 은거 생활이 어떠한지를 좀 더 상세하게 말해 주는 작품이다.

조수(潮水) 따라 물결은 밀려 왔다가 밀려 나가는데,

---

131 "喧無車馬牢春睡 樂有圖書老客吟 萬古東風曾識面 一江流水是知音" (〈自述〉(二), 《皇越詩選》 권지오).

132 "何年再覩唐虞治 償了君民致澤心" (〈自述〉(二), 《皇越詩選》 권지오).

133 《皇越詩選》 권지오.

134 "大抵淸灑渾雅 有自然意趣 (…) 〈自述〉 (…) 〈中津館寓興〉 (…) 〈寓意〉 (…) 辭意飄逸可見仕非本志" (《歷朝憲章類誌》 〈文籍誌〉 53b면). '청쇄(淸灑)'는 속되지 않고 소탈함. '혼아(渾雅)'는 질박(質樸)하고 고아(高雅)함. '표일(飄逸)'은 품격이 청신하고 뜻이 고원함.

가을날 객(客)은 배를 띄웠구나, 노는 한쪽에 놓아둔 채.
덮개[船蓬]를 걷고 달빛을 즐기니 흥취가 더하여,
부는 바람에 배를 맡겨 마음대로 떠가게 하노라.
하얗게 머리가 센 노인이 낚시를 드리우고,
고양이 눈처럼 푸른 물결 위에 떠 있구나.
유심(有心)한 구로(鷗鷺)는 날 좇아,
이르는 곳마다 따라오는구나.

Nước xuôi nước ngược nổi đòi triều,
Thuyền khách chơi thu gác mái chèo.
Ván thác trăng giương thuở hứng,
Thuyền nhân gió mặc cơn phiêu.
Phơ phơ đầu bạc ông câu cá,
Leo lẻo dòng xanh con mắt mèo.
Âu lộ cùng ta như có ý,
Đến đâu thì cũng cố đi theo.[135]

작품 곳곳에서 은자(隱者)의 한가로움을 표현하고 고결한 정신적 경지를 함축하는 익숙한 문학적 장치들이 발견된다. 자연과 동화된 은자를 어옹(漁翁)으로 형상화하는 한시의 관습화된 설정을 활용하면서 노를 젓는 일마저 하지 않고 바람에 배를 맡긴다는 표현을 덧붙였다. 은거가 일체의 구속에서 벗어나 자유를 누리고자 함이라는 점을 강조했다고 생각된다. 마지막에서 '구로'(갈매기와 백로)가 가는 곳마다 따라온다고 한 말도 물아일체(物我一體)의 경지를 표현하기 위해서 사용되는 낯익은 표현이다. 이렇듯 한시에서 보아서 익숙한 문학적 장치들을 국음시로 끌어들임으로써 베트남어 노래를 한층 세련되게 했다.

완병겸은 세사(世事)와 산수(山水)를 대비시키면서 산수에 퇴처해서

135 Đinh Gia Khánh ch.b, 《Thơ Văn Nguyễn Bỉnh Khiêm(완병겸의 시문)》, nxb Văn Học, 1983, 135~136면에 원문과 주석이 있다. 작품 제목이 없이 49번 작품으로 나와 있다. 2행의 'mái chèo'(노)는 본래 'mới chèo'로 되어 있던 것을 바로잡은 것이다.

한가로움을 취했다고 말하고, 그런 삶이 진정한 자유를 누리는 삶이라고 말했다. 은자의 삶을 노래할 때는 진출에 대한 생각마저 지워버렸다. 완채나 완병겸을 거치면서, 진퇴를 제재로 받아들인 국음시가 산수로 물러나서 사는 사대부의 자족적이고 한가로운 삶을 형상화하는 데 집중하는 쪽으로 방향을 잡아 갔다고 할 수 있다.

완권(阮勸, 1835~1909)은 향시(鄕試), 회시(會試), 전시(殿試, 廷試)에서 모두 장원급제했기에 안도삼원(安堵三元)이라고 불린다. 안도(安堵)는 하남(Hà Nam, 河南) 성에 속해 있는 지역인데 완권이 자라고 또 후에 은퇴해서 산 곳이기도 하다. 전시에 급제한 것은 1871년이고 안도로 은퇴한 것은 1884년의 일이다.[136]

은퇴한 이후에 지은 한시와 쯔놈 시가 대단히 유명하다. 작품 속에는 우세의식(憂世意識), 생동하는 경물 묘사, 우의적 표현이 들어 있어서 출사했다가 퇴거한 유자(儒者) 문학의 대미를 장식했다고 평가해도 좋을 듯하다. 농촌 경관을 생동하게 묘사한 작품을 한 편 보자.

喜得新晴一啓扉	날이 개었기에 기뻐서 사립문을 열었더니,
雲間容與出黃衣	구름 사이로 한가로이 해[黃衣]가 나오는구나.
老蠶愛燥眠將起	늙은 누에는 마른 것이 좋아 막 깨어나려 하고,
新穀含暄腹漸肥	새 곡식은 온기를 머금고 점점 살지어가는구나.
牧豎橫鞭驅犢過	소 모는 총각은 채찍을 들고 송아지를 몰고 가고,
鄰翁扶杖看田歸	이웃집 노인은 지팡이 짚고 논을 살피고 돌아오는구나.
北窗獨坐添杯酒	북쪽 창가에 홀로 앉아 술을 따르노라니,
何處寒鴉啣杜飛	어디선가 까마귀는 껍질을 물고 날아가는구나.[137]

136 Vũ Thanh tuyển chọn và giới thiệu, 《Nguyễn Khuyến, Về Tác Gia Và Tác Phẩm(완권, 작가와 작품에 대하여)》, nxb Giáo Dục, 1998, 369~377면에 정리된 연표를 따른다.
137 Xuân Diệu giới thiệu, 《Thơ Văn Nguyễn Khuyến(완권의 시문)》, nxb Văn Học, 1971, 447면; Trần Văn Nhĩ tuyển chọn và dịch thơ, 《Tuyển tập thơ chữ Hán Nguyễn Khuyến(완권 한시 선집)》, TP Hồ Chí Minh: nxb Văn Nghệ, 2005, 554면.

〈하일신청(夏日新晴)〉이라는 작품이다. 전체적으로 이 작품에서는 속세의 티끌[俗塵]을 멀리 떠나 있는 치사객(致仕客)의 한가로움이 도드라진다. 제목 그대로 비 개인 여름날 농촌의 정경을 묘사하고 있다. 실제로 농촌 생활을 경험해야 알 수 있는 일들을 생동감 있게 그렸다.[138] 마지막 행은《시경》에 있는 구절을 활용한 것으로서[139] 장마 지기 전에 새가 뽕나무 뿌리의 껍질을 취해 둥지의 구멍을 막듯이 미리 준비하여 재난을 방지한다는 말이다. 이 작품을 보면 근대 연구자들이 왜 완권을 '고향의 시인'[140]이라고 하는지 알 수 있을 법하다. 그것은 바로 농촌의 자연 경관과 농민, 그리고 생활상을 진실되고 생동감 있게 담아내면서도 서정적 성격이 짙은 작품을 남겼기 때문이다.

---

138 Nguyễn Lộc, 같은 책, 1997, 752면.

139 〈치효(鴟鴞)〉에 "장맛비 오기 전에 뽕나무 뿌리 가져다가 창과 문 얽었다(迨天之未陰雨 徹彼桑土 綢繆牖戶)"는 구절이 있다.

140 쑤언 지에우(Xuân Diệu)가 〈Độc Thơ Nguyễn Khuyến(완권의 시를 읽는다)〉에서 완권을 "nhà thơ của quê hương làng cảnh Việt Nam"이라고 평했다. (Vũ Thanh tuyển chọn và giới thiệu, 같은 책, 160면)

6장 사행(使行) 문학

중세 시기에 베트남은 우리나라와 마찬가지로 동아시아 한문문명권의 책봉체제에 속해 있었다. 그래서 중국을 향한 사행(使行)이 빈번했고, 그 계제에 사신으로 다녀온 문인들에 의해서 창작된 사행 문헌이 전하고 있다. 근자에 중국과 베트남의 연구 기관이 공동 작업을 통해서《월남한문연행문헌집성(越南漢文燕行文獻集成)》(이하《집성》으로 약칭함) 이라는 이름으로 이른바 '연행(燕行) 문헌', 좀 더 정확히 말한다면 '사행 문헌'을 모아 영인해서 총서로 출간했다.[141]

이 장에서는 베트남 사행 문헌의 자료를 개관하고, 사행이 실제로 어떻게 이루어졌는지 살펴보며 사행 길에 이루어진 시문을 검토해 보고자 한다. 앞서 4장에서 베트남이 중국의 지배에 맞서 싸운 무력 항쟁의 과정에서 창작된 시문을 살펴보았다. 그곳에서도 지적한 바와 같이 자주적 기상을 드높인다고 해서 고립주의 노선을 고집한 것은 아니었다. 전쟁에서 이겨서 자주권을 쟁취한 다음 곧바로 중국과의 책봉관계를 복원했다. 베트남은 책봉 관계를 쟁취했다고까지 말할 수 있다.

중세 베트남은 책봉체제에 들어가야 독립이 확고하게 보장되고, 또 문명권의 동질성을 회복할 때 민족문화의 수준을 높이는 창조적인 활동이 가능하다는 것을 잘 알고 있었다. 사행 문헌은 중세 베트남 사람

141 復旦大學文史研究院・漢喃研究院 合編,《越南漢文燕行文獻集成(越南所藏編)》25冊, 上海: 復旦大學出版社, 2010.

이 험로를 마다하지 않고 중국에 가서 책봉체제를 유지하기 위해 얼마나 큰 노력을 기울였는지를 보여 주는 의의가 있다. 아직은 연구가 시작 단계에 있어 논의할 수 있는 주제가 많지는 않지만, 사행(사행 문헌)의 대체적인 면모를 살피는 것으로도 중세 시기 중국과 베트남의 관계를 재인식하는 계기가 될 수 있을 것이다. 한편 사행 문헌을 통해서 베트남 사신이 북경에서 조선 사신과 만나서 시문을 수창(酬唱)한 경과도 알 수 있다. 두 나라 사신 누구누구가 북경에서 무슨 말을 주고받았는지 간략하게나마 살펴보고자 한다. 아마도 베트남과 우리나라가 동질감을 느껴온 것이 오래되었다는 데 놀라게 될 것이다.

1. 자료 개관

《집성》에는 53명의 문인이 찬술한 79종의 한문 작품집이 수록되어 있다. 79종의 작품집 면면을 보면 연행기(燕行記), 북사시문집(北使詩文'集), 사정도(使程圖)가 망라되어 있다.[142] 소장처는 대부분 베트남 한놈연구원(Viện nghiên cứu Hán Nôm, 漢喃研究院)이라고 한다.[143] '한놈(Hán Nôm)'의 '한(Hán)'은 한문(漢文)이고, '놈(Nôm)'은 쯔놈이다.

진조(陳朝) 완충언(阮忠彦)이 1314년 사행 길에 창작한 작품을 모은 《개헌시집(介軒詩集)》이 가장 이른 시기의 작품집이다.[144] 이후 15세기~16세기 말엽까지의 베트남 사자(使者)의 작품은 온전히 전하지 못하거나 독립된 저술 형태로 되어 있지 않아 제외되었다. 그래서 풍극관(馮克寬)이 1596년 사행 길에 창작한 시문집 《사화수택시집(使華手澤詩集)》이 《개헌시집》의 뒤를 잇고 있다. 완조(阮朝) 완술(阮述)의 시문을 모은 《매회음초(每懷吟草)》는 1880년 마지막 세공(歲貢) 사행 때 창작한 작

142 〈凡例〉(1책, 凡例-1면). 이하 출처를 밝힐 때는 《집성》의 책 번호, 목록에 있는 번호, 그리고 면수를 표기하기로 한다.

143 〈序 二〉(1책, 序二-1면). 漢喃研究院은 越南社會科學院 소속이다.

144 阮忠彦(1289~1370). 號介軒.

품을 수록하고 있고, 시기적으로 가장 뒤에 나온《복건원년여청일정(建福元年如清日程)》은 1883년 천진(天津)으로 향한 사행의 기록이다.[145] 서명에 나오는 '여청(如清)'은 청나라에 간다는 뜻이다.

각각의 저술이 나온 시기를 보면 진조(陳朝)[146] 1종, 후려조(後黎朝)[147] 19종, 서산조(西山朝)[148] 9종, 완조(阮朝) 50종이다. 상대적으로 짧았던 서산조 시대에 9종이나 나온 것이 이채롭다. 그만큼 청나라와의 관계가 긴박하게 돌아갔으며, 사행 길에 오른 반휘익(潘輝益), 오시임(吳時任) 등이 저술에 힘쓴 탁월한 문인이었던 점이 작용했을 것으로 보인다.

《집성》에 쓰인 '연행 문헌'이라는 말이 자료의 실상을 정확히 반영하고 있지는 못하다. 왜냐하면 사행의 목적지는 대부분 북경(北京)(=燕京)이었지만, 북경이 아닌 다른 곳 — 광동(廣東), 복건(福建), 천진(天津)을 향한 사행도 있었기 때문이다. 광동이나 복건으로 간 것은 조난을 당하여 베트남 해안에 표류해 온 중국 배를 호송(護送)하기 위함이었거나 역으로 중국(澳門)(=마카오)에 표류한 베트남 배를 인수하기 위함이었다. 한편 태평천국의 난과 그 여파로 말미암아 연행이 불가능하게 된 기간에는 광동(廣東)으로 사신을 파견했다. 천진(天津)으로 간 것은 프랑스의 침입을 저지해 보고자 구원을 청하러 간 1883년의 사행이었다. 따라서 이와 같은 자료의 실상을 온전히 포괄하는 명칭으로는 '연행 문헌'이 아니라 '사행 문헌(使行文獻)'이나 '북사 문헌(北使文獻)', 또는 '사화 문헌(使華文獻)'이 적절하다.[149]

《집성》을 보면 시를 앞세우고 산문 기록은 시를 이해하는 데 필요한 정보를 기록하는 보조적인 수단으로 이용한 저술이 압도적인 비중

145 《建福元年如清日程》不分卷 (阮朝)范慎遹, 阮述 撰 (1883년)

146 1225~1400년

147 1428~1788년

148 1788~1802년

149 79종 문헌의 제목을 보면, '使程'이 9회, '北使'가 4회, '使華'가 4회 쓰였다. 劉玉珺, 《越南漢喃古籍的文獻學研究》, 北京: 中華書局, 2007, 293면에서도 '越南北使文獻'이라고 칭하고 있다.

을 차지하고 있다. 한시 작품도 사행 한시답게 제영(題詠), 회고(懷古), 창화(唱和)가 자주 보인다. 〈서(序)〉를 가진 시문집, 작품에 평(評)을 붙인 시문집이 다수 있어서 베트남 한시문 비평 자료집의 역할도 함께 하고 있다.

2. 사행의 실제

《집성》을 검토해 보면 다음 두 종류의 길이 사행 노정을 대표한다는 것을 알 수 있다. 하나는 수로(水路)를 위주로 하는 노정이고 다른 하나는 한양(漢陽)까지는 수로를, 그 이후로는 하남(河南)을 경유하는 육로(陸路)를 이용하는 노정이다. 이해를 돕기 위해서 주요 지명을 노정에 따라 열거해 본다.

(a)[150]

鎭南關, 太平, 南寧, 潯州, 梧州, 平樂, 桂林, 永州, 衡州, 長沙, 正州, 岳陽, 武昌, 漢陽, 黃州, 九江, 安慶, 池州, 江寧, 揚州, 淮安, 保州, 沂州, 濟寧, 東平, 濟南, 河間, 順天

(b)[151]

鎭南關 (…) 武昌 信陽 汝寗 郾城 許州 鄭州 衛輝 彰德 廣平 順德 趙州 正定 定州 保定 順天

(a)는 수로를 이용하는 여정으로 호북(湖北)에 도착한 다음 강서(江西), 안휘(安徽), 강소(江蘇), 산동(山東)을 거쳐 직예(直隸)[152]로 들어간다.

150 1765년의 사행을 기록한《奉使燕京總歌並日記》(後黎朝)阮輝[亻+瑩] 撰,《燕軺日程》(後黎朝)阮輝[亻+瑩]等 編繪에 의거해서 정리한다.

151 1848년 사행을 기록한《如清圖》(阮朝)裴樻 撰 (阮朝)范文貯 繪,《燕臺嬰語》(阮朝)裴樻 撰 (阮朝)佚名 繪에 의거해서 정리한다.

152 지금의 허베이(河北) 성 지역. [直隸] 舊省名. 相當於今河北省. 明成祖遷都, 以南京爲南直隸, 北平爲北直隸. 淸初以南直隸爲江南省, 北直隸爲直隸省. 公元1928年改爲河北省.

(b)는 호북(湖北)에 도착한 다음 하남(河南), 산동(山東)을 거쳐 직예로 들어간다. (a)는 명대(明代)에 정비된 수로와 대체적으로 합치하는 길이었고, (b)는 '한양(漢陽)'을 '수륙분정처(水陸分程處)'로 삼고 수로가 아닌 육로를 이용하는 것이었는데, 대체로 청대(淸代)의 역로(驛路)를 따라가는 것이었다.

(a)의 여정을 택할 경우에는 사행에 대략 2년여의 시간이 소요되는 것으로 보인다. 예를 들어 1597년의 사행은 대체로 (a)를 따라 이루어진 것으로 확인되는데, 《대월사기전서(大越史記全書)》에 의하면 정사(正

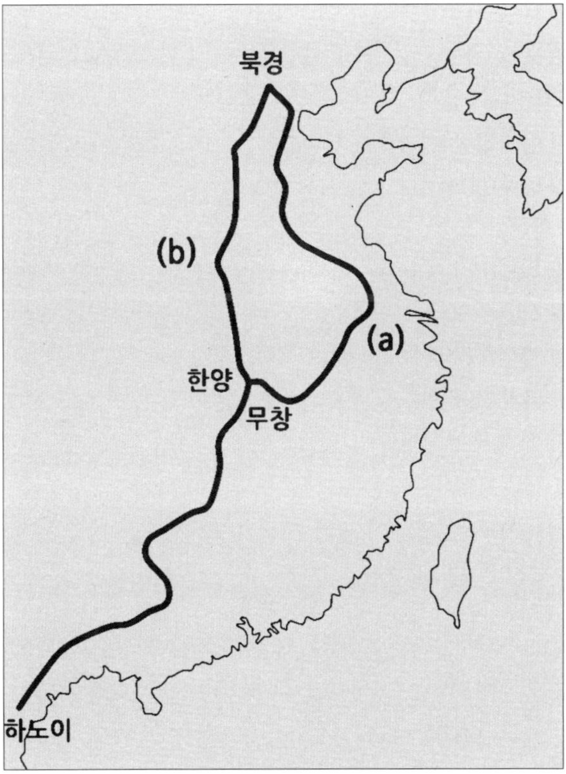

그림 6-1. 사행 여정(旅程)

(《漢語大詞典》).

使)인 풍극관은 1597년 4월에 떠나 1598년 12월에 귀국한 것으로 되어 있다.[153] 그렇다면 1년 8개월 정도가 소요된 것이다.

비교적 일정이 상세하게 기록된《봉사연경총가병일기(奉使燕京總歌並日記)》를 택해서 일정을 확인해 보기로 한다.

1765년
1월 29일 관문을 나섬[154]
2월 17일 남녕(南寧)
5월 4일 평락(平樂)
5월 18일 계림(桂林)
7월 2일 장사(長沙)[155]
8월 4일 한구(漢口)
9월 13일 남경(南京)
10월 25일 양자강을 건넘[156]
10월 28일 양주(楊州)
11월 5일 회안(淮安)
11월 27일 제녕(濟寧)
12월 14일 하간(河間)
12월 21일 장의문(章儀門)
12월 23일 표문을 올림[157]
12월 29일 연회에 참석함[158]

1766년
1월 일 년 만에 회정(回程)함[159]

153 陳荊和 編校,《校合本 大越史記全書》下, 東京: 東京大學東洋文化研究所 附屬東洋學文獻センター, 1984, 917면.
154 "開關".
155 "自正月二十九日開關 至七月初二日 到長沙府城".
156 "越楊子大江".
157 "進表".
158 "赴鴻臚寺演禮".
159 "昨歲舟開珥水津 如今旅次又逢春"(珥水는 하노이를 흐르는 紅河다. Sông Nhị, tức

2월 15일 삼궤구고례를 행함,[160] 광순문(廣順門)을 나서 온 길을 따라서 제녕(濟寧)으로 향함[161]
3월 3일 제녕(濟寧)
3월 27일 남경(南京)[162]
5월 26일 무창(武昌)
6월 25일 악주(岳州)
8월 15일 평락(平樂)
9월 10일 남녕(南寧)
10월 24일 수항성(受降城)
11월 1일 서울에 이르러 복명함[163]

이렇듯 1765년의 세공(歲貢) 사행은 대략 21개월이 소요되었다.

(b)를 택하는 경우에는 어떠한지를 《여청일기(如清日記)》에서 잘 정리해서 보여 주고 있다. 거기에 수록된 〈행정촬요(行程撮要)〉에 의하면 대략의 여정은 다음과 같았다.

1868년
8월 1일 관문을 나섬[164]

1869년
1월 29일 연경(燕京) 도착
진남관(鎮南關)에서 연경(燕京)까지 181일 [유주(留住) 64일, 이동 117일]
진남관에서 영명주성(寧明州城)(廣西)까지 내륙행(內陸行) 2일
영명주(寧明州)에서 한양현(漢陽縣)까지 내수행(內水行) 73일
한양현성(漢陽縣城)에서 연경(燕京)까지 내륙행(內陸行) 42일

---

sông Hồng).
160 "行三跪九叩禮".
161 "從廣順門出 依舊來程 初三日到濟寧".
162 "回到南京".
163 "回京復命".
164 "開關".

4월 10일 연경(燕京)에서 70일을 머물고 회정(回程)함

11월 13일 진남관(鎭南關) 도착

연경(燕京)에서 진남관까지 206일 [유주(留住) 75일, 이동 131일]

북경까지 181일, 다시 귀국하는데 206일, 도합 387일이 걸렸으니 (a)와 비교해 볼 때 사행 기간이 상당히 단축된 것이다. 《여청일기》에서 '유주(留住)'한 날을 산술적으로 제외하면 실제로 이동하는 데 소요된 기간은 248일이다. 그렇다면 최대한 일정을 단축할 경우 7~9개월이 소요된다고 추측할 수 있다. 실제로 《황화도보(皇華圖譜)》(1793년)[165]에서는 대략 7개월이 소요되었다고 기록하고 있다.[166] (b)를 택하면 장강(長江)을 따라 동쪽으로 내려가면서 만날 수 있는 훌륭한 인문경관(人文景觀)을 포기해야 하고, 길 또한 험해서 힘들지만[167] 기간을 크게 단축하는 이점이 있었다.

언제부터 (a)에서 (b)로 변경되었는가? 역사 기록을 검토해서 구체적으로 확인해 보아야 하겠지만 《집성》을 통해서 대략적인 추정은 가능하다. 반휘주(潘輝注)는 "근래(近來)"에 한구(漢口, 漢陽)에서 하남(河南)을 거쳐 직예(直隸)로 가는 길(=b)이 열렸다고 했는데,[168] 그렇게 말한 것은 1825년 사행 때의 일이다. 그 이전의 사행을 전하는 기록 가운데 1778년 사행은 (a)를 택했다.[169] 그런데 1789년 사행,[170] 그리고 1790년 사행은[171] 공히 (b)를 택하고 있다. 따라서 1778~1789년 사이에 새로운 길을 택하는 변화가 있었던 것으로 추정할 수 있겠다.

---

165 《皇華圖譜》不分卷 (西山朝)吳時任 撰 (1793년).

166 癸丑春 (…) 二月二十日起程 二十七日過關 五月八日抵燕 其月二十日回國 九月秋至京 (7책, 109면).

167 "風沙跋履 使車殊屬勞苦" (11책, 95면).

168 《輶軒叢筆》不分卷 (阮朝)潘輝注 撰 11책, 95면.

169 《花程遣興》不分卷 (後黎朝)胡士棟 撰 (1778년).

170 《華程消遣集》六卷 (西山朝)阮偍 撰 (1789, 1795년), 《華原隨步集》不分卷 (西山朝)武輝瑨 撰 (1789년).

171 《星槎紀行》一卷 (西山朝)潘輝益 撰 (1790년).

사단(使團)의 규모는 어느 정도였는가? 사행 길이 멀고,[172] 소요되는 기간이 길기 때문에 사단의 규모가 커지기는 어려웠을 것이다. 1760년의 사행을 기록한 《북사통록(北使通錄)》에서는 파견한 인원이 모두 25명이라고 하고 그 명단을 기록하고 있다.[173] 그렇다면 그해 공식 사단의 규모는 25인이었다. 1813년 사행을 전하는 《북행잡록(北行雜錄)》에 수록된 〈태평성하문적(太平城下聞笛)〉에는 "27인이 함께 머리를 돌린다."(二十七人共回首)[174]라는 구절이 있는데, 이를 통해서 이때의 사행 총원이 27인이었음을 알 수 있다. 그리고 1825년에는 사은(謝恩), 세공(歲貢) 이부사단(二部使團)이 동시에 출발했는데, 《북유집(北遊集)》에 수록된 〈주정병중(舟程病中)〉의 소주(小注)에 "사은 세공 두 사단의 인원은 모두 40인이다."[175]이라고 한 것을 보아서 두 사단[二部使團]의 총원이 40명이었음을 알 수 있다. 그리고 《사정지략초(使程誌略艸)》에 따르면 1841년 사행 때는 정사(正使), 갑부사(甲副使), 을부사(乙副使), 그리고 수행인원 17명을 포함한 20명이 사행 길에 올랐다고 한다.[176] 조선시대 사행 문헌에 비해서 베트남 사행 문헌이 수적으로 열세인 데는 사단의 규모가 상대적으로 작았다는 점도 작용했을 것이다.

사절은 어떤 의물(儀物)을 가지고 갔는가? 《북사통록》에 기록된 목록에 따르면 건륭(乾隆) 21년과 24년의 '세공의물(歲貢儀物)'로는 금향로(金香爐) · 은분(銀盆) · 침향(沈香) · 속향(速香)[177]을 가져갔고, '애고의물(告哀儀物)'로는 침향(沈香) · 속향(速香)을 가져갔다.[178] 예품(禮品)은 베트

172 《皇華圖譜》에 따르면 1793년 사행은 '計程'이 '一萬二千二百餘里'였다고 한다.
173 "差遣共二十五員名"이라고 하고, "陪臣參員, 行人玖名, 隨人十三名"의 명단을 기록하고 있다. 《北使通錄》 四卷(存二卷) (後黎朝)黎貴惇 撰, 4책, 101~102면.
174 《北行雜錄》 不分卷 (阮朝)阮攸 撰 (1813년) 10책, 19면.
175 "時恩歲貢二部人數共四十" 《北遊集》 不分卷 (阮朝)黃碧山 撰 (1825년) 10책, 349면.
176 《使程誌略艸》 不分卷 (阮朝)李文馥 撰 (1841년) "余蒙旨補授禮部右參知充正使 同甲副使阮德活 乙副使裴輔豊 暨行隨十有七人" (15책, 5면).
177 [速香] 一種香木. 即黃熟香. (《漢語大詞典》).
178 《北使通錄》 四卷(存二卷) (後黎朝)黎貴惇 撰 4책, 99~100면.

남에서 준비해 가지만 중국에 들어선 이후 소용되는 물품이나 사묘(祠廟)에 제사 지낼 물품 등은 대개 중국의 지방 관아에서 공급받았다.

3. 시문의 내용

1) 자연경관, 인문경관

사행 체험은 글을 읽어서 알고 있던 중국의 자연경관, 인문경관을 현장에 직접 가서 목도함으로써 중국의 역사와 문화에 대한 인식을 심화하고 확대하는 계기가 되었다.[179] 《주원잡영초(周原襍詠草)》의 〈자서(自序)〉에서 이문복(李文馥)이 북사(北使)가 된 감회를 말하기를, '글로 읽거나 듣기만 했던 성현(聖賢)의 유적(遺跡)과 고금인물(古今人物)의 유적, 그리고 승경(勝景)을 직접 가서 볼 수 있는 소중한 기회를 얻었다.'고 했는데, 이 말이 사행 체험의 의미를 잘 요약해 주고 있다.[180] 또한 사행은 중국 각 지역의 문인들과 시문을 주고받을 수 있는 소중한 기회도 제공해 주었다.

한편 사행 체험은 머릿속으로 그리고 있던 이상적인 중국과는 다른, 가혹한 현실에 직면한 중국을 발견하고 베트남을 돌아보는 각성과 반성의 계기가 되기도 했다. 청나라 말기에 이루어진 사행(使行)에서 창작된 작품들이 그러한 성격을 뚜렷하게 가진다. 예를 들어 오시위(吳時位)와 완유(阮攸)는 쇠락해 가는 청나라의 사회 현실을 기록하고 있고,[181] 이문복(李文馥)은 서양(西洋)이 청나라를 잠식해 가고 있는 현실을

---

179 제명(題名)이 '過~作', '題~', '~懷古', '~卽景', '詠~'으로 된 작품들이 대체로 이 범주에 든다.

180 "蓋嘗一之閩 四之東粤矣 惟使燕一路 凡聖賢遺跡 古今人物 與夫江山烟景之勝 疆域沿革之殊 平日僅學而知之 亦或僅聞而知之焉耳 而今乃得親履其地 因得見其所未見 聞其所未聞 不亦余晚景桑蓬之一適也耶"《周原襍詠草》不分卷 (阮朝)李文馥 撰 (1841년) 14책, 154면.

181 《枚驛諏餘》存一卷 (阮朝)吳時位 撰 (1809년);《北行襍錄》不分卷 (阮朝)阮攸 撰 (1813년).

기록하고 있다.[182] 그런가 하면 완문초(阮文超)는 수재(水災)를 겪은 호남(湖南), 호북(湖北)의 참상을 전하고 있다.[183]

이제 이와 같은 두 층위의 인식이 작품에 반영되어 나타난 양상을 살펴보고자 한다. 우선 대표적인 시문집에 보이는 제명을 가려 뽑아 본다. 다음에서 볼 수 있듯이 앞 장에서 살핀 바 있는 여정 (a), (b)에 따라서 작자가 접한 자연경관과 인문경관이 달랐다.

(a') 〈南關晩渡〉, 〈題伏波將軍祠〉,[184] 〈九疑懷古〉,[185] 〈桂江記見〉, 〈題桂林地八首〉, 〈題飛來石〉, 〈瀟湘遠眺〉, 〈題賈誼廟〉, 〈題岳麓書院〉, 〈弔三閭大夫〉, 〈洞庭閒吟〉, 〈登岳陽樓〉, 〈題諸葛求風臺〉, 〈赤壁懷古〉, 〈烏江懷古〉, 〈金陵懷古〉, 〈楊州卽景〉, 〈題淮陰侯祠〉, 〈渡黃河偶作〉, 〈臨淸旅次〉, 〈天津卽景〉, 〈京次述懷〉, 〈舟次楊州再咏〉, 〈秋晩旅懷〉

(b') 〈鎭南關〉, 〈寧明江舟行〉, 〈太平賣歌者〉, 〈題大灘馬伏波廟〉, 〈蒼梧卽事〉, 〈楊妃故里〉, 〈趙武帝故境〉, 〈桂林瞿閣部〉, 〈湘潭弔三閭大夫〉, 〈反招魂〉, 〈長沙賈太傅〉, 〈耒陽杜少陵墓〉, 〈登岳陽樓〉, 〈黃鶴樓〉, 〈漢陽晩眺〉, 〈武勝關〉, 〈信陽卽事〉, 〈舊許都〉, 〈歐陽文忠墓〉, 〈黃河〉, 〈比干墓〉, 〈阻兵行〉, 〈秦檜像〉, 〈銅雀臺〉, 〈藺相如故里〉, 〈邯鄲卽事〉, 〈蘇秦亭〉, 〈豫讓橋〉, 〈荊軻故里〉, 〈帝堯廟〉, 〈管仲三歸臺〉, 〈楚霸王墓〉, 〈柳下惠墓〉, 〈周郎墓〉, 〈西河驛〉, 〈所見行〉

(a')는 《사화총영집(使華叢詠集)》[186]에 나오는 제명(題名)에서 가려 뽑은 것이고, (b')는 《북행잡록》에 나오는 제명에서 가려 뽑은 것이다. 어느 쪽이든 사경(寫景)과 서정(抒情)(=懷古)이 주를 이루고 있다.

---

182 《粵行吟草》 二卷 (阮朝)李文馥 撰 (1832년).

183 《方亭萬里集》 不分卷 (阮朝)阮文超 撰 (1849년)(刻本).

184 복파장군(伏波將軍)은 마원(馬援)인데, 한(漢)나라 무제(武帝) 때의 장수다. 4장에서 징씨 자매의 항쟁을 살필 때 나왔다.

185 小注에서 "居蒼梧城北 卽舜南巡狩處"(2책, 169면)라고 밝혔다.

186 《使華叢詠集》 前·後二集 不分卷 (後黎朝) 阮宗窐 撰.

(a')는 완종규(阮宗室)가 1742년 사행 길에 쓴 작품들인데, 이 중에서 〈소상원조(瀟湘遠眺)〉를 보기로 한다.

江國春餘夕影中	늦봄 석양이 내려앉은 강가에,
村村煙縷裊層空	마을마다 굴뚝에서는 하늘로 연기 피어오른다.
雲遮翠幙山將雨	구름이 숲에 자욱하니 산에는 비가 올 듯하고,
波皺青鱗岸欲風	물결이 이니 강기슭에는 바람이 불 듯하구나.
天近露濡懷素塔	하늘은 가까워 회소탑(懷素塔)은 이슬에 젖고,
祠深煙鎖禹皇宮	사당은 깊어 우황궁(禹皇宮)은 안개에 잠겨 있구나.
數聲漁笛扁舟晚	저물녘 조각배에서 이따금 피리 소리 들리는데,
遠水長天思莫窮	멀리 하늘에 맞닿은 강물 보노라니 생각이 가없구나.[187]

소상팔경(瀟湘八景) 가운데 하나인 '소상야우(瀟湘夜雨)'를 의식하면서 지은 작품이다. 시구에 상당한 조탁을 가하고, 새로운 표현을 쓰고자 했다. 이런 점을 볼 때 첨신(尖新)하다는 평가가 적절하다고 생각된다.[188] '비(批)'에서는 특히 결구(結句)를 높이 평가해서 "반드시 전해질 구절"[189]이라고 했다.

(b')는 완유가 1813년 사행 길에 쓴 작품들인데, 〈무승관(武勝關)〉 이하는 대부분 노정 (b)에서 접하게 되는 자연경관과 인문경관을 제재로 삼은 작품이다. 완유는 중국 땅에서 고적을 읊었지만 이들 고적은 이미 퇴락한 것이어서 완유로 하여금 처량함을 강하게 느끼게 하는 것들이었다. 예를 들면 〈조무제고경(趙武帝故境)〉,[190] 〈계림구각부(桂林瞿閣部)〉[191]가 그러하다.

〈반초혼(反招魂)〉에서 완유는 굴원(屈原)의 혼더러 다시 돌아오지 말라고 하고 있다. 충직한 굴원이 죄 없이 버림을 받고 우수와 번민에 휩

187 2책, 190면.

188 "語皆雕練 尖新歷歷可愛" (潘輝注, 《歷朝憲章類誌》 〈文籍誌〉 57a면).

189 "必傳之句" (2책, 190면).

190 10책, 28면.

191 10책, 29면.

싸여 혼백이 흩어지고 생명이 꺼지려 하자 송옥(宋玉)은 〈초혼(招魂)〉을 지어 굴원의 흐트러진 정신을 회복케 하고, 스러져가는 그의 수명을 연장하려 한다.[192] 하지만 완유는 송옥의 〈초혼〉에 반대한다는 의미에서 제목을 〈반초혼〉이라 하고, 굴원에게 이 세상이 바로 맹수가 들끓는 곳이니 돌아올 것 없다고 말하고 있다.

굴원이 살던 시대의 성곽(城郭)은 지금까지 남아 있지만, 독한 맹수와 다름없는 자들에 의해서 살점이 씹혀서 호남(湖南) 땅에는 수척한 이들만 있고 살찐 사람은 아무도 없게 되었다고 했다. 오만하고 독한 무리가 여전히 활개 치고 있으니 돌아올 필요가 없다는 것이다. 이어지는 후반부의 8행은 다음과 같다.

魂兮魂兮率此道	혼이여, 혼이여, 만일 이 길로 온다 해도,
三皇之後非其時	삼황(三皇) 이후로는 그때가 아니리이다.
早斂精神返太極	어서 정신을 거두어 태극(太極)으로 돌아가고,
愼勿再返令人嗤	잘 헤아려 돌아오지 마시오, 사람들이 비웃으리다.
後世人人皆上官	후세는 사람마다 모두 상관대부(上官大夫)요,
大地處處皆汨羅	대지는 곳곳이 모두 멱라수(汨羅水)라오.
魚龍不食豹虎食	어룡(魚龍)이 먹지 않으면 호표(虎豹)가 잡아먹으리니,
魂兮魂兮奈魂何	혼이여, 혼이여, 어이하리오.[193]

'상관(上官)', 곧 상관대부는 굴원을 모함한 근상(靳尙)을 가리킨다. '어룡(魚龍)'과 '호표(虎豹)'라고 바꾸어 표현했다. '멱라(汨羅)'는 굴원이 빠져 죽은 곳이다. '후세(後世)'는 완유가 살고 있는 당대를 암시하고 있다. 후세에는 사람마다 모두 상관대부가 되었다는 것은 충신의 진심을 짓밟고 자기 이익을 위해 남을 모함하는 세태가 되어 버렸다는 말이다. 삼황오제 시대 이후로 사람들이 타락했고 자기 시대에 이르러

192 송정희 역, 《초사》(Ⅱ), 명지대학교 출판부, 1985, 349~375면.
193 10책, 334면.

타락상이 극에 이르렀다는 역사 인식을 내비친 셈이다. 이런 인식의 이면에는 자기 시대 사람들에게서 희망을 발견할 수 없다는 절망과 체념이 배어 있다.

완유의 필하(筆下)의 가경왕조(嘉慶王朝)(淸 仁宗, 1796~1820)는 백성들을 포비(包庇)하고, 안거(安居)를 제공하고, 사이(四夷)를 표솔(表率)하는 대국의 풍모와는 거리가 멀었다.[194] 〈태평매가자(太平賣歌者)〉,[195] 〈조병행(阻兵行)〉,[196] 〈소견행(所見行)〉[197]이 그러한 점을 증언한다.

먼저 〈소견행〉을 보자.

有婦携三兒	한 아낙네가 세 아이 손을 잡고,
相將坐道傍	이끌어 길옆에 앉았다.
小者在懷中	어린 녀석은 품속에 있고,
大者持竹筐	큰 녀석은 광주리를 들었다.
筐中何所盛	광주리에 뭐가 들었나,
藜藿雜粃糠	푸성귀 이것저것이며 쭉정이와 겨.
日晏不得食	날이 저물었는데도 먹지를 못하고,
衣裙何衤匡衤襄[198]	옷은 또 왜 그렇게 누더기가 되었나.
見人不仰視	사람을 똑바로 쳐다보지 못하고,
泪流襟浪浪	눈물은 줄줄 옷깃을 적시네.
群兒且嬉笑	어린놈들이 장난치며 놀리면서,
不知母心傷	어미 마음 상하는 줄 모른다.
母心傷如何	어미 마음 어째서 상하는가?
歲饑流異鄕	흉년이 들어 낯선 고장으로 흘러들었다.
異鄕稍豊熟	이곳이 소출(所出)이 조금 나아,
米價不甚昂	쌀값이 크게 뛰지는 않았다.
不惜棄鄕土	고향 땅 버리는 것 아쉬워하지 않고,

194 10책, 4면. '포비'는 덮거나 가려서 보호해 줌. '표설'은 모범이 되는 것.
195 10책, 20~21면.
196 10책, 46~48면. 하남(河南) 백성의 궁핍한 현실을 다루었다.
197 10책, 75~77면.
198 '衤匡衤襄'은 '남루(襤褸)'의 뜻이다.

苟圖救生方	잠시 살 방도를 세우려 한 것이다.
一人竭傭力	혼자 온 힘을 다해 품팔이를 해도,
不充四口糧	네 입 풀칠할 양식이 모자라는구나.
沿街日乞食	거리에 나와 하루하루 걸식을 하지만,
此計安可長	이렇게 해서 얼마나 버틸 수 있겠나.
眼下委溝壑	얼마 안 가서 구렁에 버려져서,
血肉飼豺狼	피와 살이 승냥이 먹이가 되겠지.
	(…)
昨宵西河驛	어젯밤 서하역(西河驛)에서는,
供具何張皇	상차림이 얼마나 장황했던가.
鹿筋雜魚翅	사슴 힘줄이며 물고기 지느러미며,
滿卓陳猪羊	한 상 가득 돼지고기 양고기가.
長官不下箸	수령은 젓가락도 대지 않고,
小們只略嘗	아랫사람들도 그저 조금 맛볼 뿐.
撥棄無顧惜	내다버려도 아까울 것이 없어,
鄰狗厭膏粱	옆집 개는 고량진미(膏粱珍味)에 물린다.
不知官道上	모르리라, 등청(登廳)하는 길에,
有此窮兒娘	이렇듯 궁핍한 아녀자가 있는 것을.
誰人寫此圖	누가 이런 광경을 그려내,
持以奉君王	임금께 가져다 바치리오.[199]

'서하역'은 산서성(山西省) 분양현(汾陽縣)에 있었다. 완유는 중국에서 본 하층민의 비참한 생활상을 길게 서술하고 거기에 상층 관료의 사치와 무관심을 대비시켰다. 완유의 의도를 제대로 포착해 작품에서 그려진 바를 베트남의 현실과 중첩시키면서 읽어야 할 것이다.

중국 광서성(廣西省) 태평부(太平府)에서 노래를 팔며 연명하는 장님 노인을 제재로 삼은 작품 〈태평매가자(太平賣歌者)〉도 〈소견행〉과 작품 전개 방식이 유사하다. 노래를 부르는 불우한 노인의 사연을 전하면서, "중화(中華)에서는 모두들 따뜻하고 배부르다더니, 중화에도 또한

199 10책, 76~77면.

이런 사람이 있구나."[200]라며 놀라고 있다. 사신을 접대하는 배 위에 버려진 음식이 낭자한 광경, 남은 음식물이 강에 버려지는 장면을 노인의 불우한 처지와 대조시켜 읽는 이로 하여금 비감에 젖게 한다. 상층의 사치와 타락에 대한 비판도 비판이려니와 '중화'의 실상을 재인식한 충격적인 경험을 전하고 있어 주목된다.

2) 화이(華夷)의 문제

화이(華夷)의 나뉨에 대해서 다시 생각해 보게 하는 작품이 있어 주목된다. 오시임은 '구봉(求封)'의 임무를 띠고 1793년 2월 20일 기정(起程)하여 5월 8일에 북경에 도착한다. 이어 5월 20일에 북경을 출발하여 9월에 베트남에 돌아오게 된다.[201] 7개월여 만에 다녀온 셈이니, 비교적 짧은 일정이었다. 청나라에 사신으로 다녀오는 길에 지은 작품을 엮어서 《황화도보》를 냈다. 그 책에 장편 오언고시 〈완이음(莞爾吟)〉이 실려 있는데,[202] 중국 사행을 통해서 화이(華夷)는 차등이 있다는 생각을 버리게 되었다고 비교적 차분한 어조로 진술하고 있다.

我行萬里程	이번 만 리 길 사행에 나서,
來去三辰候	오가는 데 세 계절이 흘렀다.
目睹協耳聞	눈으로 보고 또 귀로 들어서,
南北無殊趣	남북이 다르지 않다는 것을 알았다.
	(…)
夷夏陰陽分	화이(華夷)가 음양(陰陽)처럼 나뉜다는 말,
此言太淺陋	이 말은 참으로 비루한 말이다.
天理在人心	천리(天理)는 모든 사람 마음에 있지만,
風氣但先後	다만 풍기[風俗]에 선후가 있을 뿐이다.
	(…)

200 "只道中華盡溫飽 中華亦有如此人" (10책, 21면)

201 7책, 109면.

202 7책, 119~121면.

幸哉生南方	다행이구나! 남쪽 나라에서 태어나,
儼然佩紳綬	의젓하게 인끈을 매고 있는 것이.
勿謂我不華	나보고 중화의 풍모가 부족하다 말하지 말지니,
越裳有黃耈	월상(越裳) 땅에 현명한 노인이 있다 하지 않았던가.

'월상(越裳)'은 나라 이름이다. 중국 주(周)나라 때 교지(交趾)의 남쪽 월상에서 흰 꿩[白雉]을 바쳤다고 한다. '현명한 노인[黃耈]'은 사신을 보내서 흰 꿩을 바치게 한 인물이다.《영남척괴열전(嶺南摭怪列傳)》에 따르면 그는 중국에 성인(聖人)이 났는지 알아보도록 사신을 보냈다고 한다. 사신은 주공(周公)이 하사한 수레인 지남차(指南車)를 타고 돌아왔는데, 이후로 지남차는 임금이 행차할 때 늘 선도가 되었다고 한다.[203]

오시임은 광중(光中)황제의 자주적 노선을 보필하여 청나라와의 외교 교섭에 임하고, 직접 중국에 다녀오기도 하면서 남북이 다를 것 없다는 것을 확신하게 되었다. 화이의 구분이 음양처럼 분명하게 나뉘는 것이 아니라 풍속에 선후가 있을 뿐이고 사람 마음속에 있는 천리는 모두 같다고 했다. 위에 인용한 마지막 부분에는 남쪽 베트남에서 중화 문물을 받아들여 '화(華)'가 된 지 오래되었다는 뜻을 말했다.

중국인이 베트남을 '이(夷)'로 보고 있다는 사실에 분노하면서, 화이론(華夷論)의 원론에 입각해서 베트남이 '화'라는 것을 논증하고 중국인의 그릇된 인식을 바로잡고자 한 일을 전하는 기록도 있다. 이문복이 1831년 8월 20일 복건(福建)의 공관(公館)에 이르렀을 때, 관문(關門)에 '월남이사공관(粵南夷使公館)'이라고 쓴 것을 보고 베트남을 '이'라고 한 데 분개하여 항의하고, 〈이변(夷辨)〉[204]을 썼다. 베트남은 신농씨(神農氏)의 후예로서 공맹정주(孔孟程朱)의 가르침을 따르고, 주한당송(周漢唐宋)의 법과 제도를 따르는 '화'이지 결코 '이'가 아니라고 했다.[205]

203 박희병 옮김,《베트남의 신화와 전설》, 돌베개, 2000, 51~53면 참조.
204《閩行雜詠》不分卷 (阮朝)李文馥 撰 (1841년) 12책, 257~264면.
205 "家孔孟而戶朱程" 12책, 260~261면.

이러한 문제 제기가 받아들여져서 '월남국사관공관(越南國使官公館)'으로 고쳐 적었다고 한다.[206] 그러면 '화'의 범위는 어디까지인가? 이문복은 "동문지국(同文之國)"인 다섯 나라, 곧 중국·베트남·조선·일본·유구(琉球)의 다섯 나라라고 했다.[207]

《연초시문집(燕軺詩文集)》[208]에 수록된 완사한(阮思僩)의 〈변이설(辨夷說)〉도 주목된다. 귀국 길인 1868년 10월에 월서(粵西)를 지나다가 한 서사(書肆)에서 본 〈월서지여도설(粵西地輿圖說)〉 속에서 베트남을 '이'라고 한 대목을 발견하고, 그것이 부당함을 논한 글이다. 예의가 행해지며 한문이 사용되는지가[209] 화이를 구분하는 근거라고 했다.

《유헌총필(輶軒叢筆)》[210]에서 반휘주는 다른 각도에서 화이의 문제를 제기하고 있다. 사행할 당시에는 중국이 '치발변복(薙髮變服)'한 지 200년이라고 하고, 명나라 복식은 희극(戲劇)에서나 볼 수 있다고 했다. 베트남 사부(使部)의 복식을 보고 뜻이 있는 사람은 '화풍(華風)'을 흠모하지만 모르는 이는 이상하다고 본다고 했다.[211] 그런가 하면《몽매정시초(夢梅亭詩草)》[212]에 실린 〈백향도중(栢鄉途中)〉에서 장호합(張好合)은 중국인들이 베트남인의 복식에 관심을 가졌는데, 그것은 베트남의 복식이 만주족 복식이 아닌 '한시(漢時)' 복식이기 때문이라고 했다.[213] 또한 사신이 지나는 곳마다 시화(詩畫)를 간구하는 통에 쉬는 날이 없었다고도 했다.[214] 이런 진술 속에서 화이론의 입장에서 청나라 문화를 평가

---

206 "改之題曰 越南國使官公館" (12책, 258면).
207 "天地間同文之國者五 中州我粵朝鮮日本琉球亦其次也" (12책, 264면).
208《燕軺詩文集》不分卷 (阮朝)阮思僩 撰 (1868년).
209 "禮義之存亡 文行之同異" 20책, 230~231면.
210《輶軒叢筆》不分卷 (阮朝)潘輝注 撰 (1825년).
211 11책, 161~162면.
212《夢梅亭詩草》不分卷 (阮朝)張好合 撰 (1831년).
213 "我使部所到之處 沿途觀者 以爲本國衣服是漢時所製" (12책, 185면) 북경에 도착해서는 청나라 조정의 조복(朝服)을 입고 원명원(圓明園)에서 천자를 배견(拜見)했다고 한다. 燕行曲 不分卷 (阮朝)裴樻 撰 (1848년) 16책, 63면.
214 "我轎所到之處 沿途縉紳士庶 多來懇求詩畫 竟無虛日" (184면 小注).

하면서 베트남인으로서의 자부심도 표현하고자 하는 뜻이 엿보인다.

중세 시기 베트남인은 남북 대등의식을 품고 살았다. 베트남인은 무력에 의지해서 중국의 침입을 물리치고 정치적 독립을 쟁취했기 때문에 그러한 대등의식이 한껏 고양되었다. 그런데 베트남인은 무력에 의해 쟁취한 '대월(大越)'의 독립성과 주체성이 문화적인 고립이나 정체(停滯)를 합리화하는 명분이 되어서는 안 된다고 생각했다. 베트남이 유구한 역사를 가진 문명국가(='화')라는 사실을 알아야 할 뿐만 아니라 베트남인 누구나 '화'의 자질을 내면화하기 위해서도 힘써야 한다고 했다. 이처럼 화이론은 베트남인의 자주성을 뒷받침하는 논리로 활용되어 왔다. 사행 문헌에서도 이런 사실이 거듭 확인된다고 할 수 있다.

3) 조선 사신과의 수창(酬唱)

중국의 북경과 열하(熱河)에서 조선과 베트남의 사절이 만나서 시문을 주고받은 사례는, 14세기 초엽부터 19세기 후반에 걸쳐서 약 17회가 확인된다. 사료로부터 확실히 확인할 수 있는 가장 이른 사례는 1460년 조선 서거정(徐居正)과 베트남 양여곡(梁如鵠)의 시문 수창이다. 최후의 사례는 1871년 조선 역관 이용숙(李用肅)과 베트남 범희량(范熙亮)의 수창이다. 시문을 창화한 의의가 동아시아 문명의 동질성을 확인하고, 상호 간 우의를 다지는 데 있다고 보는 데 대해서는 큰 이견이 없는 것으로 보인다. 시문을 주고받으면서 우월감을 확인하고자 하는 경쟁심이 작동한 경우도 간혹 있었지만, 같은 문명권에 속한 동질감과 유대감을 느끼면서 진심 어린 우호의 장이 열리게 되는 것이 일반적이었다.[215]

시문 창화가 이루어진 만남의 내력을 ㉠연도, ㉡창화한 인물, ㉢출

215 김용태, 〈한국한문학 자료에 나타난 베트남 인식의 몇 가지 갈래〉, 《한국한문학연구》 제45집, 한국한문학연구회, 2010, 286면.

전(出典), ㉣기타의 순서로 정리해 보았다. 앞으로 자료 검토가 진척되고 자료 발굴이 이루어진다면 사례는 더 늘어날 수 있다.

(1)

㉠ 1460년

㉡ 徐居正 / 梁如鵠

㉢《四佳詩集》(徐居正) 권7

㉣ 사료로부터 확실히 확인할 수 있는 가장 이른 사례

(2)

㉠ 1481년

㉡ 洪貴達, 申從濩 / 阮文質, 阮安, 阮偉, 武佐

㉢《虛白亭文集》(洪貴達) 권1,《虛白先生續集》(洪貴達) 권2;《續東文選》권8

(3)

㉠ 15세기 후반 ~ 16세기 초반

㉡ 曺伸(譯官) / 黎時擧

㉢《適庵遺稿》(曺伸),《稗官雜記》(魚叔權) 권2,《海東雜錄》권12,《通文館志》권7,《林下筆記》(李裕元) 권19

㉣ 수창(酬唱)의 진위에 대한 논란이 있음

(4)

㉠ 1597~1598년

㉡ 李睟光, 金羊(華)逸士 / 馮克寬

㉢《芝峯先生集》(李睟光) 권8《安南國使臣唱和問答錄(丁酉冬赴京時)》,《朝天錄》(李睟光);《使華手澤詩集》(馮克寬)[216],《梅嶺使華手澤詩集》(馮克寬)[217];《皇越詩選》권5

㉣ 최상수,《한국과 월남과의 관계》, 한월협회, 1966에서 처음으로 번역·소개함

(5)

216 1책, 65~66면.

217 1책, 98~102면.

㉠ 1614년
㉡ 李志完(號 斗峰) / 劉廷質, 阮登
㉢《全越詩錄》
㉣〈簡朝鮮國使李斗峰〉[218]

(6)
㉠ 1691년
㉡ 閔黯 / 阮名儒 등
㉢《同文彙考》補編 권3

(7)
㉠ 1704년
㉡ 李晟 / 何宗穆
㉢《皇淸詩選》권24;《晚晴簃詩匯》(徐世昌) 권200
㉣ 중국에서 찬술된 시집에 기록이 전함

(8)
㉠ 1719년
㉡ 兪集一, 李世瑾 / 阮公沆
㉢《皇越詩選》;《往北使詩》(阮公沆)[219];《晚晴簃詩匯》(徐世昌) 권200

(9)
㉠ 1760~1761년
㉡ 洪啓禧, 趙榮進, 李徽中, 李義鳳(子弟軍官, 李徽中의 장남) / 黎貴惇, 陳輝淧
㉢《桂堂詩彙選》(黎貴惇) 권1[220];《北轅錄》(李義鳳)

(10)

218 Nguyễn Đức Nhuệ, 〈Cuộc tiếp xúc giữa sứ thần Việt Nam Lưu Đình Chất và sứ thần Triều Tiên Lý Đẩu Phong〉,《Tạp chí Hán Nôm》Số 5(96), Viện Nghiên Cứu Hán Nôm, 2009, 21면.
219 2책, 28~33면.
220 3책, 65~70면.

㉠ 1773년

㉡ 尹東昇, 李致中 / 段阮俶, 武輝珽

㉢《皇越詩選》 권6;《華程詩》(武輝珽) 下集[221]

(11)

㉠ 1779년

㉡ 李洸, 尹坊, 鄭宇淳 / 胡士棟, 阮仲瑺(鐺)

㉢《皇越詩選》 권6;《華程遣興》(胡士棟)[222];《幷世集》(柳得恭) 권2

(12)

㉠ 1790년 여름

㉡ 徐浩修, 李百亨, 柳得恭, 朴齊家 / 潘輝益, 武輝瑨, 段阮浚, 吳時任, (陶金鐘, 張加儼)[223]

㉢《燕行記》(徐浩修),《熱河紀遊》(徐浩修);《灤陽錄》(=《熱河紀行詩註》)(柳得恭) 권1 〈安南諸王〉,《並世集》 권2;《貞蕤閣三集》(朴齊家);《縞紵集》(朴長馣) 권2;《星槎紀行》(潘輝益)[224];《華程後集》(武輝瑨)[225];《燕臺秋詠》(武輝瑨, 吳時任, 潘輝益)[226];《海煙詩集》(段阮浚),[227]《海翁詩集》(段阮浚)[228]

(13)

㉠ 1795년

㉡ 李亨元, 徐有防 / 阮偍

㉢《華程消遣集》(阮偍) 권6(下什四之四)[229]

(14)

---

221 5책, 353~356면.

222 6책, 49~51면.

223 유득공의 기록에 의하면, 두 사람이 반휘익과 무휘진(武輝瑨)을 대신해서 답시(答詩)를 지어 보내왔다고 한다.

224 6책, 235~237면, 239~242면.

225 6책, 368~372면.

226 7책, 376~381면.

227 7책, 29~31면.

228 7책, 77~81면.

229 8책, 264~268면.

㉠ 1819~1820년

㉡ 朝鮮使臣 / 丁翔甫

㉢《北行偶筆》(丁翔甫)[230]

㉣ 정상보(丁翔甫)는 베트남 사절의 부사(副使)인 정번(丁翻)과 동일 인물일 가능성이 있음[231]

(15)

㉠ 1845~1846년

㉡ 李裕元 / 范芝香

㉢《郿川使程詩集》(范芝香),[232]《志庵東溪詩集》(范芝香)[233]

(16)

㉠ 1869년

㉡ 金有淵, 南廷順, 趙秉鎬 / 阮思僩

㉢《燕軺詩文集(燕軺詩集)》(阮思僩),[234]《燕軺詩文集(燕軺文集)》(阮思僩)[235]

(17)

㉠ 1871년

㉡ 李用肅(譯官) / 范熙亮

㉢《北溟雛羽偶錄》(范熙亮)[236]

총 17회에 이르는 시문 창화 가운데서도 풍극관과 이수광(李睟光, 1563~1628)의 사례가 한국과 베트남에서 공히 알려져 있었다. 두 사람이 중국에서 만난 것은 1597년의 일이다. 베트남과 조선의 사신이 만

230 10책, 163~164면.

231 清水太郎, 〈ベトナム使節と朝鮮使節の中國での邂逅(6) - 19世紀を中心として〉,《周縁と中心の概念で読み解く東アジアの〈越・韓・琉〉- 歴史学・考古学研究からの視座》(周縁の文化交渉学シリーズ 6), 関西大学文化交渉学教育研究拠点, 2012, 29면.

232 15책, 181면.

233 17책, 119면.

234 20책, 114면, 116~117면.

235 20책, 253~254면.

236 21책, 84~87면.

나서 한시문을 주고받은 최초의 사례인데, 베트남의 사신과 조선의 사신이 북경에서 만나서 한시를 주고받으면서 동아시아 한문문명권의 일원으로서 동질성을 확인하는 것은 무척 신선한 체험이었을 것이다. 시집의 서문을 이수광이 쓴 것도 이채롭다. 풍극관이 쓴 답시 한 편을 보면 다음과 같다.

義安何地不安居	의에 든든하면 어딘들 편안치 않으리오
禮接誠交樂有餘	예(禮)로 맞아 성(誠)으로 사귀면 즐거움 넉넉하리.
彼此雖殊山海域	피차에 산과 시내 강역은 비록 다르나,
淵源同一聖賢書	연원은 동일하니 성현의 경전이로다.
交鄰便是信爲本	이웃 사귐엔 믿음이 근본이요,
進德深惟敬作輿	진덕(進德)에는 공경이 바탕이로다.
記取使軺還國日	사신의 수레 회국할 날을 생각하노니
東南五色望雲車	동으로 남으로 오색 운거(雲車) 바라리로다.[237]

작품 속에서는 '성현의 경전[聖賢書]'이 동질성을 확인시켜 주는 증거라고 하지만 두 사람이 사용한 '문자(文字)'는 물론 '의(義)·예(禮)'와 같은 유학의 이념 또한 동질성의 증거가 된다. 이보다 훗날 완공항(阮公沆)이 1718년에 조선의 사신 유집일(兪集一), 이세근(李世瑾)을 만나서 준 시에서는 두 나라가 '주나라의 가례를 따르고 공자의 글을 배우는' 공통점이 있다고 했다.[238]

창화시에서는 문명권의 동질성을 확인하는데 '문자(文字)', '시서(詩書)', '성현서(聖賢書)', '도맥(道脈)' 등이 흔히 거론된다. 그런데 거기에 못지않게 이질성으로 거론되는 것도 있다. 풍극관은 조선 사신과 '의관(衣冠)'이 다르고, '흑치(黑齒)'를 하고 있으며, '풀어 헤친 머리'를 하

237 1책, 66면. 김석회 옮김, 《한월 사신 창화시문》, 글로벌콘텐츠, 2013, 68면의 번역을 따랐다.

238 "의례는 함께 주나라의 가례를 잡았고, 학문은 한가지로 공자의 글을 높이도다."(威儀共秉姬家禮 學問同尊孔氏書) 〈簡朝鮮國使兪集一李世瑾〉 (2책, 29면).

고 있다고 한 기록이 보인다. 상대방의 이질성에 대해서도 관심을 가졌음을 알 수 있다.

여귀돈(黎貴惇)이 북경에서 조선 사신 홍계희(洪啓禧, 1703~1771) 일행을 만나서 시문을 수창한 일도 널리 알려져 있다. 여귀돈이 쓴 작품 가운데 하나는 이렇다.

瀛海東南各一方	넓은 바다 동쪽 남쪽의 각각 한 지방으로
齊趨象闕拜天王	함께 천자의 대궐에 와 천왕을 배알하도다.
傘圓概似松山秀	우리의 산원산(傘圓山)은 그대 나라의 송산(松山)처럼 빼나고
鴨綠應同珥水長	그대 나라 압록강은 우리 이수(珥水)처럼 길도다.
六籍以來多學問	육적(六籍)이 전래된 이래로 학문이 많고
九疇而後更文章	홍범구주(洪範九疇) 이후에 문장이 새롭도다.
旅懷習疊如君扇	나그네 회포가 주신 쥘부채처럼 첩첩하니
新對春風爲展揚	새로 춘풍을 대하여 활짝 펼쳐 보리라.[239]

중국의 동남쪽에 있는 두 나라, 베트남과 조선은 산수가 빼어나고 학문과 문장의 연원이 오랜 공통점이 있다고 했다. 양국은 동아시아 한문문명권의 수준 높은 일원이라는 말이다. 미련(尾聯)에는 홍계희가 부채를 선물로 준 데 대한 감사의 마음을 담았다.

한국과 베트남 사신은 산문도 주고받았다. 여귀돈이 찬한《군서고변(群書考辨)》(1757)에는 홍계희가 써 준 서문, 홍계희와 이휘중(李徽中)이 각각 여귀돈에게 쓴 편지가 실려 있다.[240] 홍계희의 서문은 여귀돈이 그 책을 완성한 몇 해 뒤인 1761년에 쓴 것으로 되어 있다.[241]

239 김석회 옮김, 같은 책, 176~177면.

240 Trần Văn Quyền dịch và chú giải,《Quần Thư Khảo Biện(군서고변)》, nxb Khoa Học Xã Hội, 1995, 29~35면.

241 김영죽,〈1760년, 조선사신 홍계희(洪啓禧)와 안남사신 여귀돈(黎貴惇)의 만남〉,《東方漢文學》54집, 동방한문학회, 2013에서 홍계의와 여귀돈의 만남을 조명했다.

4. 사행 시문의 의의

베트남 사신 일행의 여정을 표시한 지도를 보면, 그 엄청난 거리에 아연(啞然)하게 된다. 저렇듯 먼 길을, 죽음을 무릅쓰고 다녀왔다. 명분과 실리가 보장되지 않았다면 할 수 없는 일이라고 생각하는 것이 타당하다.

동아시아 한문문명권의 책봉체제에 속해 있으면서 자주성을 지켜나가려 한 베트남의 외교적 노력, 한문을 이용한 작품 창작의 양상과 작품 세계, 중세 동아시아 문명을 사유하는 방식, 중국의 현실을 자기 반성과 각성의 계기로 삼았던 노력 — 이러한 점들을 사행 시문은 보여 준다. '화'의 일원임을 확인하고, 같이 '화'의 일원이 된 주변국과 교류하고, 민족의 현실을 재인식하게 되는 계기를 마련하고, 문명권의 공유재산을 받아들여 민족문화 창조의 자양분으로 삼고자 했다. 우리가 베트남과의 유대를 공고히 하여 바람직한 동아시아 질서를 만들기 위해서도 사행 문헌 연구에 좀 더 관심을 기울일 필요가 있다.

7장 번역(飜譯)

중세 시기 동아시아 한문문명권에서는 한문을 공동문어로 사용했다. 한국을 비롯한 동아시아 여러 나라는 한문을 받아들여 사용하면서 문명권의 일원이 되었다. 그런데 공동문어인 한문을 수용하여 한문문명권의 일원이 되고 난 이후에는 한문 텍스트를 각각의 민족어로 옮기려는 움직임이 나타났다. 그래서 동아시아의 중세는 한문 텍스트를 민족어로 번역하는 데 힘쓴 시기였다고도 말할 수 있다.

이 장에서는 중세 시기 베트남에서 이루어진《시경(詩經)》번역의 양상과 특징을 살피고, 이를 토대로 하여 베트남인은 번역에 대해서 어떤 인식과 태도를 지녔는지 밝혀 보고자 한다. 수많은 번역 텍스트 가운데서《시경》번역 텍스트를 택한 것은, 우선 유가(儒家)의 경전을 번역한 텍스트로는《시경》을 번역한 텍스트가 가장 많기 때문이다. 그리고 번역 텍스트로서 가능한 문체와 형식을 다 보여 주고 있다고 할 정도로 문체와 형식이 다양해서 번역에 대한 구체적인 논의를 펴기에 가장 적합하다고 판단했기 때문이다.

번역과 관련해서는 근본적인 의문이 한 가지 있다. 그것은 베트남에서 번역 작품의 지위가 무엇인가 하는 의문이다. 〈취교전(翠翹傳)〉은 중국 소설 원작을 완유(阮攸)가 운문 소설로 축약 · 번역한 작품인데 — 번역 작품임에도 불구하고 — 베트남 고전문학의 최고봉의 자리를 차지하고 있다. 어째서 번역 작품의 지위가 이렇듯 높을 수 있는가? 이것은 문학을 통해 베트남을 이해하고자 할 때 마주치게 되는 근본적인 의문 가운데 하나다. 이 장에서 이 의문에 대한 답을 찾아보고자 한다.

1. 번역의 양상

중세 시기에 한문을 베트남어로 옮긴 번역 텍스트는 한자를 이용한 차자 표기인 쯔놈으로 기록되었다. 여러 문헌 목록과 연구 논저를 통해서 확인이 가능한 《시경》 번역 텍스트의 목록을 제시하면 다음과 같다.[242]

(a) 《시경해음(詩經解音)》 10권 (1714년 판, 1792년 판)
(b) 《시경대전절요연의(詩經大全節要演義)》 4권 (1836년 판, 1837년 판)
(c) 《시경연음(詩經演音)》 (필사본)
(d) 《십오국풍연음(十五國風演音)》 (필사본)
(e) 《시경십오국풍연음가곡(詩經十五國風演音歌曲)》 (필사본)
(f) 《시경국음가(詩經國語歌)》 (阮伯璘 撰, 판본, 필사본)
(g) 〈칠월(七月)〉, 〈소융(小戎)〉 등 각 편의 번역

(a) 《시경해음》은 산문체로 번역한 텍스트인데, 1714년에 총 10권으로 간행되었다. 역자(譯者)가 누구인지는 알려지지 않았다. 지금까지 전하는 것 가운데, 산문체 번역으로는 가장 이른 시기에 나온 것이다. 서산조(西山朝)의 광중(光中)황제는 1792년(光中 5년)에 유가 경전을 서둘러 번역하라는 조령을 반포한다. 이에 숭정원(崇政院)에서 1714년 판

242 Trần Nghĩa · François Gros, 《Di sản Hán Nôm Việt Nam — Thư mục đề yếu》 1, nxb Khoa Học Xã Hội, 1993; 劉春銀 · 王小盾 · 陳義 主編, 《越南漢喃文獻目錄提要》, 臺北:中央研究院中國文哲硏究所, 2002; Nguyễn Tuấn Cường, 〈Tư liệu Kinh Thi chữ Nôm: Lược quan về trữ lượng, đặc điểm, giá trị〉, 《Tạp chí Hán Nôm》 số 1, Viện Nghiên cứu Hán Nôm, 2007; Nguyễn Tuấn Cường, 〈經學與文學: ≪詩經≫在古代越南的飜譯與接受〉, 《世界漢學》 第12卷, 北京: 中國人民大學出版社, 2013을 참고했다.

《시경해음》을 중간(重刊)한다. 두 판본의 내용은 대체로 같다.

완조(阮朝)에 들어서 1836년과 1837년 두 차례에 걸쳐서 (b)《시경대전절요연의》를 각인(刻印)한다. 배휘벽(裴輝璧, 1744~1818)이 한문으로 저술한 《시경대전절요(詩經大全節要)》를 쯔놈으로 번역한 것이다. (c)《시경연음》은 (b)의 쯔놈 번역문을 필사한 것이다.

(a)와 (b)의 구성을 보면, '한문 원문 + 쯔놈 번역문 + 한문 주해(注解)'의 세 부분으로 이루어져 있다. 한문 주해 부분은 주희(朱熹)의 《시경집전(詩經集傳)》이나 배휘벽의 《시경대전절요》를 참조해서 썼다. 이런 면에서 산문체 번역 텍스트는 기본적으로 경학(經學)의 일부라고 할 수 있겠다.

(d)~(f)는 운문체 번역 텍스트인데, 대개 필사본이다. 어느 때 이루어진 것인지 분명하지는 않으나 대략 18세기에서 20세기 초엽에 이루어진 것으로 추정된다. (d)《십오국풍연음》과 (e)《시경십오국풍연음가곡》은 《시경》 국풍(國風)의 160편 전부를 쯔놈으로 번역한 텍스트다. 베트남어로 노래(음영)할 수 있도록 시가 형식으로 번역했다는 의미에서 서명(書名)에 '가곡(歌曲)'이라는 말을 붙였다고 생각된다. (d)《십오국풍연음》은 1,617구, (e)《시경십오국풍연음가곡》은 1,499구로 되어 있다.

(f)《시경국음가》는 완백린(阮伯璘, 1700~1785)의 찬술인데, 판본과 필사본이 전한다. 《시경》 305편 전체를 대상으로 하되, 매 편의 요점을 두 구로 간추려서 번역했다. 모두 합해 700구의 6·8체 시구로 된 장편시를 이루고 있다.

그 밖에 (g)〈칠월〉, 〈소융〉과 같은 각 편을 번역한 텍스트가 있다. 중세 베트남에서는 〈칠월〉을 각별히 중시했는데, 두 편의 산문체 번역 텍스트와 네 편의 운문체 번역 텍스트가 전하고 있다. 아마도 〈칠월〉이 사계절 농사일과 농민의 생활을 핵심 내용으로 삼고 있기 때문에 번역해서 널리 알리고자 한 것이 아닌가 한다.

1) 산문체 번역

《시경》 번역 텍스트에는 산문체와 운문체로 된 텍스트가 있다는 점을 확인하고, 그중 산문체 번역 텍스트는 경학의 일부를 구성하고 있다고 보았다. 이제 번역 텍스트의 구체적인 면모를 살펴보기로 한다. 먼저 문체와 형식을 살피되 산문체 번역 텍스트를 살피고, 이어서 운문체 번역 텍스를 살피기로 한다.

(a)《시경해음》에 있는 〈관저(關雎)〉의 번역문은 다음과 같다. 쯔놈 원문을 옮기지 못하여 오늘날 베트남어 표기를 제시한다.

Chim thư cưu cùng ứng họa tiếng quan quan
Ở chưng bãi giữa sông
Thầm lặng con gái lành
Tốt đôi cùng người quân tử
So le ngọn rau hạnh
Đăm chiêu đòi phương theo dòng mà hái đấy
Thầm lặng con gái lành
Thức nhắp cầu đấy
Cầu đấy chửa được
Thức nhắp tưởng nhớ
Lâu thay lâu thay
Trăn trở trằn trọc
So le ngọn rau hạnh
Đăm chiêu đòi phương lấy mà chọn đấy
Thầm lặng con gái lành
Đàn tiếng cầm tiếng sắt mà yêu dấu đấy
So le ngọn rau hạnh
Đăm chiêu đòi phương lấy mà nấu chín dâng đấy
Thầm lặng con gái lành
Dấy tiếng chung tiếng cổ mà vui mừng đấy

한 구(행)를 이루는 음절 수를 보면 4언(言)에서 10언에 이르기까지 다양하다. 평측과 압운을 안배하지는 않은 것으로 보인다. '-anh'과 '-ấy'를 비롯해서 구말(句末)에서 반복되는 몇몇 음절이 있는데, 이는 원작을 번역하면서 나타난 것일 뿐, 번역자가 새로운 운율의 조직체를 만들어 낸 결과물로 보기는 어렵다. 요컨대 산문체인 것이다.

2) 운문체 번역

운문체 번역이라 함은 번역문이 시라는 말이다. 운문체 번역은 베트남 민족어 시가의 형식으로 번역한 것이다. 베트남 민족어 시가는 정형시인데, 음수율을 가지며 평측과 압운을 안배해야 하는 형식이었다. 민족어 시가 형식을 따른 번역 텍스트로는 6·8체 형식, 7·7·6·8체 형식, 6·8체와 7·7·6·8체 혼합 형식의 세 가지 형식이 발견된다. 앞서 베트남 민족어 시가의 형식과 운율을 살피는 자리에서(2장) 6·8체 형식, 7·7·6·8체 형식에 대해서 살폈다. 이곳에서는 6·8체와 7·7·6·8체 혼합 형식에 대해서 추가로 살펴보기로 한다. (d)《십오국풍연음》에 있는 〈관저〉를 예로 들면 다음과 같다.

6 □平□仄□平韻	Chim cưu kêu bãi sông Hà,
8 □平□仄□平韻□平韻	Gái lành quân tử thật là tốt đôi.
6 □平□仄□平韻	Trước kia tìm chửa được ai,
8 □平□仄□平韻□平韻	So le rau hạnh ngược xuôi thuận dòng.
7 □□仄□平韻□仄韻	Tìm chửa được mơ mòng cưu nhớ,
7 □□平□仄韻□平韻	Dặc dặc thay trăn trở không yên.
7 □□仄□平韻□仄韻	Rau đã được tay liền hái nấu,
7 □□平□仄韻□平韻	Tìm được người tĩnh diệu mừng sao.
6 □平□仄□平韻	Sắt cầm ngụ ý thân yêu,
8 □平□仄□平韻□平	Lại đem chuông trống dập dìu khua vui.

어느 경우이든 번역이면서 그 자체로 민족어 시가 작품이어야 하는, 비교적 까다로운 번역이 운문체 번역이다. 번역이 정형시인 민족어 시가 작품이어야 한다는 말은, 곧 번역 텍스트가 정형시로 재조직된다는 뜻이다. 그래서 운문체 번역은 경학자(經學者)의 일인 동시에 시인(詩人)의 일이기도 하다고 말할 수 있다.

2. 번역의 특징

앞 장에서 중세 시기 베트남에서 이루어진《시경》번역에는 산문체 번역과 운문체 번역이 있고, 운문체 번역에는 다시 6·8체, 7·7·6·8체, 6·8체와 7·7·6·8체 혼합 형식이 있다는 사실을 확인했다. 한국의 언해(諺解)가 기본적으로 산문체 번역을 지향한다는 점에서, 운문체 번역이 있다는 사실, 그리고 그것이 번역의 주된 문체라는 사실은 무척 흥미롭다. 베트남 사람들이 운문을 특별히 사랑해 온 것을 번역의 문체에서도 확인할 수 있다. 이 장에서는 각 문체와 형식에서 발견할 수 있는 특징에 대해서 논의해 보고자 한다.

1) 산문체 번역

산문체 번역은 어떤 특징을 보이는가? 이에 대해서 논의하자면 베트남어 원문을 바로 보아야 그릇될 여지를 줄일 수 있을 것이다. 베트남어 번역문을 다시 우리말로 번역하고 논의해서는 정밀한 논의가 되기 어려울 수 있다. 하지만 베트남어에 익숙하지 않은 독자의 이해를 돕기 위해서는 부득불 번역을 제시해야 한다. 그래서 원작과 베트남어 번역문을 함께 제시하고, 되도록 직역에 가깝게 우리말로 번역해서 보이면 다음과 같다. 쯔놈 번역문에서 사용한 한자는 우리말 번역문에서도 그대로 표기했다.

關關雎鳩	Chim thư cưu cùng ứng họa tiếng quan quan
在河之洲	Ở chưng bãi giữa sông
窈窕淑女	Thầm lặng con gái lành
君子好逑	Tốt đôi cùng người quân tử
參差荇菜	So le ngọn rau hạnh
左右流之	Đăm chiêu đòi phương theo dòng mà hái đấy
窈窕淑女	Thầm lặng con gái lành
寤寐求之	Thức nhắp cầu đấy
求之不得	Cầu đấy chửa được
寤寐思服	Thức nhắp tưởng nhớ
悠哉悠哉	Lâu thay lâu thay
輾轉反側	Trăn trở trằn trọc
參差荇菜	So le ngọn rau hạnh
左右采之	Đăm chiêu đòi phương lấy mà chọn đấy
窈窕淑女	Thầm lặng con gái lành
琴瑟友之	Đàn tiếng cầm tiếng sắt mà yêu dấu đấy
參差荇菜	So le ngọn rau hạnh
左右芼之	Đăm chiêu đòi phương lấy mà nấu chín dâng đấy
窈窕淑女	Thầm lặng con gái lành
鍾鼓樂之	Dấy tiếng chung tiếng cổ mà vui mừng đấy

저구(雎鳩) 새가 서로 관관(關關) 소리로 응화(應和)하며
강 가운데 섬에 있네
그윽하고 조용하며 어진 아가씨는
군자(君子)와 서로 좋은 짝이라네
가지런하지 않은 행(荇)을
좌우로 물의 흐름을 따라 뜯네
그윽하고 조용하며 어진 아가씨를
자나 깨나 구(求)한다네
구(求)해도 얻지 못해
자나 깨나 그린다네
아득하고 아득하구나

이리저리 뒤척이네
가지런하지 않은 행(荇)을
좌우로 물의 흐름을 따라 뜯어 골라내네
그윽하고 조용하며 어진 아가씨를
금(琴) 소리 슬(瑟) 소리 탄(彈)하며 아낀다네
가지런하지 않은 행(荇)을
좌우로 물의 흐름을 따라 뜯어 삶아서 올린다네
그윽하고 조용하며 어진 아가씨와
종(鐘) 소리 고(鼓) 소리 내며 즐긴다네

이러한 산문체 번역은 우리가 흔히 말하는 직역에 가까운 번역이라고 할 수 있다. 그런데 이러한 산문체 번역에는 한문 원작의 표면에는 나타나지 않은 이면(행간)의 정보도 포함되어 있다. 다시 말해서 다소간 해설적 성격을 갖고 있어 온전한 직역이라고 하기는 힘들다. 첫 구의 "관관저구(關關雎鳩)"를 번역하면서 나온 "cùng ứng họa"가 바로 그렇다. 〈관저〉의 원문에는 '응화(應和)'라는 말이 보이지 않는다. 그와 같은 말은 번역자가 작품의 내용과 문맥을 고려하여 부연한 것이다. '應和'는 무엇을 근거로 해서 나오게 된 말인가? 그것은 아마도 주희의 《시경집전》에서 "關關 雌雄相應之和聲也"[관관(關關)은 자웅(雌雄)이 서로 응하는 화(和)한 소리다]라고 한 데서 온 것으로 보인다.

《시경집전》의 주석을 번역에 반영한 예는 더 있다. "좌우류지(左右流之)"를 번역하면서 나온 "theo dòng mà hái đấy"는 《시경집전》의 "流 順水之流而取之也"[류(流)는 물의 흐름을 순(順)히 하여 취하는 것이다]를 번역에 반영한 것으로 보이며, "좌우모지(左右芼之)"를 번역하면서 나온 "lấy mà nấu chín dâng đấy" 또한 《시경집전》의 "芼 熟而薦之也"[모(芼)는 삶아서 올리는 것이다]를 반영한 것으로 보인다.

요컨대 위의 번역 텍스트는 〈관저〉를 번역하되, 《시경집전》의 주석을 반영하여 번역하는 양상을 보이고 있다. 원작에 담긴 정보를 손실

없이 번역하려 하면서 권위 있는 해석을 반영함으로써 독자의 이해를 돕고자 했다고 할 수 있다. 번역과 주석을 결합한 해설적 번역이라고 부를 만하다.

위에서 본 번역(해설적 번역)이 직역인 경우와 얼마나 다른지는 우리의 언해와 비교해 봄으로써 확인할 수 있다. (번역문에 사용된 한자어를 그대로 드러내었다.)

雎鳩 새가 서로 關關 소리로 應和하며	關關ᄒᆞᄂᆞᆫ 雎鳩ㅣ
강 가운데 섬에 있네	河ㅅ 洲에 잇도다
그윽하고 조용하며 어진 아가씨는	窈窕ᄒᆞᆫ 어딘 女ㅣ
君子와 서로 좋은 짝이라네	君子의 好ᄒᆞᆫ 빡이로다
가지런하지 않은 荇을	參差ᄒᆞᆫ 荇菜ᄅᆞᆯ
좌우로 물의 흐름을 따라 뜯네	左ㅣ며 右로 流ᄒᆞ놋다
그윽하고 조용하며 어진 아가씨를	窈窕ᄒᆞᆫ 어딘 女ᄅᆞᆯ
깨나 자나 求한다네	ᄭᆡ며 자매 求ᄒᆞ놋다
求해도 얻지 못해	求ᄒᆞ야 얻디 　 ᄒᆞᆫ디라
깨나 자나 그린다네	ᄭᆡ며 자매 思ᄒᆞ며 服ᄒᆞ야
아득하고 아득하구나	悠ᄒᆞ며 悠ᄒᆞᆫ디라
이리저리 뒤척이네	輾ᄒᆞ며 轉ᄒᆞ며 反ᄒᆞ며 側ᄒᆞ소라
가지런하지 않은 荇을	參差ᄒᆞᆫ 荇菜ᄅᆞᆯ
좌우로 물의 흐름을 따라 뜯어 골라내네	左ㅣ며 右로 采ᄒᆞ놋다
그윽하고 조용하며 어진 아가씨를	窈窕한 어딘 女ᄅᆞᆯ
琴 소리 瑟 소리 彈하며 아낀다네	琴과 瑟로 友ᄒᆞ놋다
가지런하지 않은 荇을	參差ᄒᆞᆫ 荇菜ᄅᆞᆯ
좌우로 물의 흐름을 따라 뜯어 삶아서 올린다네	左ㅣ며 右로 芼ᄒᆞ놋다
그윽하고 조용하며 어진 아가씨와	窈窕ᄒᆞᆫ 어딘 女ᄅᆞᆯ
鐘 소리 鼓 소리 내며 즐긴다네	鐘과 鼓로 樂ᄒᆞ놋다

언해는 원작에 있는 한자어를 적극 활용하면서, 원작에 있는 정보

만을 전달하려 하는 태도를 보이고 있다. 아마도 해설이나 해석은 별도의 일이라고 생각한 듯하다. 해설적(주석적) 언급을 일절 하지 않은, 말 그대로 직역이라고 할 수 있다. 이러한 언해와 비교해 볼 때, 베트남의 산문체 번역은 《시경집전》이나 《시경대전절요》의 주석이 허용하는 범위 안에서 해설적인 번역을 하면서, 한자어는 되도록 줄이고 베트남 고유어를 적극 활용하는 특징을 보였다. 원작의 한자어를 되도록 가져다 쓰지 않고, 의미 전달을 위해서 새롭게 쓴 한자어도 한둘에 불과하다. 그렇게 한 것은 물론 베트남어 번역문이 순조롭게 이어지게 함으로써 독자의 이해를 돕기 위함이었을 것이다.

2) 운문체 번역

이번에는 운문체 번역을 보자. 다음은 (e)《시경십오국풍연음가곡》에 보이는 〈관저〉의 번역이다. 앞 절과 마찬가지로 번역문에 대응하는 원작의 구절, 그리고 우리말 번역을 덧붙인다. 산문체 번역을 살필 때와 마찬가지로 번역문에서 사용한 한자를 밝혀 두었다.

Tiếng cưu ríu rít cùng chen,	關關雎鳩
Lẳng nghe vẳng vẳng ở miền Hà châu.	在河之洲
Dịu dàng thục nữ kia đâu,	窈窕淑女
Hứng xem quân tử hảo cầu sáng đôi.	君子好逑
Kìa rau hạnh thái lôi thôi,	參差荇菜
Đôi bên tả hữu thuận ngòi hái đây.	左右流之
Ví người thục nữ dịu thay,	窈窕淑女
Tìm đây chẳng được đêm ngày không yên.	求之不得 寤寐思服
Nay tìm đã được đã nên,	
Tiếng chuông tiếng trống tiếng đàn hòa êm.	琴瑟友之 鍾鼓樂之
Ba trăm chép để đầu thiên.	

구욱 구욱 물수리 함께 우는 소리,
하주(河洲)로부터 희미하게 들여오네.
그윽하고 온유한 숙녀(淑女)는 어디 있는가?
군자호구(君子好逑) 좋은 짝이 되련만.
가지런하지 않은 행채(荇菜)를
좌우(左右) 양쪽으로 물길 따라 뜯네.
그윽한 숙녀(淑女)를,
찾으나 찾지 못하여 밤낮으로 편안치 않네.
이제 찾게 되었으니,
종(鐘) 소리 고(鼓) 소리 거문고 소리 온화하게 연주하리라.
삼백 편 가운데 처음 쓴 작품이다.

〈관저〉를 산문으로 번역할 때는 20구였는데, 운문으로 번역할 때는 6·8체 형식으로 11구가 되어 있다. 마지막 구는 작품의 주지를 밝히고 있는 것이니 실제로 원작의 번역에 해당하는 것은 10구에 불과하다. 구수(句數)만 보자면 절반으로 줄인 것이다.

길이가 줄어든 것은 번역을 대폭 생략했기 때문이다. 무엇을 생략했는지 살펴보면, 주로 비슷하게 되풀이되는 어구("寤寐求之", "左右采之", "左右芼之")와 감탄 어구("悠哉悠哉")의 번역을 생략했다. 되풀이되는 어구도 아니고, 감탄 어구도 아닌데 번역하지 않은 것은 "전전반측(輾轉反側)" 정도다.

다시 보면, 단순히 생략하기만 한 것은 아니고, 두 개 구를 합해서 한 구로 번역하기도 했다. "求之不得 寤寐思服"은 원작의 순서 그대로를 합해서 한 구로 번역했고, "琴瑟友之 鍾鼓樂之"는 인접한 두 구가 아닌데 묶어서 한 구로 번역했다. 작품의 결론에 해당하는 장면, 곧 요조숙녀(窈窕淑女)를 얻어 함께 아끼고 즐기는 장면을 표현한 점이 일치하기 때문에 결합시켜 번역한 것으로 보인다.

운문 형식으로 축약하다 보면 원문에 없는 말을 해야 할 때가 있다.

예컨대 제4구의 "Hứng xem quân tử hảo cầu sáng đôi"에서 "quân tử hảo cầu"은 "군자호구(君子好逑)"를 베트남어로 읽은 것이다. 따라서 더 이상 덧붙일 말이 별로 없다. 그런데도 "Hứng xem"과 "sáng đôi"를 앞뒤로 덧붙인 것은 8언으로 만들기 위함이라고 생각된다. 한편 "Nay tìm đã được đã nên"(이제 찾게 되었으니) 역시 원작에 명시적으로 나타나 있지는 않은 내용이다. 작품의 말미에서 시상(詩想)을 마무리하자면 삽입할 필요가 있었다고 생각된다. 이처럼 운율 조건에 맞추기 위해서 또는 시상 전개상의 필요에 의해 원작에 없는 말을 덧붙일 수 있는 재량권을 운문체 번역자는 가지고 있었다.

운문체 번역은 원작의 순서를 그대로 따르지 않고 번역자가 축약(생략·결합)했다. 운율상의 필요, 시상 전개상의 필요에 따라서 원작에 없는 내용을 덧보태기도 했다. 번역자는 '재구성' 또는 '재조직'이라고 부를 수 있는 이런 과정을 통해서 자신이 파악한 작품의 요지를 드러내고자 했다.

재구성은 원작에 대한 번역자의 이해가 적잖이 개입해서 나타난 양상이라고 보아야 하겠다. 번역하되 번역자의 이해를 전면에 드러내는 것, 그것이 운문체 번역이다. 이와 같은 중세 시기 베트남의 운문체 번역은 동아시아 번역사에서 매우 독특한 위상을 차지하고 있다고 하겠다.

〈관저〉가 아닌 다른 작품을 번역한 텍스트도 동일한 양상을 보이는가? 〈도요(桃夭)〉의 번역 텍스트를 보기로 하자.

桃之夭夭 灼灼其華
之子于歸 宜其室家
桃之夭夭 有蕡其實
之子于歸 宜其家室
桃之夭夭 其葉蓁蓁
之子于歸 宜其家人

Cây đào non sắc tươi mươn mướt, 桃之夭夭
Hoa thịnh nhiều quả tốt lá đông. 灼灼其華 有蕡其實 其葉蓁蓁
Ả kia về ở nhà chồng, 之子于歸
Hẳn rằng hiếu kính nên trong cửa nhà. 宜其家人

부드러운 도(桃), 그 색(色)은 참으로 신선하네,
화(花)가 성(盛)하고 열매는 많고 잎은 무성하구나.
저 아가씨 남편의 집에 가서 사니,
분명 집 문 안에 효경(孝敬)이 가득하리.

원작의 1/3가량으로 줄여서 7 · 7 · 6 · 8체 형식으로 번역하고 있다. 반복되는 어구를 번역하지 않으면서 축약 · 재구성한 것은 위에서 본 〈관저〉의 경우와 마찬가지다. 핵심 정보라고 생각하는 것만 뽑아내어 압축적으로 재조직해서 한 편의 시 작품을 만들어낸 것이다.

《시경집전》의 주석을 이용하는 것은 운문체 번역에서도 확인된다. 다음은 〈인지지(麟之趾)〉를 6 · 8체 형식으로 번역한 것이다.

麟之趾 振振公子 于嗟麟兮
麟之定 振振公姓 于嗟麟兮
麟之角 振振公族 于嗟麟兮

Con lân thật tính có nhân,
Nên rằng nhân cả đến chân trán sừng.
Nhà vua nhân hậu lạ dường,
Vậy nên con cháu họ hàng chân chân.
Than ôi ấy thật do lân,
Lọ rằng ngưu vĩ khuân thân mới là.

인(麟)은 본성[實性]이 인(仁)하여,
그리하여 발, 이마, 뿔도 모두 인(仁)하네.

임금은 특별히 인후(仁厚)하여,
그리하여 자손과 일가가 진진(振振)하네[243].
아아, 이는 실로 인(麟)으로 말미암음이니,
우미(牛尾)에 균신(麕身)이어야 하는 것은 아니라네.

마지막 구는 《시경집전》에서 "言是乃麟也 何必麕身牛尾而馬蹄然後 爲王子之瑞哉"[이들이 바로 기린이니, 어찌 반드시 고라니의 몸에 소의 꼬리를 하고 말의 발굽을 한 뒤에야 왕자(王子)의 상서(祥瑞)가 되겠는가]라고 한 바를 따른 것이다. 원작을 재구성해서 의미를 전달하면서도 《시경집전》의 주석을 반영하고 있다. 이렇듯 산문체 번역과 마찬가지로 운문체 번역 역시 《시경집전》의 자장 안에 놓여 있기 때문에, 운문체 번역이 경학자의 일이기도 하다고 말한 것이다.

운문체 번역의 마지막 사례로 6·8체와 7·7·6·8체 혼합 형식으로 된 〈관저〉를 보기로 한다. (d)《십오국풍연음》에 실린 작품이다.

Chim cưu kêu bãi sông Hà,	關關雎鳩 在河之洲
Gái lành quân tử thật là tốt đôi.	窈窕淑女 君子好逑
Trước kia tìm chửa được ai,	求之不得
So le rau hạnh ngược xuôi thuận dòng.	參差荇菜 左右流之
Tìm chửa được mơ mòng cưu nhớ,	求之不得 寤寐思服
Dặc dặc thay trăn trở không yên.	悠哉悠哉 輾轉反側
Rau đã được tay liền hái nấu,	左右采之 左右芼之
Tìm được người tĩnh diệu mừng sao.	
Sắt cầm ngụ ý thân yêu,	琴瑟友之
Lại đem chuông trống dập dìu khua vui.	鍾鼓樂之

물수리는 하(河) 강의 섬에서 울고,
온유한 아가씨 군자(君子)는 실(實)로 좋은 짝이네.

---

243 《시경집전》에 따르면 '진진'은 인후한 모습(仁厚貌)이다.

전부터 찾았으나 아무도 얻지 못해,
가지런하지 않은 행(荇)을 물결 순(順)해 부지런히 (뜯네).
찾아도 얻지 못해 꿈속에서도 그리워 구하며,
아득하도다! 이리저리 뒤척이며 안(安)하지 못하네.
풀을 손으로 뜯어 삶아서,
그윽하고 온유한 사람 찾았으니 참으로 기쁘네.
금슬(琴瑟)로 사랑을 우의(寓意)하고,
또 종고(鐘鼓)로 조화로운 소리 울리며 즐기리.

역시 10구로 줄였으니 절반을 줄인 셈이다. 이 작품을 포함해서 지금까지 살핀 운문체 번역은 산문체 번역에 비해서 한자어의 활용 빈도가 더 높다. 운문은 압축적인 표현을 해야 하므로 함축적인 시어에 해당하는 한자어를 좀 더 적극적으로 활용한 결과가 아닌가 한다.

이 절 첫머리에서 살핀 (e)《시경십오국풍연음가곡》의 〈관저〉와 견주어 보면, 같은 운문체 번역이면서도 번역한 부분도 적잖이 다르고 재구성한 양상도 다르다. 번역은 원작에 일대일로 대응해야 한다는 원론이 운문체 번역에서는 적용되지 않는다고 할 수 있다. 번역자에게 상당한 재량권을 부여하는 번역, 번역자는 번역문이 민족어 시가 작품다운 작품이 되도록 해야 한다는 부담을 지는 번역이 운문체 번역이다.

운문체 번역은 번역과 해설을 겸한다는 점에서 산문체 번역과 같으면서 압축적 재구성이라는 점에서는 다르다. 재구성은 원작에 수동적으로 끌려가는 태도가 아니라 원작을 바탕으로 새로운 창조의 길로 들어서려는 태도라고 할 수 있겠다. 그래서 산문체 번역이 경학자의 일이라면 운문체 번역은 시인의 일이기도 하다고 말한 것이다.

3. 번역에 대한 인식

지금까지 소략하게나마 《시경》 번역의 양상과 특징을 살핀 결과 다음과 같은 사실을 알게 되었다. 첫째, 산문체 번역과 운문체 번역이 있어, 번역의 문체가 다양하다. 운문체 번역은 민족어 시가의 형식을 따르며 다양한 형식을 가진다. 둘째, 산문체 번역은 원작의 뜻을 전달하면서 필요한 경우 해설적인 언급을 덧붙인다. 운문체 번역은 원작을 축약하여 번역하는 경우가 많으며 원작을 재조직하여 새로운 시적 질서를 갖도록 한다. 필요한 경우 원작에는 없는 말을 덧붙이기도 한다. 셋째, 산문체 번역이든 운문체 번역이든 《시경집전》의 주석을 바탕으로 하고 있다. 베트남에서는 주희의 주석을 《시경》 이해의 표준으로 삼았다는 점을 알 수 있다. 넷째, 운문체 번역은 원작에 매여 있다기보다는 번역자가 재구성할 수 있는 재량권을 가짐으로써 원작과는 구별되는 창작품에 가깝게 된다. 운문체 번역은 번역과 창작의 거리를 좁힘으로써, 잘된 번역은 훌륭한 창작품이라고 생각할 수 있게 되었다.

운문체 번역이 원작에 수동적으로 이끌려 가는 일이 아니라 창의적인 활동일 수 있다는 생각은, 〈취교전〉에 대한 중세 이래의 평가에서도 잘 드러난다고 생각한다. 〈취교전〉은 1814년에 완유가 중국에 사신으로 갔다가 돌아오는 길에 청심재인(青心才人)이 지은 소설 〈김운교전(金雲翹傳)〉을 베트남으로 가져와서 번역한 것이다. 번역이되 산문·직역 번역이 아니라 운문·축약 번역이면서 어떤 부분은 개작하기도 한 점이 독특하다. 그런 독특한 점이 운문을 문학의 중심에 두고 내면 심리 표현을 중시하는 베트남의 오랜 문학 전통과 절묘한 조화를 이루어, 〈취교전〉은 단순한 번역물에 그치는 것 아니라 독자적인 생명력을 갖는 고전소설 최고의 작품으로서 베트남 사람들의 영혼을 사로잡을 수 있었다.

여하튼 〈취교전〉은 번역 작품이다. 그런데 베트남 사람들은 민족의 고전으로 높이 평가한다. 번역 작품에 민족의 고전, 정전(正典)의 지위를 부여하는 경우는 결코 흔치 않다. 〈취교전〉을 접한 베트남 사람들은 이 작품이 중국 작가가 쓴 중국 소설을 번역한 것이므로 민족문학의 자격이 없다고 — 민족문학을 좁은 관점에서 이해하는 근대인이라면 그렇게 생각하기 쉬운데 — 생각하지 않았던 것이다. 베트남인들은 왜 근대인과는 다른 관점을 가졌던 것일까? 그것은 번역이 창작과 그다지 먼 거리에 있지 않다고 보았고, 원작을 운문으로 재구성한 것은 창조력의 발현이라고 평가했기 때문이 아닐까?

오늘날에는 어떠한가? 베트남 고전문학 작품을 집대성한 《Tổng Tập Văn Học Việt Nam(베트남문학전집)》의 제1권에는 이상걸(李常傑)의 〈남국산하(南國山河)〉가 실려 있다. 베트남인의 자주적 기상을 드높인 웅편(雄篇)으로 평가되는 작품이다.

南國山河南帝居	남국의 산하에는 남제가 거한다고,
截然定分在天書	절연히 정해진 분수가 천서에 있도다.
如何逆虜來侵犯	어찌하여 역로는 우리 땅을 침범하는가,
汝等行看取敗虛	너희들은 참담한 패배를 맛보고야 말 것이다.

번역은 어떠한가? 산문체 번역과 운문체 번역, 두 종류의 번역을 제시하고 있다.

Phiên âm:

NAM QUỐC SƠN HÀ

Nam quốc sơn hà Nam đế cư,
Tiệt nhiên định phận tại thiên thư.
Như hà nghịch lỗ lai xâm phạm?
Nhữ đẳng hành khan thủ bại hư!

Dịch xuôi:

NON SÔNG NƯỚC NAM

Non sông nước Nam, Nam đế làm chủ,
Tại sách trời đã phận định rạch ròi.

Sao bọn giặc nghịch lẽ trời kia lại đến xâm phạm?
Chúng bay chờ xem, sẽ chuốc lấy bại vong!

Dịch thơ:
Đất nước Đại Nam, Nam đế ngự,
Sách trời định phận rõ non sông.
Cớ sao nghịch tặc sang xâm phạm?
Bay hãy chờ coi, chuốc bại vong!

NGÔ LINH NGỌC (dịch)

Sông núi nước Nam, Nam đế chủ
Cõi bờ định rõ tại thiên thư.
Cớ sao nghịch tặc dám xâm phạm?
Bay liệu, rồi đây chuốc bại hư!

BÙI VĂN NGUYÊN (dịch)[244]

이처럼 발음(Phiên âm), 산문체 번역(Dịch xuôi), 운문체 번역(Dịch thơ)을 제시하는 것은 베트남에서 한시를 번역할 경우 택하는 일반적인 방식이다. 운문체 번역은 7언 4행의 베트남어로 번역했으며, 두 사람의 번역을 제시하고 있다. 두 사람의 운문체 번역자 모두 원작을 자기 작품으로 재창조하는 권한을 가지고 있으면서, 번역이 창작에 근접한다는 점을 보여 주고 있다.

이 책이 출간된 것은 1980년이다. 이때도 의연히 산문체 번역과 운문체 번역을 제시하는 전통이 이어지고 있으며, 운문체 번역이 더 중시되고 있다는 점도 확인할 수 있다. 밑줄 친 데서 보듯이 운문체 번역에는 압운도 하고 있다.[245]

---

244 Nguyễn Tá Nhí ch.b, 《Tổng Tập Văn Học Việt Nam》 1, nxb Khoa Học Xã Hội, 1980, 247~251면.

245 베트남 교육부에서 간행한 교과서인 Bộ Giáo dục và Đào tạo, 《Ngữ văn(語文)》 7-1, nxb Giáo Dục Việt Nam, 2010, 62면에도 〈남국산하〉가 실려 있는데, 역시 발음, 산문체 번역, 운

최근은 어떠한가? 최근이라고 해서 사정이 근본적으로 달라진 것으로 보이지는 않는다. 다음은 오늘날의 연구자가 완권(阮勸)의 한시를 번역해서 소개하고 있는 책의 한 부분이다.

喜得新晴一啓扉	날이 개었기에 기뻐서 사립문을 열었더니,
雲間容與出黃衣	구름 사이로 한가로이 해[黃衣]가 나오는구나.
老蠶愛燥眠將起	늙은 누에는 마른 것이 좋아 막 깨어나려 하고,
新穀含暄腹漸肥	새 곡식은 온기를 머금고 점점 살지어 가는구나.
牧豎橫鞭驅犢過	소 모는 총각은 채찍을 들고 송아지를 몰고 가고,
鄰翁扶杖看田歸	이웃집 노인은 지팡이 짚고 논을 살피고 돌아오는구나.
北窗獨坐添杯酒	북쪽 창가에 홀로 앉아 술을 따르노라니,
何處寒鴉徹杜飛	어디선가 까마귀는 껍질을 물고 날아가는구나.

앞서 살핀 바 있는 〈하일신청(夏日新晴)〉이라는 작품이다. 이 작품을 번역하고 주해한 오늘날의 베트남 연구자는 다음과 같이 발음과 두 종류의 번역을 제시하고 있다. 처음 두 구의 해당 부분만 보이기로 한다.

Phiên âm:

HẠ NHẬT TÂN TÌNH

Hỉ đắc tân tình nhất khải phi

Vân gian dung dữ xuất hoàng y

……

Dịch nghĩa:

Ngày hè, mưa mới tạnh

Mừng được trời mới hửng nắng, vội mở cửa ra xem

Thấy trên mây lững thững hiện ra bóng áo vàng

……

Dịch thơ:

문체 번역을 차례로 제시하고 있다.

Nắng mới hửng lên, mở cửa trông
Tầng mây lờ lững ló vầng hồng
……[246]

한자어로 옮기면 '의역(義譯)'이라고 할 것이[Dịch nghĩa] 산문체 번역이고, '시역(詩譯)'이라고 할 것이[Dịch thơ] 운문체 번역이다. '시역'의 경우 원작이 7언 율시인데 맞추어 7언 8행의 베트남어로 번역했다. 율시 형식을 좇아 압운도 하고 있다. 이 책이 출간된 것이 2005년이니 오늘날까지도 운문으로 번역해야 번역이 완결된다고 하는 생각이 남아 있다는 점을 확인하게 된다.

4. 번역이 제기하는 문제

지금까지 《시경》의 번역 양상과 특징을 살펴보았다. 번역은 — 특히 운문체 번역은 축약 대용품인가, 창조적 구성물인가? 아마도 이것이 베트남에서 이루어진 번역을 평가하기 위해서 던져야 할 근본적인 질문일 것이다. 필자는 중세 시기 베트남인은 축약 대용품으로 폄하하기보다는 창조적 구성물로 평가했다고 생각한다. 〈취교전〉을 민족의 고전으로 받아들인 데서 알 수 있고, 오늘날 번역자의 번역 텍스트를 보아도 알 수 있다.

베트남에서 이루어진 번역은, 번역이란 무엇인가 하는 원론적인 문제를 재검토하게 한다. 베트남의 사례가 명백히 보여 주고 있는 점은, 번역이 창작과 그리 먼 곳에 있지 않다는 것이다. 논의를 통해서 얻은 결론을 한 문장으로 요약한다면, "베트남에서는 번역 텍스트가(특히 운문체 번역 텍스트가) 그 자체로 창조의 소산인 '작품'으로 인정된다."가 될 것이다.

246 Trần Văn Nhĩ, 《Tuyển tập thơ chữ Hán Nguyễn Khuyến(완권 한시 선집)》, TP Hồ Chí Minh, nxb Văn Nghệ, 2005, 554~555면.

8장 호춘향(胡春香)

베트남의 고전 여성 작가로 거론되는 인물은 그리 많지 않다. 베트남 여성문학사를 쓴다면 첫머리를 장식할 작가, 작품은 아마도 이옥교(李玉嬌, 1041~1113)의 게송(偈頌) 〈생로병사(生老病死)〉와 여씨의란(黎氏倚蘭, ?~1117)의 게송 〈색공(色空)〉일 것이다. 쯔놈으로 작품을 창작했다고 알려진 고전 여성 작가로 거론되는 인물도 많지는 않다. 단씨점(段氏點, 1705~1748), 여옥흔(黎玉欣, 1770~1799), 호춘향(胡春香, Hồ Xuân Hương, 호 쑤언 흐엉, 1773~1841), 완씨형(阮氏馨) 등 18~19세기의 여성 작가가 거론되는 정도이다. 여성 작가가 기록문학의 영역에서 활약한 것은 드문 일이었다고 보아도 틀리지 않을 것이고, 그렇게 된 데는 기록 문자의 어려움, 여성 교육의 부진 등이 주요 원인으로 작용했다고 보아야 할 것이다.

수적으로 열세인 고전 여성 작가 가운데 호춘향이 단연 돋보인다. 호춘향은 동시대 문인 완유(阮攸)와 함께 베트남 민족어 문학의 높은 수준을 보여 준 작가라는 평가를 받는다. 베트남 사람들이 그녀를 '쯔놈 시의 여왕(Bà chúa thơ Nôm)'이라고 칭송하는 것을 보면 그 평가가 어느 정도인지 능히 짐작할 수 있다.

호춘향의 당률 쯔놈 시 작품은 여성의 내면 심리, 여성의 몸과 섹슈얼리티에 대한 인식을 시적으로 형상화했다는 점에서 독특한 면모가 있다. 베트남문학사에서 여성 작가로서, 여성의 목소리로, 여성의 심정을 시로 담아낸 것은 단연 호춘향이 처음이라고 한다.[247] 이곳에서는 당률 쯔놈 시에 나타난 호춘향 작품 세계의 특징에 대해서 살펴보고자 한다.

1. 생애와 작품

호춘향은 승룽(昇龍, 지금의 하노이) 간춘방(看春坊)에서 응에 안(Nghệ An, 乂安) 호씨(胡氏) 집안의 11대 호비연(胡丕演, 1703~1787)의 딸로 1773년에 태어났다.[248] 어머니 하씨(何氏)는 아버지 호비연의 첩이었다. 호씨 집안은 대대로 응에 안에서 살다가 호비연 대에 이르러 승룽 서호(西湖, Hồ Tây) 인근의 간춘방으로 이주했다.

젊은 시절 호춘향은 여러 남성과 교유 관계를 맺었다. 시집《유향기(琉香記)》는 여러 남성과 주고받은 한시와 당률 쯔놈 시로 채워져 있다. 교유한 남성 중에는 우선 완유가 들어 있다. 완유는 1792~1795년의 3년간 서호 인근에서 살았으며 이때 호춘향과 교유한 것이다. 그리고 매산보(梅山甫), 손풍(巽風) 같은 남성도 교유자 명단에 들어 있다.

1802~1805년에는 서호 변의 고월당(古月堂)에서 시인들과 시문을 수창(酬唱)했는데, 매산보와는 이때 알고 지냈다. 이어 손풍과도 교유하게 되었다(1807). 교유한 남성이 여럿이기는 했지만 누구 한 사람과도 관계가 오래 지속되지는 못했다. 완유는 한번 떠난 뒤 영영 소식이 없었다. 1813년에는 매산보와 결혼했지만 매산보가 그해에 그만 숨지고 만다. 1814년에는 손풍마저 곁을 떠나 응에 안으로 가 버린다. 호춘

---

247 Nguyễn Lộc,《Văn Học Việt Nam (nửa cuối thế kỷ XVIII~hết thế kỷ XIX)(18세기 후반~19세기까지의 베트남문학)》(tái bản lần thứ hai, có chỉnh lý, bổ sung), nxb Giáo Dục, 1997, 275면.

248 "胡丕訓生徒 一名演 生女春香於看春坊"(《胡宗世譜》). 호춘향의 생애에 대해서는 Hoàng Bích Ngọc,《Hồ Xuân Hường, con người · tư tưởng · tác phẩm(호춘향, 생애 · 사상 · 작품)》, nxb Văn Hóa-Thông Tin, 2003, 747~748면에 정리된 내용과 Hữu Ngọc · Nguyễn Đức Hiền biên soạn,《(La Sơn Yên Hồ) Hoàng Xuân Hãn(호앙 쑤언 한 저작집)》Ⅲ, nxb Giáo Dục, 1998을 참고했다.

향은 손풍에게 《유향기》를 보내고 서문을 써줄 것을 부탁한다. 《유향기》에 이들 남성과 헤어진 아픔이 배어 있는 한시와 쯔놈 시가 많은 것은 당연한 일이었다.

1818년에는 안광진(安廣鎭) 참협(參協) 진복현(陳福顯)의 첩이 된다. 하지만 이듬해 진복현은 가륭(嘉隆)황제의 명으로 처형된다. 처형된 이유는 백성들의 재물을 무단으로 착복한 탐관오리로 지목된 때문이었다.[249] 진복현의 치죄 사실을 기록한 역사서에, "그의 첩 춘향은 글과 정사(政事)에 밝아서 세상 사람들이 재녀(才女)라고 칭했다."는 전언이 있다.[250] 진복현이 처형된 1819년 이후의 행적은 불분명하다. 삼도산(三島山, núi Tam Đảo)에 들어가서 살았다고 추정하는 견해도 있다.[251] 호춘향은 1841년에 68세를 일기로 세상을 떠났다. 완면심(阮綿審, 1819~1870)이 1842년에 호춘향의 무덤을 지나면서 느낀 감흥을 읊은 한시가 전한다.

호춘향은 한시도 썼고 쯔놈 시도 썼다. 시집 《유향기》에는 칠언율시와 칠언절구 한시 작품이 31편, 쯔놈 시 작품이 28편 실려 있다. 《유향기》에 실리지 않고 호춘향의 작품으로 전송(傳誦)되고 있는 쯔놈 시 작품의 수는 그보다 훨씬 더 많고 대개가 문제작이다. 하지만 판각되어 전하는 시집에 실린 쯔놈 시가 모두 호춘향의 작품인 것은 아니다. 다른 사람의 작품이 섞여 들어갔거나 호춘향의 이름을 가탁해서 창작된 작품이 적잖이 혼입되어 있다. 그래서 베트남 연구자들에 의해서 호춘향의 작품을 가려내려는 비판적 연구가 시도되었다.

문헌 비판을 행한 연구 논저 중에는 35수 정도를 호춘향의 작품이라고 인정하는 경우가 있는가 하면,[252] 호춘향은 60여 수 정도를 창작

---

249 "安廣參協陳福顯私收民錢贓至七百緡 事發 帝曰 貪黑不誅 何以勸廉 命城臣治其罪 顯坐死" (《大南寔錄》 권57).

250 "其小妾春香能文政事 時稱才女" (《國史遺編》 嘉隆 18년).

251 Hoàng Bích Ngọc, 같은 책, 748면.

252 Lê Trí Viễn ch.b, 《Nghĩ về thơ Hồ Xuân Hương(호춘향의 시 검토)》, nxb Giáo Dục, 1996.

했고 그 가운데 널리 전승된 것이 19수 정도라고 보는 경우도 있다.[253] 하지만 공통분모를 이루는 작품들을 통해 뚜렷한 창작 방향을 발견하는 것은 비교적 용이한 일이다. 그 창작 방향은 자신의 삶과 운명, 여성의 몸과 성애(性愛), 그리고 남성과 남성 중심의 사회에 맞서는 자세에 대해 말하는 데로 모아진다.

2. 그리움과 기다림

먼저 볼 작품은 《유향기》에 실린 〈서정(敍情)〉(Tự Tình)(1)이다.

닭 우는 소리 울려 퍼지니,
보이는 것마다 한스럽구나.
애처로운 목어(木魚)는 울리지 않아도 울고,
서글픈 종은 어이하여 치지 않아도 시끄러운가?
그런 소리 듣노라니 수심 더욱 커 가고,
좋은 시절 다 지나가니 노여움 더해만 가네.
재자문인(才子文人) 그 누구란 말인가?
이 몸은 아직 늙지 않았건만.

Tiếng gà văng vẳng gáy trên bom,
Oán hận trông ra khắp mọi chòm.
Mõ thảm không thua mà cũng cốc,
Chuông sầu chẳng đánh cớ sao om?
Trước nghe những tiếng thêm rầu rĩ,
Sau giận vì duyên để mõm mòm.
Tài tử văn nhân ai đó tá?
Thân này đâu đã chịu già tom.[254]

---

253 Hoàng Bích Ngọc, 같은 책에서 그렇게 보았다.
254 Lê Trí Viễn ch.b, 같은 책, 43면. 앞으로 원문을 이 책에서 인용할 경우에는 해당 면수만 밝히기로 한다.

경물(景物)에 자기 심정을 투사하는 흔한 기법을 사용했다. "좋은 시절 다 지나가니 노여움 더해만 가"고, "이 몸은 아직 늙지 않았건만"이라고 한 것으로 보건대 아마도 결혼하기 전에 지은 작품일 것이다. 이미 나이는 꽉 찼는데 사랑을 나누고 짝을 이룰 "재자문인(才子文人)"은 나타날 줄 모른다. 애처롭고 서글픈 자기 신세를 생각할수록 초조해지고 울화가 치밀기까지 한다고 했다.

깊은 밤 야경(夜警) 북소리 이어지건만,
홍안(紅顔)은 세상사에 무감하네.
술잔을 들어 향(香)에 취했다 다시 깨노라니,
지는 달은 아직 이지러져 있구나!
한 떼의 이끼는 지면을 뚫고 피어났고,
몇몇 돌산은 지평선을 찢고 서 있네.
원망스럽게도 봄[春]은 오고 또 가지만,
조그만 사랑을 나눌 수 있었으면.

Đêm khuya văng vẳng trống canh dồn,
Trơ cái hồng nhan với nước non.
Chén rượu hương đưa say lại tỉnh,
Vầng trăng bóng xế khuyết chưa tròn!
Xiên ngang mặt đất rêu từng đám,
Đâm toạc chân mây đá mấy hòn.
Ngán nỗi xuân đi xuân lại lại,
Mảnh tình san sẻ tí con con.[255]

작품 제목은 〈서정〉(2)이다. "향(香)에 취했다.", "봄[春]은 오고 또 가지만"이라고 하면서 자신의 이름자를 시에 삽입했는데, 이런 기법은 다른 작품(〈구장을 권함〉)에서도 보인다. 시적 화자와 작자 사이의 거

255 46면.

리를 최대한 근접시키려는 시도로 보인다. 〈서정〉(1)에서는 불만에 차 있는 화자의 목소리를 직접 들을 수 있었지만 이곳에 이르러서는 그러한 슬픔, 울분이 좀 더 내면화되어 있음을 느끼게 된다. "홍안(紅顔)"이라고 했으니 아직은 젊은 시절에 지은 작품으로 보아야 하겠다.

작품 전반부에서는 무엇인가 결핍되어 있음을 느끼게 암시했는데, 후반부에서는 그것이 사랑이라는 것이 분명해진다. 후반부에서, 이끼가 땅을 뚫고 피어나고 돌산이 지평선을 뚫고 솟아올라 있다고 한 것은 생명력을 표현하고자 한 것일 것이다.[256] 자연이 보여 주는 생명력은, 사랑하는 사람이 다시 와서 못다 한 사랑을 나눌 수 있었으면 하는 희망을 불러일으켰지만, 희망은 어디까지나 희망에 지나지 않았다.

백주(柏舟) 떠도는 신세 슬프고,
물 위에서 떠도는 신세 한스럽구나.
차지 않은 선창(船艙)에는 정의(情義)가 넘치는 듯하고,
배의 옆으로는 풍파(風波)가 끝없이 밀려오네.
제멋대로 떠다니다 나루터에 닿을지,
돛 줄 내버려 두었으니 급류로 내려갈지.
새것 얻고 헌것 싫어하니 어찌 참을 수 있으리오,
다른 남자와 맺어지는 것 싫지만 그럴 밖에.

Chiếc bách buồn về phận nổi nênh,
Giữa dòng ngao ngán nỗi lênh đênh.
Lưng khoang tình nghĩa dường lai láng,
Nửa mạn phong ba luống bập bềnh.
Cầm lái mặc ai lăm đỗ bến,
Dong lèo thây kẻ rắp xuôi ghềnh.
Ấy ai thăm ván cam lòng vậy,
Ngán nỗi ôm đàn những tấp tênh.[257]

---

256 47면.
257 49면.

앞서 〈서정〉(2)에서 자신을 "홍안"이라고 했었는데 이곳 〈서정〉(3)에서는 "백주(柏舟)"에 비유하고 있다. "백주(柏舟)"는 《시경(詩經)》의 〈백주(柏舟)〉를 떠올리게 한다. 주희(朱熹)는 〈백주〉가 "부인이 그 남편에게 사랑을 받지 못했다. 그래서 잣나무 배로써 자신을 비유해서"[258] 말한 것이라고 풀이했다. 전체적인 어조로 보아 위의 작품을 주희가 〈백주〉를 이해한 방식으로 이해하는 것이 적절하다고 생각한다.

자신에게 닥쳐오는 풍파 가운데 남편의 사랑이 다른 여자에게로 옮겨 간 것이 가장 고통스럽다.("새것 얻고 헌것 싫어하니 어찌 참을 수 있으리오.") 이처럼 젊음이 다 가는데도 다른 여자를 찾아 떠나 버린 남편을 하염없이 기다려야 하는 것은 무엇보다도 작중 화자 자신이 첩의 신세이기 때문이다. 작중 화자만이 아니라 호춘향 자신도 첩의 처지였다.

세 편의 〈서정〉을 비롯해서 《유향기》에 실린 작품은, 여성 화자에 의한 사랑과 그리움의 노래라는 점이 주목된다. 견우와 직녀의 사랑에 가탁한다든가 하는 간접적인 방식을 택하지 않고 여성 화자 자신의 내면을 진솔하게 토로하고 있다. 당률 쯔놈 시에서 사랑과 이성에 대한 그리움이라는 제재는 남성 작가든 여성 작가든 관심을 기울이지 않았던 영역이다. 어조가 격렬하지도 표현이 파격적이지도 않지만 호춘향의 작품은 당률 쯔놈 시의 새 영역을 개척하고 있다.

3. 성애(性愛)

호춘향에게는 관심의 방향을 외면으로 돌려, 여성의 외면, 곧 여성의 몸을 과감하게 시적 형상화의 대상으로 끌어들인 일군의 작품이 있다. 먼저 〈낮잠 자는 소녀(Thiếu Nữ Ngủ Ngày)〉를 보기로 한다.

동남풍 산들산들 불어오는 여름날에,

258 "婦人不得於其夫 故以柏舟自比".

누워 쉬던 소녀는 깊은 잠에 빠졌네.
대나무 빗은 머리카락에 힘없이 걸려 있고,
분홍빛 말기는[259] 가슴 아래로 처져 있네.
봉래산(蓬萊山) 두 언덕은 이슬을 머금었고,
도원(桃源)의 물길은 아직 열리지 않았다네.
군자(君子)는 머뭇거리며 떠나지 못하네,
갈 수도, 머물러 있을 수도 없다네.

Mùa hè hây hẩy gió nồm đông,
Thiếu nữ nằm chơi quá giấc nồng.
Lược trúc biếng cài trên mái tóc,
Yếm đào trễ xuống dưới nương long.
Đôi gò Bồng Đảo sương còn ngậm,
Một lạch Đào Nguyên suối chửa thông.
Quân tử dùng dằng đi chẳng dứt,
Đi thì cũng dở ở không xong.[260]

낮잠 자는 소녀를 육감적으로 묘사하고 있다. 여체의 아름다움을 이처럼 직설적으로 묘사한 것은 베트남문학사에서 달리 유례를 찾기 어렵다. 당률 쯔놈 시는 본래 상층 사대부가 애용한, 진중한 내용에 어울리는 형식이었기 때문에 작품은 으레 전아(典雅)한 풍격(風格)을 가진다고 기대되고 있었다. 호춘향의 작품은 그러한 기대를 배반하고 있다. 호춘향은 여체의 아름다움을 '발견'했다고 말해도 지나치지 않을 것이다.

천지(天地)는 큰 돌 하나를 만들어 내었네,
두 갈래로 찢어져서 깊이깊이 패었네.
그 틈에는 이끼가 부끄러움도 없이 피어 있고,

259 '말기'는 원문의 'yếm'을 번역한 말인데, 베트남의 전통적인 브래지어에 해당한다.
260 67면.

부는 바람에 소나무는 탁탁 소리 내네.
유정(有情)한 물방울은 한 방울씩 똑똑 떨어지고,
무정(無限)한 굴속은 어둑어둑하구나.
누군지 돌을 잘라서 기묘하게도 만들었네,
교묘하게 드러내어 여러 사람 보게 하다니!

Trời đất sinh ra đá một chòm,
Nứt làm đôi mảnh hõm hòm hom.
Kẽ hầm rêu mốc trơ toen hoẻn,
Luồng gió thông reo vỗ phập phòm.
Giọt nước hữu tình rơi lõm bõm,
Con đường vô ngạn tối om om.
Khen ai đẽo đá tài xuyên tạc,
Khéo hớ hênh ra lắm kẻ dòm![261]

〈깍 꺼 동굴(Hang Cắc Cớ)〉이라는 작품이다. 깍 꺼 동굴은 베트남 선떠이(Sơn Tây)에 실재한다고 한다. 작품은 동굴의 형상을 그려낸 듯하면서도 여성 성기의 외양을 암시하고 있다. 아마도 실제로 동굴의 형상을 보면 누구나 여성의 성기를 떠올릴 수 있을 것이다. 하지만 동굴이 그런 형상이라는 것을 시에 올린 데에 호춘향 쯔놈 시의 파격성이 있다. 그런 암시와 파격성이 '시중유화(詩中有畵)'가 아니라 '시중유귀(詩中有鬼)'라고 평가하게 되는 이유일 것이다.

여성의 몸을 형상화한 호춘향이 남녀 간의 성애에도 관심을 보이는 것은 자연스러운 일이었다. 칠언절구 형식의 작품 〈밋(Quả Mít)〉을 보기로 한다. '밋'은 영어로는 잭 프루트(Jack fruit)라고 하는 열대 과일이다.

제 몸은 나무에 달린 밋과 같아서,
거친 피부에, 넉넉한 몸집이랍니다.

261 92면.

군자(君子)께서 마음에 드신다면 말뚝을 박으세요,[262]
더듬지는 마세요, 손에 진액(津液)이 묻어나거든요.

Thân em như quả mít trên cây,
Vỏ nó xù xì múi nó dầy.
Quân tử có thương thì đóng cọc,
Xin đừng mân mó nhựa ra tay.

상대를 '군자'라고 한 것으로 보아 이 작품의 화자는 여성이다. 여성의 몸은 군자에 의해 '말뚝이 박히고', '손으로 더듬어지는' 대상이 되고 있다. 여체는 남성의 욕망과 손길에 온전히 내맡겨진 것으로 그려져 있다.

여성의 몸에 관심을 보이고, 남녀 간의 성애를 말하는 것은 잘못된 일인가? 인심을 타락시키고 사회 풍속을 어지럽히는 일인가? 호춘향은 그렇지 않다고 단호하게 말하고 있다.

교묘하게도 만들어 놓았구나, 조화옹(造化翁)은!
남편(바위) 만들고, 다시 아내(바위)도 만들었네.
위로는 군데군데 눈송이가 흰머리를 덮고,
아래로는 송골송골 이슬이 붉은 볼을 적시네.
씩씩함을 일월(日月)과 함께 과시하고,
변함없는 사랑을 산하(山河)와 함께 이어가네.
저렇듯 돌마저도 사랑을 나눌 줄 아는데,
하물며 사람을 책망할 수는 없지, 젊은이들을!

Khéo khéo bày trò tạo hóa công,
Ông Chồng đã vậy lại Bà Chồng.
Tầng trên tuyết điểm phơ đầu bạc,
Thớt dưới sương pha đượm má hồng.

262 열매가 빨리 익도록 하기 위해서 쐐기를 박아서 속을 노출시킨다.

Gan nghĩa giãi ra cùng nhật nguyệt,
Khối tình cọ mãi với non sông.
Đá kia còn biết xuân già dặn,
Chả trách người ta lúc trẻ trung![263]

〈늙은 부부 바위(Đá Ông Chồng Bà Chồng)〉라는 작품이다. 이 바위의 형상은 부부가 성애를 나누고 있는 모습이라고 한다. 마지막 두 줄에서 "저렇듯 돌마저도 사랑을 나눌 줄 아는데, 하물며 사람을 책망할 수는 없지, 젊은이들을!"이라고 하면서 남녀 간의 성애를 직설적으로 긍정하고 있다. 돌덩이도 사랑을 나누고 있는데 사람의, 젊은이의 성애를 어찌 책망할 수 있단 말인가 하고 반문하고 있다.

호춘향은 유교적인 규범에 전혀 구애됨 없이 본능의 자연스러움만 말하고 있다. 몸의 욕망은 우선 그 자체로 자연스러운 것이라는 점을 말하고 있는 것이다. 한국의 허균(許筠, 1569~1618)이 "남녀의 정욕(情慾)은 하늘이 준 것"이라고 하고, 중국의 원매(袁枚, 1716~1798)가 "정(情) 가운데 가장 먼저인 것으로 남녀 간의 정만 한 게 없다."[264]고 한 데 베트남 여성 시인 호춘향이 동성상응(同聲相應)하고 있다. 호춘향이 허균이나 원매보다 실제 작품 창작을 통해서 한 걸음 더 나아간 것은 놀라운 일이다.

하지만 성애는 경우에 따라서 억압과 고통의 장으로 변할 수 있다. 다음의 〈찢긴 북(Trống thủng)〉은 그 점을 우려하고 있다.

제 것은 깊이 감추었지만 여전히 울적해요.
그게 찢긴 건 그이가 무거운 북채로 (친 때문이지요).
조용한 대낮에 예닐곱 차례 마구 두드리고,
고요한 밤중에 한두 번 함부로 두드렸지요.

---

263 77면.
264 "情所最先 莫如男女"(〈答蕺園論詩書〉, 《小倉山房文集》 卷30).

때로는 팔을 쭉 뻗고, 때로는 머리를 푹 숙이고,
일어서서 치다 말고서 다시 앉아서 쳤지요.
누가 가서 타일러주세요, 제발 가엾게 여기라고요.
살가죽은 누구나 다 같은 것이 아니냐고요.

Của em bưng bít vẫn bùi ngùi,
Nó thủng vì chưng kẻ nặng dùi.
Ngày vắng đập tung dăm bảy chiếc,
Đêm thanh đánh lộn một đôi hồi.
Khi giang thẳng cánh bù khi cúi,
Chiến đứng không thôi lại chiến ngồi.
Nhắn nhủ ai về thương lấy với,
Thịt da ai cũng thế mà thôi.[265]

이 작품은 찢어진 북을 제재로 하고 있다. 하지만 찢어진 북은 우의(寓意)를 위한 수단에 지나지 않는다. 찢어진 북을 빌려 다른 말을 하고 싶은 것이다. 그런 관점에서 읽어보면, 찢어진 북은 남성의 성적 욕망에 의해 깊은 상처를 입은 여성임을 어렵지 않게 알아차릴 수 있다.

우의라고 보고 작품을 다시 살펴보자. 3~6행은 남성이 여성의 몸을 거칠게 다루는 장면, 곧 성행위를 묘사하고 있다. 이어지는 7~8행을 보면 3~6행에서 묘사된 것은 남성이 강제하는 성행위이며, 그 가학적인 측면이 부각되고 있다. 작품은 밤이고 낮이고 오로지 성애에만 집착하는 남성의 행태를 적나라하게 표현하고 있다. 남성은 사디스트(sadist)로 그려지고 있다. 남성의 행위가 가학적이라는 점을 부각시키기 위해서 "마구", "함부로"와 같은 시어를 썼다. 그렇게 "마구", "함부로" "대낮"이건 "밤중"이건 "두드린" 나머지 여성의 몸이 찢기고 마음이 상했다. 누군가 말려 주기를 바랄 정도로 남성이 두렵게 느껴

265 Lữ Huy Nguyên tuyển chọn và giới thiệu, 《Hồ Xuân Hương, Thơ và Đời(호춘향, 시와 삶)》, nxb Văn Học 2006, 19면.

지기까지 한다. 이처럼 이 작품은 우의를 통해 남성의 성적 학대라는 부당한 사태를 폭로하고 있다.

4. 붉은 속마음

남성의 폭력 앞에서 여성은 어떻게 해야 하는가? 〈떡(Bánh trôi)〉이라는 작품에서 그 의문을 풀 실마리를 찾을 수 있다. 결론을 미리 말한다면, 남성의 횡포에 맞서기 위해서는 여성 자신이 내면의 진실성을 잃지 말아야 하고, 또 어디까지나 당당해야 한다고 한다.

> 제 몸은 희고도 동그랗지요,
> 산하와 더불어 몇 번이나 부침(浮沈)한답니다.
> 주무르는 손길이 거칠든 부드럽든,
> 저는 언제나 붉은 속마음을 지킬 겁니다.
>
> Thân em vừa trắng lại vừa tròn,
> Bảy nổi ba chìm với nước non.
> Rắn nát mặc dầu tay kẻ nặn,
> Mà em vẫn giữ tấm lòng son.[266]

'희고 동그란' 떡은 여성의 몸을 은유한다고 볼 수 있다. "제 몸"이라고 하고 "주무르는 손길"이라고 한 것을 보면 남성이 여성의 몸을 점유하고 있는 상황을 말하고 있다. 〈찢긴 북〉과 같은 처지로 전락할 수 있다. 그런데 마지막 행에서는 일종의 비약이 일어나고 있다.

"붉은 속마음"은 떡 안에 들어 있는 붉은색의 소를 가리키지만 여성의 내면, 곧 고귀한 여성성을 은유한다고 볼 수 있다. 남성의 폭력 앞에서 여성은 피동적인 존재일 수밖에 없지만, 남성이 어찌할 수 없는

---

266 99면.

고귀한 '여성성'을 보존하고 있겠다는 말을 하고 있다. 어떻게든 남성을 바꿔 놓고야 말겠다는 생각은 하고 있지 않지만, 여성으로서의 고결함은 지키겠다는 자기 긍정은 분명하다.

"주무르는 손길"이 남성의 힘 일반을 은유한다고 생각되기에, 이 작품은 모질고 존중할 가치 없는 남성에 의해 지배되는 세상에 대한 여성의 자부심 넘치는 고결함의 주장이라고 확대해서 읽을 수 있다.[267] 남성의 성적 지배, 남성의 지배 일반에 맞서서 똑같이 폭력을 행사하는 것이 아니라, 여성성을 지키고 인내하며 기다리는 것, 그것이 남녀 관계를 자연스럽게 만들기 위해서 여성이 할 수 있는 실천이라고 호춘향은 생각한 듯하다. "붉은 속마음", 고결한 '여성성'을 남성이 존중하면 모든 관계가 자연스러워진다고, 조물주가 창조한 자연스러움을 회복한다고 말하고 싶었을 듯하다. 다음의 〈구장을 권함(Mời trầu)〉을 보면 그 점이 분명하다.

작은 빈랑(檳榔), 냄새나는 구장(蒟醬) 한 입,
자, 춘향(春香)이가 바른 것이랍니다.
서로 연분(緣分)이라면 진홍색이 되어야지,
푸른 잎, 흰 석회 그대로여서는 안 되지요.

Quả cau nho nhỏ miếng trầu hôi,
Này của Xuân Hương mới quệt rồi.
Có phải duyên nhau thì thắm lại,
Đừng xanh như lá bạc như vôi.[268]

"춘향"이가 발라서 권하는 "구장 한 입"은 "춘향" 자신을 은유한다. "연분"이라는 말로 보건대 상대방은 남성이라고 보는 것이 자연

267 Huỳnh Sanh Thông, An Anthology of Vietnamese Poems, New Haven and London: Yale University Press, 1996, 212면.
268 41면.

스럽다. 그렇다면 구장을 씹는 행위는 남녀의 결합을 은유한다고 볼 수 있다. "춘향"은 자기 전부를 상대 남성에게 맡기고 있다. 구장을 받아들이고 받아들이지 않고, 구장을 씹고 씹지 않고는 남성의 선택에 달려 있다.

구장을 씹는 행위는 육체적 결합이기도 하고 정신적 결합이기도 할 것이다. 두 사람의 육체와 정신이 융합되면 애초에는 없던 새로운 색인 "진홍색" 상태가 된다. 전혀 새로운 인간 존재("진홍색")로 탈바꿈하는 것이다. 서로 융합되지 못한다면 고독하고 쓸쓸하거나('잎처럼 푸르다') 서로 냉담하고 무정(無情)하게 된다('석회처럼 희다'). 작품의 화자 "춘향"은 남녀의 진지하면서도 뜨거운 사랑을 통한 새로운 관계로의 비약을 말하고 있다. 호춘향이 꿈꾸는 남녀 관계의 이상적인 면모가 이러한 방식으로 그려졌다고 할 수 있다.

5. 작품의 기법상 특징

호춘향은 암시적인 표현을 즐겨 쓰며, 풍자의 수법을 즐겨 썼다. 성적인 은유를 활용하거나, 지배층이나 사회제도에 대해 비판하는 데도 과감했다.

> 누구는 누비이불 덮고 자고 누구는 추위에 떨고,
> 빌어먹을, 첩의 숙명이지.
> 드물게, 그것도 마지못해서,
> 한 달에 두 번 와도 그뿐.
> 먹고살기 위해 참지만, 쉰밥이 돌아올 뿐,
> 하녀처럼 일하지만 품삯은 없다.
> 이 몸이 이렇게 될 줄 알았더라면,
> 차라리 그만두고 홀로 살았을 것을.

Kẻ đắp chăn bông kẻ lạnh lùng,
Chém cha cái kiếp lấy chồng chung!
Năm thì mười họa, nên chăng chớ,
Một tháng đôi lần có cũng không.
Cố đấm ăn xôi xôi lại hẩm,
Cầm bằng làm mướn mướn không công.
Thân này ví biết dường này nhỉ,
Thà trước thôi đành ở vậy xong![269]

〈첩이 되다(Lấy chồng chung)〉라는 작품이다. 남편과 잠자리를 같이하지 못하며 추위에 떨고 있고, 남편이라고는 하지만 한 달에 몇 번 보기 어렵고, 일은 고되지만 일한 보람은 아무것도 없는 것이 첩의 신세라고 말하고 있다. 노동력 착취와 성의 착취라는 두 목적을 동시에 이루고자 남성들이 고안해 낸 것이 축첩제도라고 암시했다.[270]

중국 사람도 아니고, 우리나라 사람도 아니구나,
머리는 삭발하였으되 옷은 가를 두르지 않았구나.
앞에는 올려놓은 공양물, 서넛,
등 뒤에는 숨겨 놓은 비구니, 예닐곱.
징 소리, 바라 소리, 방울 소리,
경전 읽는 소리 히, 히, 히하,
오래 수행하면 아마도 큰스님이 되어,
저 높은 연화좌(蓮華坐)에 오르시겠지.

269 102면.

270 황귀연 · 안희완 · 하순 · 배양수, 《베트남의 이해》, 부산외국어대학교출판부, 1999, 149면에 따르면, 19세기에 들어서 유교의 영향으로 가부장권이 강해진 결과, "여자들은 삼종지도의 법을 철저하게 따라야만 했고 개별적인 인격을 소유할 수 없었으며 자식 놓는 기계 구실만을 주로 했다고 볼 수 있다. 결혼은 여성 착취를 위한 하나의 제도처럼 되었으며 부인들과 첩들은 노동력으로 이용되면서 남자의 자산으로 기능했다. 더욱이 부인은 남편의 재산에 대하여 어떠한 권리도 행사할 수 없었으며, 심지어 자기가 낳은 자식에게도 자기 자식이라는 주장을 펼 권리가 없었다."고 한다.

Chẳng phải là Ngô chẳng phải ta,
Đầu thì trọc lốc áo không tà.
Oản dâng trước mặt năm ba phẩm,
Vãi nấp sau lưng sáu bảy bà.
Khi cảnh khi tiu khi chũm chọe,
Giọng hì giọng hỉ giọng hi ha.
Tu lâu có lẽ lên sư cụ,
Ngất nghểu tòa sen nọ đó mà.[271]

〈음탕한 중(Sư Hổ Mang)〉이라는 작품이다. 승려들이 물질("공양물")에 대해 탐욕을 부리고 여색("숨겨 놓은 비구니")을 탐하는 것을 풍자하고 있다.

호춘향은 민요나 속담, 그리고 속어를 빈번히 활용했다. 일일이 열거할 수는 없는 노릇이지만 그 가운데 몇 가지 예만 들어보기로 한다. 〈구장을 권함〉에서 "작은 빈랑, 냄새나는 구장 한 입 / 자, 춘향이가 바른 것이랍니다."(quả cao nho nhỏ)라고 했는데 그것은 "작은 빈랑 열매, 껍질에는 작은 줄무늬"(quả cao nho nhỏ, cái vỏ vân vân)라는 민요 구절에서 따온 것이다.[272] 〈미혼모(未婚母)(Dở Dang)〉에서 "남편 없지만 임신했으니, 재주도 좋은 거죠."(Không có nhưng mà có mới ngoan)[273]라고 했는데 그것은 "남편 없이 임신하는 것은 재주 좋은 것이고, 남편 있이 임신하는 것은 세상에 흔한 일이지."(Không chồng mà chửa mới ngoan, Có chồng mà chửa thế gian thường)라는 민요 구절을 이용한 것이다.[274] 〈첩이 되다〉에서 "누구는 누비이불 덮고 자고 누구는 추위에 떨고, / 빌어먹을, 첩의 숙명이지."라고 했는데 "빌어먹을"(Chém cha)은 시에 쓰이지 않는 속어이

---

271 81면.

272 Hà Xuân Liêm, 《Thơ Việt Nam, Thơ Nôm Đường Luật (Từ Thế Kỷ XV Đến Thế Kỷ XIX)(베트남 시, 당률놈쯔시, 15세기에서 19세기까지)》, Huế: Nxb Thuận Hóa 1996, 123면.

273 59면.

274 60면.

다.[275] 또 "먹고살기 위해 참"고(cố đấm ăn xôi), "하녀처럼 일하지만 품삯은 없다."(làm mướn không công)라고 한 것은 일상적으로 쓰이는 성어를 활용한 것이다.

이 밖에도 글자 운(-韻, tử vận)의 사용, 중복 운율 사용(hình thức lấp láy), 음성 상징어의 빈번한 구사, 질박한 시어의 구사와 같은 특징이 있다.[276] 이런 면모를 종합해서, 호춘향은 민중들의 구비문학의 자산을 잘 활용해서 독창적인 시세계를 창출해 내었다고 평가할 수 있겠다.

6. 호춘향 쯔놈 시의 위상

호춘향 당률 쯔놈 시의 주제는 중세에 대한 비판과 새로운 시대에 대한 갈망이라고 요약할 수 있을 것이다. 호춘향은 여성의 관점, 여성의 목소리로 일관된 쯔놈 시를 통해 때로는 격렬한 어조로, 때로는 에로틱한 묘사로 신랄한 비판과 조소 속에 낡은 것들에 대한 울분과 반발을 표현했다. 이처럼 한문이 아닌 민족어로, 남성이 아닌 여성이, 중세에 대한 긍정이 아닌 비판과 부정을 담고 있는 호춘향의 작품은 쯔놈 시의 한 정점을 보여 준다.[277]

호춘향은 유교 윤리의 억압 속에서도, 개인의 욕망은 본성 그대로의 자연스러움이라고 소리 높여 주장했다. 이처럼 '본능적 개인'을 긍정한 것이 큰 성취라고 평가하는 것이 타당하다고 본다. 여체에 대한 노골적이고 대담한 묘사나 부부의 침실을 엿보는 듯한 묘사는 '본능적 개인'을 억압하는 중세 윤리에 대한 반작용이라고 이해해야 옳다

275 황귀연 · 안희완 · 하순 · 배양수 지음, 같은 책, 212면에서는 "금침을 덮는 년과 추위에 떠는 년이 있으니, / 씨팔, 첩의 운명이다."라고 번역했다.

276 Nguyễn Lộc, 같은 책, 289~294면에서 집중적으로 검토했다.

277 "She is known for her erotic style and biting sense of satire."(Hữu Ngọc, Sketches For a Portrait of Vietnamese Culture, THE GIOI PUBLISHERS, 1984, 393면).

고 본다.[278]

호춘향은 민요에 뿌리를 둔 일상어를 시에 적극 활용하고 있으며, 여성의 운명을 다루고, 내면의 진실성을 지켜 나가려는 여성의 꿋꿋함을 그려내고 있다. 훗날 완유가 소설 〈취교전〉을 통해서 말하고자 했던 바를 호춘향은 짧은 시로 표현했다고 할 수 있다. '남성의 거친 손길'에도 불구하고 '붉은 속마음'을 지켜나가는 여성을 완유는 〈취교전〉에 등장시켰다. 완유는 재(才), 곧 탁월한 능력을 지닌 자아와 명(命), 곧 세계는 충돌하게 마련이어서 자아가 고난에 처하고 이겨내기 힘든 수난을 당한다고 했다. 그래서 때로는 좌절하기도 하고 절망하기도 하지만 마음을 가다듬어 고난에 슬기롭게 대처하면서 마음의 진실을 잃지 않는 것이 현명한 처사라고 했다. 완유와 호춘향은 세계의 횡포에도 굴하지 않고 고결한 여성성을 지켜야 한다고 말했다. 이것은 19세기 베트남문학의 뚜렷한 결론의 하나이다.

278 Trần Đình Sử, Huyền Giang, Trần Ngọc Vượng, Nguyễn Hữu Sơn, Trần Nho Thìn, Đoàn Thị Thu Vân, 《Về con người cá nhân trong văn học cổ Việt Nam(베트남 고전문학에 있어서의 개인)》, nxb Giáo Dục, 1998, 171~174면.

9장 〈취교전(翠翹傳)〉

1. 작가

19세기 초반에 베트남의 문인 완유(阮攸, 1766~1820)가 중국 사행(使行) 길에 청심재인(青心才人)이 지은 소설 〈김운교전(金雲翹傳)〉을 가져와서 베트남어(쯔놈)로 번역한 것이 〈취교전〉이다. 〈김운교전〉은 명말청초(明末清初)에 성립되었을 것으로 추정된다. 처음에는 번역본을 〈단장신성(斷腸新聲)〉이라고 이름 했는데 뒤에 범귀적(范貴適, 1760~1825)이 〈김운교신전(金雲翹新傳)〉이라고 고쳤다. 필자는 주인공 이름을 따서 소설의 제목으로 삼는 관례를 따라서 〈취교전〉이라고 부르기로 한다.[279]

〈취교전〉은 번역이되 산문 · 직역 번역이 아니라 6 · 8체 운문 형식으로 축약한 번역이다. 완유는 원작의 시대 배경이나 등장인물, 스토리 등은 유지하면서 각운과 요운을 맞춘 3,250여 행의 운문소설로 재창조했다. 완유 당대는 베트남어 산문 형식이 아직 발달하지 않았던 시기였기 때문에 중국 소설을 번역하려면 불가불 운문을 택해야만 했다.[280]

완유는 지금의 하노이 땅에서 태어났다. 젊은 나이에 과거에 급제하여 여조(黎朝)에 출사(出仕)한다. 하지만 1788년에 여조(黎朝)는 농민

279 베트남에서는 '翹傳' 또는 '翹'를 베트남어로 읽어서 '쭈엔 끼에우(Truyện Kiều)' 또는 '끼에우(Kiều)'라고 한다.

280 6 · 8체 형식의 운율, 중세 시기 베트남어 산문의 발달이 늦었다는 점은 앞서 1장과 2장에서 논의했다.

반란군인 서산군(西山軍)에 의해서 멸망하고, 유신(遺臣)의 처지가 된 완유는 한때 여조 부흥 운동에 가담했으나 실패하고 만다. 이후 오랫동안 은거하여 낚시, 시 창작 따위로 소일하며 지낸다. 서산운동(西山運動)이 실패로 돌아가고 완조(阮朝)가 성립하자 누차에 걸친 가륭(嘉隆)황제의 권유를 받아들여 1802년에 출사한다. 여러 벼슬을 역임하다가 1813~1814년에는 정사(正使) 자격으로 청(淸)나라에 다녀온다.[281] 1820년에 재차 중국 사행 길에 오르려 했으나 불행하게도 전염병에 걸려 세상을 떠나고 말았다.

완유는 무척이나 섬세한 사람이었다. 성격이 차분하고 과묵하며 소극적인 사람이었다. 가륭황제가 그의 소극적인 태도를 못마땅하게 여기고, 조정에 있으면서 어째서 자기 뜻을 말하지 못하고 위축되어서 "예, 예!"만 할 뿐이냐고 책망하기까지 했다고 한다. 소극적인 태도로 일관한 데는 물론 섬세한 기질적인 특성이 작용했겠지만, 비단 그 때문만은 아니었을 것이다. 멸망한 왕조의 재상가(宰相家)의 후손이면서 서산운동에 동조할 수도 없었던 처지였고, 새로 들어선 왕조에 의한 일종의 구세력 끌어안기의 차원에서 발탁되어 벼슬길에 오르기는 했지만 자기 뜻을 펼 수 없는 처지였다는 사정도 함께 작용했을 것이다. 그런 그가 심혈을 기울여 내놓은 〈취교전〉에는 자신의 섬세한 내면, 세상과의 대결에서 실패한 경험, 은거하고 출사하면서 발견한 세태에 대한 인식 등이 고스란히 녹아들어 있다.

2. 작품의 내용

작품의 전개를 따라가면서 몇몇 부분은 번역문을 제시하면서 작품의 대체적인 내용을 살펴보기로 한다. 〈취교전〉이야말로 베트남 사람 누

281 앞서 6장에서 완유의 사행(使行) 시문을 살핀 바 있다.

구나 인정하는 베트남문학의 정전(正典, canon)이니, 이 책의 체재와 균형을 고려하지 않고 번역문을 길게 인용하기로 한다. 번역문의 왼쪽에 나오는 숫자는 작품의 행수를 표시한다. 어려운 구절에는 간략한 주석을 붙여 두었다. 번역문이 길어 원문을 제시하지는 못한다.[282]

작품의 서두에서 주요 인물을 다음과 같이 소개하고 있다.

화설(話說)[283] 명조(明朝) 가정(嘉靖)[284] 연간에,
사방(四方)은 태평하고 양경(兩京)[285]은 안온(安穩)[286]하네.
[북경(北京)에] 왕원외(王員外)[287] 집안이 있는데,
가자(家資)[288]는 그럭저럭 중간 정도.
막내 사내아이는,
이름은 왕관(王觀, 브엉 꽌)이며 유학(儒學)하는 가문의 계승자라네.
위로는 소아(素娥)[289] 같은 두 누이가 있으니,
취교(翠翹, 투이 끼에우)가 언니, 취운(翠雲, 투이 번)이 동생.
매화 가지같이 우아한 자태, 눈같이 순결한 마음,
각자의 모습 그대로 더없이 매력적이네.
취운을 보면 장중(莊重)[290]함이 남다르고,
달같이 원만(圓滿)한 얼굴에 도톰한 와잠위(臥蠶位).[291]
꽃 같은 미소, 옥 같은 말소리, 단장(端莊)[292]한 기품,

282 작품의 번역이 최귀묵, 《취교전》, 소명출판, 2004로 나와 있다.

283 고전소설에서 이야기를 시작할 때 쓰는 말.

284 명(明)나라 제12대 황제인 세종(世宗)의 연호. 1522~1566년.

285 북경(北京) 순천부(順天府)와 남경(南京) 응천부(應天府).

286 조용하고 편안함.

287 원외(員外)는 정원 외의 관직. 돈을 주고 이 관직을 사기도 했기에 소설에서는 흔히 부유한 사람을 통칭하는 말로 쓰인다.

288 한 집안의 재산. 가산(家産).

289 월궁(月宮, 달 속에 있다는 궁전)의 선녀. 항아(姮娥).

290 위엄이 있고 중후함.

291 '와잠위'는 곧 '누당(淚當)'으로 관상(觀相)에서 눈 아래 오목하게 좀 들어간 곳을 이른다. 도톰하면서도 깊이 들어가지 않은 것이 좋은 상(相)이라고 한다. 이 행은 취운의 후복(厚福)한 용모를 표현하고 있다.

292 단정(端正)하고 장중(莊重)하다.

머릿결은 구름보다 윤기 있고 피부는 눈보다 희네.
취교는 더욱 총명하고 매력이 넘쳐,
재색(才色)을 견주어 본다면 [취운보다] 더욱 뛰어나네.
추수(秋水)같이 맑은 눈, 춘산(春山)같이 어여쁜 눈썹,[293]
꽃은 저보다 붉다고 시샘하고 버들은 저보다 푸르다고 토라지네.
일고경성(一顧傾城), 재고경국(再顧傾國)의 가인(佳人)이니,[294]
재주[才]는 혹 짝할 이 있을지 몰라도 미모[色]는 홀로 출중하네.
타고난 천자(天資)[295]가 총명(聰明)하여,
시화(詩畵)에 능해서 그림이며 가음(歌吟)[296]이며 두루 잘하네.
궁상(宮商)을 위시한 오음(五音)[297]에 정통하고,
호금(胡琴)[298] 연주에 특출한 재능이 있네.
손수 악곡과 가사를 지어 냈으니,
〈박명원(薄命怨)〉 한 편인데, 듣는 이의 마음을 한없이 아프게 한다네.
풍류(風流)[299]는 홍군(紅裙)[300] 가운데 으뜸이요,
계년(笄年)[301]이 거의 다된 청춘이네.
고요히 방장(房帳)[302]을 드리우고 지내면서,
동장(東墻)[303]으로 벌 나비 오가도 신경 쓰지 않네.

왕취교, 왕취운, 왕관 삼 남매를 소개하고 있다. 취교와 취운은 재색을 겸비한 자매인데, 바깥출입을 즐겨하지 않고 있으며, 그래서 두 사람의 재주와 미모가 밖으로 알려지지 않고 있다고 했다.

열다섯 살의 취교는 청명절 답청 길에 김중(金重)과 만난다. 김중은

293 '추수'는 맑고 명랑한 눈매를, '춘산'은 미인의 고운 눈썹을 비유적으로 이르는 말.
294 한 번 돌아보면 성을 기울이고, 두 번 돌아보면 나라를 기울일 정도의 미인이라는 뜻.
295 타고난 기품. 천품(天稟).
296 노래하고 시를 읊는 것.
297 궁(宮), 상(商), 각(角), 치(徵), 우(羽)의 다섯 음률.
298 비파(琵琶)의 다른 이름.
299 여기서는 청아(淸雅)한 품격을 뜻한다.
300 붉은 치마란 뜻으로, 여인을 이르는 말.
301 '계년'은 예전에 여자가 처음 비녀를 꽂던 나이로 보통 열다섯을 말한다.
302 방문이나 창문에 치거나 두르는 휘장.
303 동쪽 담.

여러 대에 걸쳐 벼슬을 하는 집안 출신으로 외모와 재능이 출중한 재자(才子)였다. 평소 취교를 사모하고 있던 차에 취교를 직접 만나 본 김중은 취교에게 더욱 매혹되었다.

김중은 공부할 장소를 마련한다는 구실을 대고 취교의 뒷집으로 이사를 왔다. 취교와 만나기를 간절히 바라고 있던 김중은 담장을 따라 걷다가 우연히 취교의 금비녀를 줍고, 그것을 기회로 삼아 취교를 만나게 된다. 금비녀를 돌려주면서 김중이 사랑을 고백하자 취교는 김중의 진정을 받아들인다. 날이 갈수록 두 사람의 사랑이 깊어 간다.

김생이 말하네, "서로 오가는 이웃이니,
가까운 사이이지 결코 낯선 사람이 아닙니다.
이제 만난 것은 떨어뜨린 잔향(殘香)[304] 덕이죠,
여태껏 오랫동안 일편고심(一片苦心)[305]을 품어 왔어요!
오래 기다린 끝에 하루를 얻었으니,
잠시 걸음을 멈춰 주시면 제 속마음을 다 털어놓으렵니다."
[이렇게 말하고는] 급히 집에 가서 물건을 가져오는데,
금팔찌 한 쌍, 명주 수건 한 장.
발끝으로 운제(雲梯)[306]를 딛고 담 머리를 넘어가니,
지난날 만났던 사람[307]이 틀림없지 않은가?
부끄러워하고 조심스러우며 움츠린 모습,[308]
그는 얼굴을 응시하지만 그녀는 수줍어 고개를 숙이네.
[김생이] 말하네, "우연히 만난 후로,
남몰래 사모한 것이 오래어 지쳐 버렸어요.
[몸은] 매화나무 가지처럼 여위고 쇠잔해지고,
기다림에 지쳐 버려 오늘껏 살아 있을 줄 누가 알았겠습니까!

---

304 남아 있는 향기. 취교의 비녀를 가리킨다.
305 몹시 애를 태우는 마음.
306 높은 사다리.
307 취교.
308 이 행은 취교의 모습을 묘사하고 있다.

몇 달 내내 마음을 월궁(月宮)[309]에 두고서,
끝끝내 다릿기둥을 끌어안고서[310] 죽을 운명이래도 그만이려니 했지요.
이 기회에 한두 말씀 드리나니,
장대(粧臺)[311]께서 평종(萍蹤)[312]을 비춰주지 않으시렵니까?"

(…)

감미로운 말을 잠자코 듣고 있자니,
춘정(春情)[313]이 동하여 추파(秋波)[314]에는 부끄러운 빛이 감도네.
[취교가] 말하네, "처음 만남이어서 낯설지만,
그대의 마음을 존중하려니 차마 거절하기 어렵군요.
군자(君子)께서 [저를] 사랑하신다니,
그 말씀 따르고 시종(始終)[315] 금석(金石)에 새기겠습니다.[316]"
그 말을 듣고는 기쁨으로 마음이 툭 트이고,
금비녀와 붉은 수건[317]을 꺼내어 건네주네.
[김생이] 말하네, "오늘부터 백 년의 인연을 맺나니,
작지만 이것을 신표(信標)[318]로 삼고자 합니다."
[취교는] 가지고 있던 비단 수건과 금부채를,
그 비녀와 즉시 바꾸네.
교칠(膠漆)[319]로 붙인 듯 굳은 맹세를 나누는데,
뒤에서 소란스러운 사람 소리 들리네.

---

309 달. 마음을 달에 두었다는 것은 월궁항아(月宮姮娥), 곧 취교를 그리워했다는 말이다.
310 미생(尾生)이라는 사람이 다리 밑에서 여인과 만나기로 약속했는데 그 여인이 오지 않자 물이 불어도 떠나지 않은 채 다리 기둥을 껴안고 죽었다고 한다.
311 장대(粧臺)는 여인에 대한 존칭으로 쓰이는데 여기서는 김중이 취교를 높여서 가리킨 말이다.
312 '부평초같이 여기저기 떠돌아다닌 자취'라는 뜻이다.
313 여기서는 끌리는 마음, 사랑하는 마음을 뜻한다.
314 맑고 아름다운 미인의 눈길.
315 처음부터 끝까지.
316 "금석에 새기겠습니다."는 쇠나 돌에 새긴 글이 변함없는 것과 마찬가지로 마음이 변함없을 것이라는 뜻이다.
317 금비녀는 주운 것을 돌려주는 것이고 수건은 선물로 주는 것이다.
318 뒷날에 보고 증거가 되게 하기 위하여 서로 주고받는 물건.
319 아교와 옻칠이라는 뜻으로, 사귀는 사이가 매우 친밀하여 서로 떨어질 수 없는 관계를 이르는 말.

잎이 떨어지고 꽃이 흩어지도록 서둘러서,[320]
그는 서재(書齋)로, 그녀는 장루(粧樓)[321]로 돌아가네.
이로부터 돌이 금의 순도를 알 듯,[322]
정은 갈수록 깊어 가고 마음은 갈수록 사로잡히네.

하지만 두 사람의 사랑은 이루어지지 못했다. 김중이 숙부의 상을 당해 멀리 떠난 얼마 후 취교의 아버지가 마적(馬賊)과 내통했다는 누명을 쓰고 감옥에 갇히게 된다. 취교는 아버지와 남동생을 구하기 위해 자기 몸을 팔아 마감생(馬監生)의 첩이 되고 동생 취운에게 김중과의 혼약을 대신하도록 부탁한다.

인근에 한 노파[323]가 있어,
원객(遠客)[324]을 데리고 찾아 와서 문명(問名)[325]을 하네.
이름을 물으니 마감생(馬監生, 마 잠 싱)[326]이라고 하고,
고향을 물으니 임청현(臨淸縣)[327]으로 예서 가깝다고 하네.
나이는 들어 대략 사순(四旬)[328]은 넘겼을 것이고,
눈썹과 수염 매끄럽고, 옷은 빼어나게 곱네.
주인은 앞서고 하인은 소란 떨며 뒤따르고,
매파[329]는 손님[330]을 인도하여 장루(粧樓)로 드네.

320 화원에 있다가 서둘러 안으로 뛰어 들어가면서 부딪힌 잎과 꽃이 떨어진다는 말이다.
321 여인의 거처.
322 시금석(試金石)으로 금(金)의 순도를 잘 알 수 있는 것과 같이 두 사람이 서로의 마음을 잘 알게 되었다는 뜻이다.
323 매파(媒婆)를 말한다.
324 먼 곳에서 온 손.
325 육례(六禮)의 하나. 신랑 집에서 사자(使者)를 보내어 신부 생모(生母)의 성씨(姓氏)를 묻는 예(禮). 여기서는 '청혼하다'의 뜻이다.
326 이름은 부진(不進)이다. 감생(監生)은 국자감(國子監)에 재학하는 사람을 통칭하는 말. 처음에는 시험을 쳐서 합격해야 했지만 후에는 금품을 바치고 그 이름을 살 수 있었다.
327 중국 산동성(山東省)에 있다. 실은 임치현(臨淄縣) 사람인데 거짓말을 하고 있다.
328 마흔 살. 또는 사십 대의 나이.
329 혼인을 중매하는 할멈.
330 마감생을 가리킨다.

[마감생은] 무례하게 상좌(上座)[331]에 냉큼 올라앉고,
매파는 방에 들어가 취교에게 어서 나오라고 재촉하네.
자기 신세에 집안 형편에 가슴이 메어져,
회랑(回廊) 한 걸음에 눈물 몇 줄기.
바람이 무섭고 서리가 두려운 신세,[332]
꽃을 보니 그림자 부끄럽고[333] 거울을 보니 뻔뻔스러운 얼굴이.[334]
매파가 머리를 걷어 올리고 [얼굴을 가린] 손을 내리니,
국화같이 슬픈 용모, 매화같이 여윈 몸.
재색(才色)을 신중히 살피기 위해서,
월금(月琴)을 타게 하고 부채에 시를 짓게 하네.
매력적인 자태 어딜 보나 사랑스러워,
흡족해진 객(客)은 기회를 보아 홍정을 걸어오네.
[객(客)이] 말하네, "옥(玉)을 사려고 남교(藍橋)[335]에 이르렀소,
결혼 예물은 어느 정도면 되는지 자세히 알려주겠소?"
매파가 답하네, "천금 값어치는 되지만,
집안이 불운하니, 가엽게 여겨 아량을 베풀길 바랄 뿐이지 [천금을] 고집할 수야 없죠."
깎자 더해라 홍정하기를,
오랜 끝에 사백 금 넘는 가격으로 정해지네.

취교는 인신매매범인 마감생에게 정조를 유린당하고 청루(青樓)에 팔리고 만다. 자살하려 하나 뜻을 이루지 못하고 수마(秀媽)와 초경(楚卿)의 함정에 빠져 결국 청루에서 몸을 팔게 된다.

오래 뒤에 취교는 속생(束生)을 만나 첩이 되어 청루에서 빠져나온다. 하지만 속생의 본처인 환저(宦姐)에게 납치되어 하녀로 전락하고

331 윗자리.

332 바람과 서리는 취교에게 닥친 고난과 불행을 비유하고 있다.

333 꽃을 … 부끄럽고: 취교 자신도 꽃다운 몸인데, 꽃답지 못한 처지가 되고 말아서 부끄러운 생각이 든 것이다.

334 이 행은 몸을 팔아야 하는 자신의 처지를 부끄럽게 생각하고 있다는 뜻을 표현하고 있다.

335 아마도 '남전(藍田)'의 잘못으로 보이는데, '남전'은 지금의 섬서성(陝西省) 남전현(藍田縣) 동남쪽에 있는 산으로 옥산(玉山)이라고도 하며 미옥(美玉)이 나는 곳이다.

만다. 속생은 취교가 집이 불탈 때 죽은 줄로만 알고 있었는데 고향집으로 돌아오니 뜻밖에도 취교가 그곳에 있었다.

연꽃은 시들고 국화가 다시 꽃을 피우고,
슬픔은 길고 날은 짧아서 겨울 가고 봄이 왔네.
고인(故人)을 어디에서 찾을 수 있단 말인가?
운명(運命)이려니 생각하고 그리움을 점차 달래네.
가향(家鄕)의 경치가 보고 싶은 마음이 일어,
고향 생각에 속생은 다시 고향 길을 찾아 나서네.
소저는 문에 나가 흔연히 맞이하고,
안부를 묻고 원근(遠近)의 일들을 다 말하네.
향규(香閨)에 나위(羅幃)[336]를 높이 걷어 올리게 하고,
규방(閨房)에[서 일하고] 있는 취교를 불러 머리 조아려 인사 올리라 하네.
한 걸음 옮기고는 한 번 멈춰 서네,
멀리서도 취교는 분명히 알아볼 수 있었네.
'햇빛에 눈이 부시거나 등불에 눈이 흐려진 게 분명하구나,
저기 앉아 있는 것은 속생이 분명하지 않은가?
이제야 사정을 분명히 알겠네,
아아! 덫에 걸려든 것이 틀림없구나!
무슨 이런 기묘한 계략이 다 있단 말인가?
무슨 사람이 이렇게도 교활(狡猾)할 수 있단 말인가?
참으로 분명하구나, 우리 부부가,
하녀와 주인이 되어 둘로 나뉜 것이!
겉으로는 가식적으로 웃으며 말하지만,
속으로는 음험(陰險)하게 칼 없이 사람을 죽이는구나.
이제 땅은 낮고 하늘은 높으니,[337]
이제 어떻게 말을 해야 좋단 말인가?'

336 얇은 비단으로 만든 장막.
337 취교와 속생이 하인과 주인 사이가 된 것을 말한다.

[속생의] 얼굴을 볼수록 아연(啞然)[338]해지고,
마음은 헝클어진 실같이 갈래갈래 엉키네.
[환저의] 위세가 두려워 감히 명을 거역하지 못하고,
머리를 조아리고 매정(梅庭)[339] 한쪽으로 내려가 몸을 움츠리네.
속생은 혼비백산(魂飛魄散)하고 마네,
'아니! 여기 있는 것은 취교가 아닌가?
어떤 연고로 이런 지경이 되었는가?
아아! 내가 누군가의 손에 걸려들었구나!'
처가 알까 두려워 입 밖으로 말을 내지는 못하지만,
구슬 같은 눈물 막을 길 없어 흐느끼며 눈물을 흘리네.
소저가 얼굴을 보고는 캐묻네,
"방금 돌아오셨는데 어인 일로 안색이 달라지시나요?"
속생이 말하네, "효복(孝服)[340]을 막 벗었잖소,
척기(陟屺) 생각에[341] 평생토록 마음이 아픈 것이라오."
칭찬해서 말하네, "효자(孝子)가 되셨군요.
술잔을 들어 세진(洗塵)[342]도 하고 가을밤의 수심도 달래도록
하세요."
부부는 술잔을 주고받으며,
취교로 하여금 지호(持壺)하고[343] 곁에서 기다리게 하네.

달아날 것을 결심한 취교는 불경을 베끼는 일을 맡아 끝내고는 밤에 도망쳐 비구니 각연(覺緣)에게 의탁한다. 그러나 박파(薄婆)와 박행(薄倖)의 계략에 걸려 또다시 청루에 팔리는 신세가 되고 만다. 얼마 후 청루에서 반란군의 우두머리인 서해(徐海)를 만나 부부가 되고 서해의 힘을 빌려 은혜와 원수를 갚는다.

---

338 너무 놀라거나 어이가 없어서 또는 기가 막혀서 입을 딱 벌리고 말을 못하는 모양.
339 매화를 심은 뜰.
340 상복(喪服).
341 척기 생각에: 돌아가신 어머니 생각에.
342 여행길에서 돌아온 사람을 위로하는 잔치.
343 술병을 들고. 봉호(捧壺)하고.

환저는 혼비백산(魂飛魄散)하여,
장하(帳下)[344]에서 고두(叩頭)하고 하소연하네.
말하네, "저는 보잘것없는 여자로서,
투기(妬忌)[345]야 또한 인지상정(人之常情)이지요.
각(閣)[346]에서 사경(寫經)할 때를 생각하고,
또 문을 넘어 달아났을 때 눈감아 주고 쫓지 않을 것을 생각해 보세요.
마음속으로는 언제나 존중하고 아꼈지만,
같은 남편을 둔 처지에 상대에게 양보하기는 어려운 법이지요.
마음 한 번 잘못 먹어 온갖 시련을 겪게 했지만,
원컨대 해량(海量)[347]으로 동정을 베풀어 주지 않으시겠어요?"
칭찬하네, "실로 마땅히 말해야 하리라,
극히 지혜롭게도 지당한 말만 한다고.
용서해 주면 운 좋게 살아나게 될 것이요,
벌을 주면 [나는] 속 좁은 인간이라는 비난을 받을 테지.
마음으로 지과(知過)[348]했으니 되었소."
군령(軍令)을 전하여 장전(帳前)[349]에서 즉시 석방하게 하네.[350]
사의(謝意)를 표하며 운정(雲庭)[351] 앞에 머리를 조아리는데,
원문(轅門)으로 다시 [한 무리가] 줄줄이 끌려 들어오네.
취고가 말하네, "천망(天網) 높고 크지만 [빠뜨리는 것 없어],[352]
해인인해(害人人害)[353]라 하니 나를 탓할 게 무엇이겠는가?"

---

344 장막 아래.
345 질투.
346 관음각(觀音閣).
347 바다처럼 넓은 도량. 또는 그런 마음으로 잘 헤아림. 주로 상대편에게 용서를 구할 때 쓴다.
348 잘못을 알다.
349 장수(將帥)의 장막 앞. '처결이 이루어지는 바로 그 자리'를 뜻함.
350 청심재인의 원작에는 이와 달리 환저의 옷을 벗기고 매를 일백 대 친 것으로 되어 있다.
351 뜰. '운(雲)'은 미칭(美稱).
352 천망은 높고 크지만: 이 구절은 《노자(老子)》 73장의 '天網恢恢 疏而不失'을 변용한 것이다. 하늘의 그물[法網]은 크고 성글어서 걸릴 것같이 보이지 않지마는 빠뜨리는 일이 결코 없다는 말이다. 천벌(天罰)이 반드시 미친다는 뜻.
353 내가 남을 해치면 남도 나를 해친다. 죄과(罪科)는 모두 자기로 말미암아 생겨난 것이

앞에는 박행, 박파요,
한쪽 옆에는 응(膺)과 견(犬), 또 한쪽 옆에는 초경(楚卿)일세.
수파(秀婆)와 마감생이 함께 있네,
각자의 죄에 합당한 벌을 내리니 달리 무슨 할 말이 있겠는가?
군령(軍令)을 도부수(刀斧手)에게 전하여,
[전에 그들이 했던] 맹세의 말에 의거해서 형을 집행하게 하네.[354]
피가 흐르고 살점이 으스러져 조각조각 부서지니,
보는 사람 누구라도 혼경백산(魂驚魄散)[355]하네.
만사재천(萬事在天)[356]임을 비로소 알게 되나니,
남을 저버리면 그 사람이 나를 저버릴 때는 만회할 수가 없다네.
박악(薄惡)하고 교활(狡猾)한 인간들,
자작자수(自作自受)[357]니 울부짖은들 누가 동정하리오!
삼군(三軍)이 법장(法場)[358]에 운집(雲集)[359]하여,
청천백일(靑天白日)[360]하에 분명히 지켜보네.

조정에서 파견한 토벌군의 우두머리 호종헌(胡宗憲)은 초안책(招安策)을 쓰기로 하고 금옥(金玉)과 비단을 보내어 서해에게 항복을 권유하고 또한 특별히 취교에게도 예물을 보낸다. 호종헌의 간계에 속아 넘어간 취교는 서해를 설득해서 관군에게 투항하게 한다. 그러나 호종헌의 배신으로 서해는 비참하게 죽고 만다.

라는 뜻으로 말하고 있다.

354 예컨대 905~906행에서 마감생은 '앞으로 만일 부부 사이가 그릇된다면, 일월이 환히 알고 귀신이 칼로 벌할 것입니다.'라고 말한 바 있다. 그 말대로 마감생을 처형했다.

355 혼비백산(魂飛魄散).

356 모든 일이 하늘에 달려 있음.

357 자기가 저지른 죄로 자기가 그 과보[惡果]를 받음. 자업자득(自業自得).

358 형장. 사형장.

359 많이 모임.

360 하늘이 맑게 갠 대낮. 맑은 하늘에 뜬 해.

중신(重臣)[361]의 한 사람인 총독(總督)[362]이 있는데,
경륜(經綸)[363]과 재능을 겸비한 호종헌(胡宗憲)이네.
추곡(推轂)[364]으로 특차(特差)[365]의 칙지(勅旨)[366]를 받잡으니,
원수(元帥)[367]로 봉하여 편의(便宜)대로[368] 변방의 난을 진압하라 하네.
서해가 영웅(英雄)인 것을 알고,
취교도 또한 군중(軍中) 회의에 참여한다는 것도 아네.
군대를 주둔시키고 초안책(招安策)[369]을 쓰기로 하고,
관원을 통해 금옥(金玉)과 비단을 보내고 항복을 권유하네.
또한 특별히 취교에게 예물을 보내니,
두 명의 채녀(采女)와 금옥(金玉) 천근(千斤)이네.
[관원이] 중군(中軍) 전(前)에 소식을 전해 오니,
서공(徐公)은 속으로 여전히 호도(糊塗)[370]하네.
'내 손으로 기도(基圖)[371]를 세워서,
오랫동안 오초강해(吳楚江海)[372]를 종횡(縱橫)[373]하고 있지.
몸을 묶어서 조정(朝廷)에 귀복(歸服)[374]한다면,
어쩔 줄 몰라 하는 항신(降臣)의 몸일 테니 내 처지가 뭐가 되겠어!
몸에 조복(朝服)[375]을 걸치고 속박되어,

---

361 중요한 관직에 있는 신하.
362 여기서는 군부의 수장(首長)을 뜻한다.
363 일정한 포부를 가지고 일을 조직적으로 계획함. 또는 그 계획이나 포부.
364 수레바퀴를 밀어서 수레를 나가게 한다는 말인데, '현재(賢才)를 천거(薦擧)한다'는 뜻으로도 쓰인다. 여기서는 반군을 토벌하라는 임무를 맡도록 천거되었다는 뜻이다.
365 특별히 선발하여 보내는 사자.
366 칙명(勅命). 어명(御命).
367 사령관. 주장(主將).
368 형편이나 조건 따위가 편하고 좋을 대로. 전권(全權)을 위임받았음을 뜻한다.
369 투항하여 귀순할 것을 종용하는 계책.
370 풀을 바른다는 뜻으로 명확하게 결말을 내지 않고 일시적으로 감추거나 흐지부지 덮어버림을 비유적으로 이르는 말. 여기서는 결정을 내리지 못하고 있는 상황을 표현하고 있다.
371 기초가 되는 사업. '기업(基業)'과 같은 말로, 국가 정권을 뜻하는 경우가 많다.
372 오(吳)나라와 초(楚)나라의 판도였던 중국 남부 지역 일대를 뜻한다.
373 거침없이 마구 오가거나 이리저리 다님.
374 귀순하여 복속(服屬)함.
375 관원이 조정에 나아갈 때에 입던 예복.

드나 나나 굽실거려야 한다면 비록 공후(公侯)[376]가 된다 한들 할 짓인가?
변수(邊陲)[377] 한쪽을 따로 지배하는 게 낫지,
[저들이] 내 위세를 쉽게 어찌할 수 있겠어?
하늘을 찌르든 강물을 휘젓든 내 마음이니,
종횡(縱橫)할 뿐 머리 위에 누가 있는지 알 게 무언가?'
취교는 남을 잘 믿는 성격인데다,
많은 예물과 달콤한 말에 쉽게 마음이 기울고 마네.
생각하네, '수면을 떠도는 부평초 같은 이 몸,
여러 번 유락(流落)하고 수많은 간둔(艱屯)[378]을 겪었지.
이제 만일 왕신(王臣)[379]이라는 이름을 얻게 된다면,
청운(青雲)의 길이 넓고 넓으리라!
공(公)과 사(私) 양쪽을 모두 온전히 하고,
그 뒤 차차 고향(故鄕)에 돌아갈 생각을 해 보리라.
게다가 당당한 명부(命婦)[380]의 자리에 오를 테니,
[나는] 만면에 희색이 감돌 것이고 부모님은 영예를 누리시겠지.
위로는 나라를 위함이요 아래로는 집을 위함이고,
첫째는 득효(得孝)[381]가 됨이요 둘째는 득충(得忠)[382]이 됨이지.
물결 속에 떠 있는 백주(柏舟)[383]처럼,
풍파(風波)를 두려워하고 헛것을 보고 놀라는[384] 것보다 낫지 않겠어?'
원근(遠近)의 일을 논의하는 차에,
기회를 보아서 취교는 이렇게 저렇게 말을 꺼내네.
[취교가] 말하네, "성제(聖帝)의 은택(恩澤)이 넘쳐,
사방을 두루 적셔 깊이 스며들었지요.

376 제후(諸侯).
377 변방(邊方).
378 몹시 힘들고 고생스러움. 간난(艱難).
379 임금의 신하.
380 봉작(封爵)을 받은 부인을 통틀어 이르는 말.
381 효를 다하게 됨.
382 충을 다하게 됨.
383 서해를 따라 전란의 와중에 있는 자기 처지를 비유한 말.
384 헛것을 보고 놀라는: 부견(苻堅)이 팔공산(八公山)의 초목(草木)을 보고 적병인 줄 알고 놀랐다는 고사에서 유래한 표현으로, '초목(草木)'은 '허경(虛驚, 헛것을 보고 놀람, 괜히 놀람)'을 뜻한다.

지평천성(地平天成)[385]한 공덕(功德)이 이미 오래여서,
누구나 얼마나 많은 [공덕을] 머리 위에 이고 있는지 모릅니다.
생각건대 도병(刀兵)[386]의 일을 일으킨 때로부터,
무정하변(無定河邊)[387]의 뼈 더미가 머리 높이에 이르렀지요.
어째서 후세에 오명을 남기려 하시나요?
천년 동안 그 누가 황소(黃巢)[388]를 기렸단 말입니까?
녹중권고(祿重權高)[389]에 비할 바가 아니지요,
누가 공명(功名)의 길을 끊고 피해 버린단 말이에요?"
성심을 다한 취교의 말을 듣고서,
서해는 공세(攻勢)에서 항세(降勢)로 바꾸네.
정의(整儀)[390]하고 서둘러 사자(使者)를 접견(接見)하고,
속갑(束甲)[391]할 날짜를 정하고 해병(解兵)[392]할 방도를 결정하네.
성하요맹(城下要盟)[393]하기로 한 약속을 믿고서,
깃발은 나태해지고 야경 북소리는 느즈러지네.
병사(兵事)[394]를 버려두고 돌보지 않는 것을,
왕사(王師)[395]가 염탐하여 허실(虛實)[396]을 소상히 알았네.
호공(胡公)은 이 기회를 이용할 계책을 세우는데,
예물을 앞세우고 병사를 뒤에 숨기고 기습 공격할 때를 정하네.

385 상하가 조화롭고 만사가 안정된 것.
386 병기(兵器)와 군사를 아울러 이르는 말. 전쟁을 뜻함.
387 '무정하'는 황하의 중간 지류의 명칭으로 지금의 산시 성(陝西省) 북부에 있다. 흉노(匈奴)와 싸우다 전사한 군사들이 백골이 되어 무정하 변에 널려 있다는 진도(陳陶) 시의 시상을 빌려 온 것으로 보인다.
388 (?~884) 당말(唐末)의 역신. 희종(僖宗) 때 모반하여 장안(長安)을 함락하고 스스로 제제(齊帝)라 일컫다가 이극용(李克用)의 군에 패하여 자살했다.
389 녹봉(祿俸)이 많고 지위가 높음.
390 위의(威儀)를 정돈하다. 위의를 갖추다.
391 갑옷을 거두어들인다, 곧 귀순(歸順)한다는 뜻.
392 무장을 해제하고 전쟁을 그만두다.
393 성(城) 아래에서 요맹(要盟)을 맺다. '요맹'은 힘으로 위협하여 맺은 약정을 뜻한다. 서해의 군대가 패배한 것은 아니지만 투항(投降)하기로 결정했기 때문에 이렇게 말한 것이다.
394 군대, 군비, 전쟁 따위와 같은 군에 관한 일.
395 임금이 거느리는 군사. 여기서는 호종헌의 군대.
396 허함과 실함.

계책을 써서 서해를 제거한 호종헌은 취교를 추장(酋長)과 결혼시키려 한다. 절망한 취교는 전당강(錢塘江)에 몸을 던지고 만다. 때마침 예언에 따라서 전당강에서 기다리고 있던 각연(覺緣)이 취교를 구조한다.

얼마 후 취교는 가족과 김중을 다시 만난다. 김중과 취운 두 사람은 취교가 부탁한 대로 이미 결혼해 있었다. 동생 취운은 김중과 결혼하기를 간청하고 김중도 아내가 되어주기를 청하지만 육체관계를 갖지 않는 정신적 동반자로 지내기로 한다.

집에서 단원(團圓)[397]을 축하하는 잔치를 여니,
화촉(華燭)은 꽃[398]을 비추고 비단 장막은 붉게 빛나네.
집안사람들 앞에서 함께 교배(交拜)[399]하고,
성대한 예(禮)를 마치니 한 쌍의 어엿한 부부가 되었네.
동방(洞房)[400]에서 대모(玳瑁)[401] 잔을 연달아 기울이니,
새로운 인연에 얼떨떨하고 옛정 생각에 슬퍼지네.[402]
연뿌리 처음 나고 복숭아 아직 어릴 적[403] [만난] 이후로,
십오 년이 지난 지금에야 여기에 있다니!
지난날 만나서 사랑한 일이며 헤어졌다가 이제 만난 일이며,
비환(悲歡)[404]의 심정 말하노라니 밤이 깊어 달이 높이 돋았네.
늦은 밤 비단 장막을 드리우고,
밝은 불빛 아래 있으니 홍안(紅顔)은 아름다움을 더하네.
정인(情人)[405]이 정인(情人)을 다시 만나,

397 여기서는 혼인을 뜻한다.
398 취교의 얼굴이 촛불을 받아 더욱 아름답게 보인다는 뜻을 담고 있다.
399 신랑과 신부가 서로 절을 주고받는 예.
400 신방(新房).
401 '대모'는 바다거북의 일종. 등과 배를 싸고 있는 껍데기는 주로 장식품이나 공예품을 만드는 데에 쓴다.
402 서로 처음 만난 때를 회상하며 슬픔에 잠긴 것이다.
403 연뿌리 … 어릴 적: 취교가 나이가 어렸을 때.
404 슬픔과 기쁨. 애환(哀歡).
405 여기서는 사랑하는 사람이라는 뜻.

옛 꽃과 옛 벌이 [만난 것같이] 짙은 종정(鍾情)[406]을 나누네.
취교가 말하네, "저는 어쩔 수 없이 되어 버렸어요.
망가진 몸인데 무얼 더 바라겠어요![407]
[그렇지만] 그대의 옛사람에 대한 의(義)와 마음에 새긴 정(情)을 생각해서,
[그대의] 바람을 좇아 조금이나마 창수(唱隨)[408]하려는 거지요.
마음속으로는 참으로 부끄러웠으니,
후안무치(厚顔無恥)[409]를 차마 두고 볼 수 없어요!
그런데 만일 사랑이 겉에서 그친다면,[410]
[부끄러움 없이] 얼굴을 들어 그대를 볼 수 있겠어요.
그렇지 않고 만일 남들 하듯이 한다면,
땅바닥에서 [다된] 향(香)을 줍고 늦은 계절에 [시든] 꽃을 꺾는 격이지요.
또한 추하고 우스운 일이니,
정(情)은 무슨 정이겠어요, 서로 원수가 되고 말 거예요!
그대가 저를 사랑하면 그만큼 저는 그대에게 부끄러울 것이니,
서로 사랑하는 것이 도리어 서로를 저버리는 것이지요!
만약 가문의 후계를 생각한다면,
동생이 있으니 제가 필요할 건 없지요.
보잘것없이 남은 정절(貞節)이기는 해도,
굳게 지키지 않고서 짓밟아 부수어서야 되겠어요!
여전히 은애(恩愛)가 넘치는데,
시든 꽃을 헤치며 놀아서 좋을 게 뭐겠어요?"
김중이 말하네, "굳은 맹세로 맺어졌지만,
돌연 물속의 물고기와 하늘의 새처럼 헤어지고 말았소.
오랫동안 유락(流落)하는 그대 때문에 상심했으며,
무거운 맹세를 생각하며 또 많이도 가슴 아팠다오.

---

406 사랑.

407 혹 사랑이 남아 있다고 해도 이미 망가진 몸이니 당신과 어울리지 않는다는 말이다.

408 부창부수(夫唱婦隨). 남편이 주장하고 아내가 이에 잘 따름. 또는 부부 사이의 그런 도리. 여기서는 김중의 뜻에 따라 혼례를 올리는 것을 말한다.

409 뻔뻔스러워 부끄러움이 없음.

410 '겉보기에는 부부 사이니 당연히 육체적인 관계를 가져야겠지만 실제로는 육체적 관계는 갖지 않는다면' 정도의 뜻이다.

사랑했기에 생사(生死)를 돌보지 않고 [찾았고],
이제 서로 만났고 여전히 깊은 정이 남아 있소.
봄날 버들가지는 여전히 푸른데도,[411]
어찌하여 은애(恩愛)를 끊으려고 한단 말이오?
명경(明鏡)[412]은 조금도 먼지[413] 끼지 않았고,
[그대의] 분명한 말을 들으니 존중하는 마음 더하게 되오.
오랫동안 바닷속에 빠진 바늘을 [찾듯 그대를] 찾은 것은,
금석(金石) 같은 약속 때문이었지 화월(花月)을 찾고자 함이었겠소?
한집에 다시 모일 줄 누가 알았겠소,
어찌 동금(同衾)[414]해야만 금슬(琴瑟)이 되는 것이겠소!"

3. 작품의 주제

〈취교전〉에는 작품의 서두와 말미에 작가의 말이 나와 있다. 작가가 생각하는 주제가 무엇인지를 직설적으로 밝힌 부분이라고 생각된다. 다음에 차례로 제시해 본다.

사람이 이 세상 사는 백 년 동안,
재(才)와 명(命)은 이상하게도 서로 미워한다네.
한바탕 상해(桑海) 속에서,
여러 일들 보노라니 마음 아파 오네.
피색사풍(彼嗇斯豊)[415]은 이상할 것 없으니,
창천(蒼天)[416]은 홍안(紅顔)[417]을 시기하여 괴롭히는 버릇이 있다네.

이처럼 완유는 〈취교전〉이 운명과 재능이 상충되는 한 여인의 기구

411 취교가 여전히 젊고 아름답다는 말이다.
412 매우 맑은 거울.
413 세진(世塵). 진구(塵垢).
414 '금침(衾枕)'을 뜻하는 말인데, 여기서는 '금침을 함께 하다', 곧 '동침(同寢)하다'의 뜻.
415 저것 인색하고 이것 풍부하다. '저것'과 '이것'은 각각 '명(命)'과 '재(才)'를 가리킨다.
416 하늘. 조물주.
417 미녀(美女).

한 일생을 다룬 내용이라고 소개했다. 그렇다면 〈취교전〉은 여성의 기구한 운명, 그 운명이 초래한 가혹한 시련, 그리고 그 운명에 맞서는 자세에 대해서 말한 작품이 된다.

작품의 결미에서 작가가 하는 말은 이렇다.

> 곰곰이 생각해 보니 만사재천(萬事在天)임을 알겠네,
> 저 하늘이 억지로 이런 몸[418]으로 태어나게 한 것이라네.
> 풍진(風塵)[419]을 겪게 하면 풍진(風塵)을 겪어야만 하고,
> 청고(淸高)[420]하게 하면 비로소 청고(淸高)하게 되는 것이라네.
> [하늘이] 어찌 누군가를 편위(偏爲)[421]해서,
> 재(才)와 명(命)을 둘 다 풍부하게 하겠는가?
> 재능이 있다고 어찌 재능에 의지할 수 있으리오,
> 재(才)와 재(災)는 같은 운(韻)인 것을!
> 각자의 업(業)을 걸머지고 가는 것이니,
> 하늘이 가깝다 멀다 책하지는 말아야 하리.
> 선근(善根)[422]은 자기 마음속에 있나니,
> 저 심(心)은 재(才)의 세 배에 해당한다네.

재능과 운명의 상충은 이미 정해진 이치이지만 마음을 다스려 수습하는 것이 바른 태도라고 했다. 재(才), 곧 탁월한 능력을 지닌 자아와 명(命), 곧 세계는 충돌하기 마련이어서 자아가 고난에 처하고 이겨내기 힘든 수난을 당한다고 했다. 그래서 때로는 좌절하기도 하고 절망하기도 하지만 진실한 마음을 잃지 않는 것이 현명한 처사라는 것이다. 이처럼 재(才)와 명(命)의 상충을 심(心)으로 아우르면서 내면의 진실을 잃지 않는 모습을 작품의 주인공인 취교가 보여 주기 때문에 감동

418 몸, 신분, 운명.
419 여기서는 '빈궁(貧窮)', '고난'을 뜻함.
420 깨끗하고 고귀함. 여기서는 '영달(榮達)'을 뜻함.
421 한쪽 편을 들다. 편단(偏袒).
422 온갖 선을 낳는 근본.

을 준다고 파악했다.

〈취교전〉의 주제에 대한, 서두와 말미에 있는 완유의 견해는 베트남에서 널리 수용되어 이른바 '교과서적인' 작품 이해의 근거가 되고 있다. '교과서적인' 작품 이해에 따르면 〈취교전〉은 한마디로 '자유로운 사랑과 정의의 실현에 대한 소망을 형상화한 작품'이라고 한다. 취교와 김중은 부모의 허락 없이 서로 진지하게 사랑하고 결혼을 약속했다. 이른바 '예교(禮敎)'의 굴레를 넘어선 것이다. 하지만 취교는 비록 청루를 전전했어도 김중에 대한 의(義), 부모에 대한 효(孝)를 저버리지 않았다.

응벽루(凝碧樓)[423]에서 방문을 걸어 잠그고[424],
원산근월(遠山近月)[425]을 벗으로 삼네.
드넓은 사방을 멀리 바라보니,
해변의 금빛 모래 언덕, 붉은 먼지 날리는 길.
조운야등(朝雲夜燈)[426] 싫증이 나고,
정(情)으로[427] 경(景)으로[428] 어지러운 마음.
달 아래에서 맹세의 잔을 나눈[429] 그 사람 생각하네,
오늘내일하며 여전히 소식[430]을 기다리겠지만 헛일이네.
천애해각(天涯海角)[431]의 외로운 처지이지만,
단심(丹心)[432]이 씻긴들 끝내 [그 색이] 바래리오!
아침저녁으로 문에 기대어 기다리실 부모님을 걱정하네,

423 누각 이름.
424 방문을 걸어 잠그고: 손님 접대를 하지 않고.
425 달이 원산(遠山)을 넘어 돋는 장면을 묘사한 것이다.
426 아침 구름, 저녁 등불. 매일 매일 변화 없이 반복되는 지루한 일상을 말한다.
427 마음속에서 일어나는 여러 가지 생각으로.
428 경치가 불러일으키는 여러 가지 감흥으로.
429 맹세의 잔을 나눈: 701행에서 '사랑의 맹세 나누며 든 금배'라고 한 바 있다.
430 김중이 기다리는 취교 소식.
431 아득히 멀리 떨어진 낯선 곳.
432 속에서 우러나오는 정성스러운 마음.

지금은 뉘라서 동온하청(冬溫夏淸)[433]을 살펴 드릴까?
집 떠나온 뒤 많은 시간 흘렀으니,
가래나무[434]는 어느새 아름드리가 되었겠지.[435]
저물녘 해구(海口)[436]를 슬픈 마음으로 바라보네,
누구의 배인가, 저 멀리 돛이 어른거리는 것은?
바다로 흘러드는 강물을 슬픈 마음으로 바라보네,
흩어져 떠가는 꽃은 어디로 가는 것인가?
풀이 이운 들판을 슬픈 마음으로 바라보네,
하늘과 땅이 맞닿은 곳 담청색 한 빛이로구나.
바람이 수면에 부딪히는 것을 슬픈 마음으로 바라보네,
요란한 파도 소리, 의자 옆에서 치는 듯.[437]

수마의 청루에서 깊은 시름에 잠긴 취교의 모습을 보여 주고 있는 대목이다. 부모를 살리기 위해서 몸을 판 것이니 취교는 효를 온전히 하고자 한 것이다. 비록 청루에 팔린 몸이 되었어도 김중을 잊은 적이 없고 사랑하는 마음이 조금도 변하지 않았다. 취교는 희생정신, 고결함을 보여 준 긍정적 인물이었다. 취교가 겪은 고난은 취교의 고결함을 도리어 돋보이게 한다.

완유가 애초에 이 작품의 제목을 '단장신성(斷腸新聲)'이라고 한 데서 드러나듯이 〈취교전〉은 선한 인물의 가혹한 운명을 동정하고 있다. 한없이 타락한 세상에서 선한 인물은 고난을 겪는다고 거듭거듭 말한다. 사회는 악이 넘쳐난다.

취교와 김중, 취교와 속생, 취교와 서해의 이루지 못한 사랑, 가족과 이산한 불행을 통해서 삶을 유린하는 사회의 악에 대해서 생각하게 한

433 여름에 시원하게 해드리고 겨울에 따뜻하게 해드린다는 뜻.
434 재목(梓木). 여기서는 '부모님'을 비유한 말로 쓰이고 있다.
435 부모님이 나이가 많이 들었다는 말이다. 1039~1046행은 1038행에서 말한, '정으로 어지러운 마음'을 자세히 말하고 있다.
436 바다의 후미진 곳, 또는 항만으로 들어가는 어귀.
437 1047~1054행은 1038행에서 말한, '경으로 어지러운 마음'을 자세히 말하고 있다.

다. 장물(臟物)을 파는 마적, 첩을 구한다고 속여서 정조를 유린하고는 사창가에 취교를 팔아넘긴 마감생, 취교를 함정에 빠뜨려 어쩔 수 없이 몸을 팔게 만든 초경, 사창가의 포주(抱主) 수마, 질투심에 휩싸여 취교를 학대하는 환저, 천신만고 끝에 탈출한 취교를 다시금 사창가에 팔아넘긴 박파와 박행, 기만책을 써서 서해와 취교를 죽음으로까지 몰고 간 호종헌이 모두 간악하다. 작가는 권력과 금전이야말로 삶을 유린하는 악의 원천이라고 말하고 있다. 이처럼 전편에 걸쳐서 악의 횡행을 그리고 있는 〈취교전〉은 '세상'을 알게 하는 작품이다. 일찍이 베트남 문인 고백괄(高伯适, 1809~1855)이 〈취교전〉을 두고 "세상을 알게 되는 작품"(達世語)이라고 한 지적은 참으로 적실하다고 하겠다.

〈취교전〉은 '악의 현상학'이라고나 할까? 다양한 '다크 사이드'에 대한 보고서라고 할 수 있는 내용을 갖추고 있다. 그런데 취교는 그러한 사회악 앞에 시종 무기력하기만 한 것은 아니었다. 취교는 영웅적인 인물 서해의 힘을 빌려 은원을 갚았다. 사회에 만연한 악을 징치하고 정의를 실현하고 싶은 소망을 서해를 빌어 표현한 것이라고 할 수 있다.

〈취교전〉은 어떤 예술적인 성취를 보였는가? 완유는 한문학 자산과 베트남어 표현을 성공적으로 결합시켰다. 〈취교전〉 속에는 중국의 고사나 문학적인 레토릭이 능란하게 구사되어 있는데, 이는 작가가 한문학에 정통한 문인이었기에 가능한 일이었다. 〈취교전〉에는 베트남 민중의 귀를 즐겁게 해 주고 고통을 어루만져 주는 요소가 갖추어져 있다.

완유는 민중들의 삶과 언어, 그리고 그들의 아픔을 배우고 느끼고자 했다. 〈청명우흥(淸明偶興)〉이라는 한시에서 "마을의 노래 소리에 처음으로 상마어(桑麻語)를 배운다."(村歌初學桑麻語)라고 했다. 완유는 은거한 15년 남짓 동안 벼와 황마와 뽕나무를 재배하는 사람들 속에서 살았다. 그러는 동안 민중의 삶과 언어, 그리고 노래에 접할 기회를 가졌다. 그리고 그런 체험이 〈취교전〉 속에 자연스럽게 녹아들어 갔다.

완유는 민중들의 고단한 삶에 깊은 연민을 느끼고 그들의 목소리를 대변하고자 한 것이다. 이처럼 〈취교전〉은 작가의 민요 체험을 바탕에 두고, 내면 심리 표현을 중시해 온 베트남문학의 전통을 훌륭하게 계승하여 베트남 사람들의 영혼을 사로잡을 수 있었다.

완유는 압축적인 운문으로 인물의 특성, 성격을 생동감 있게 묘사했다. 인물의 심리묘사도 잘 되어 있다. 경물 묘사를 통해서 인물의 심리를 암시하는 기법, 서사적인 내용을 서정적인 문체로 전개하는 데 성공한 점도 높이 평가할 수 있다. 위에서 본 '응벽루' 장면도 좋은 예가 된다.

작품의 한 대목을 더 보기로 한다. 번역문 아래에 원작인 청심재인(青心才人)의 〈김운교전〉의 해당 부분을 덧붙였다.

> 힘겹게 화장(花牆)을 타 넘어,
> 서쪽으로 기울어 가는 달빛을 따라 길을 더듬어 가네.
> 어둑어둑한 밤중에 모랫길과 나무 언덕을 지나니,
> 달빛 아래 모점(茅店)의 닭 울음소리, 서리 내린 판교(板橋) 위의 발자국.
> 깊은 밤 여자의 몸으로 장도(長途)에 나서니,
> 한편으로는 길이 두렵고 한편으로는 비바람을 겪어야 하는 자신이 가엾네.
> 동쪽 하늘은 부상(扶桑)에서 밝아 오건만,
> 외로운 신세 어디가 인가(人家)인지 어찌 알겠는가?

扳緣上樹 引繩而下 月色朦朧 背了包往 向西而走 一路地僻人淨 行至天明 漸有人行 心中着慌[438]

〈취교전〉에서는 원작의 마지막 구절 '심중착황(心中着慌)'을 네 줄에 걸쳐서 부연하면서, 주인공 취교의 현재의 고난과 앞날을 내다볼 수 없는 불안함을 느낄 수 있도록 서정적인 색채를 강하게 채색해 놓고

438 古本小說集成編委會 編,《金雲翹傳》, 上海: 上海古籍出版社, 190면.

있다. 〈취교전〉 주석서의 하나인 《취교전상주(翠翹傳詳註)》에서는 〈취교전〉이 "정어(情語)에 특히 뛰어나다."고 했다.[439] 그리고 작품 가운데 경(景)을 묘사한 부분은 동시에 정(情)을 함축하고 있어서 사람의 마음을 움직이게 한다고 했다.[440] 또한 경물을 묘사한 '외의(外意)'가 함축적 의미인 '내의(內意)'와 잘 조응하게 한 결과 얻게 되는 효과를 한마디로 '일어백정(一語百情)'이라고 했다.[441]

'장어정어(長於情語)'나 '일어백정(一語百情)'과 같은 말은 모두 경물을 묘사하는 것이 인물의 내면 심리를 드러내기도 하고 때로는 사건의 전개를 함축하기도 한다는 점을 지적한 것이다. 이처럼 함축적인 표현, 특히 사경(寫景)을 이용해서 상황에 어울리는 분위기를 적절히 표현하고 서사 진행을 용이하게 한 것이 〈취교전〉의 표현상 중요한 특징이자 예술적 성취다.

4. 작품에 대한 평가

〈취교전〉이 한때의 인기를 얻는 데 그치지 않고 고전(古典)의 반열에 오르게 된 것은 프랑스 식민지 시대에 국어문학을 선양하려는 지식인들의 노력이 보태어졌기 때문에 가능한 일이었다. 특히 팜 뀐(Phạm Quỳnh, 范瓊, 1892~1945)은 〈남풍(南風)〉이라는 월간 잡지 발행을 주도하면서 〈취교전〉을 높이 평가하고 널리 알리는 데 힘썼다. 그는 "〈취교전〉이 존재하는 한 베트남어가 존재할 것이고, 베트남어가 존재하는 한 베트남 또한 계속될 것이다."라고 했다. 이렇게 국어를 보존하고 고전을 창출하려는 시대적 노력에 힘입어 〈취교전〉은 베트남 국혼(國魂)의

439 瞻雲氏 註訂, 《翠翹傳詳註》 卷下, Bộ Văn Hóa Giáo Dục Và Thanh Niên 1973, 163면. 홍산(鴻山)은 완유의 호(號)다.

440 "傳中寫景之筆 率多暎帶事情 筆姿墨彩 最覺綽約動人 卽三百篇之比體也" (瞻雲氏 註訂, 《翠翹傳詳註》 卷上, 18~19면).

441 瞻雲氏 註訂, 《翠翹傳詳註》 卷上, 57·132면.

정수이고 베트남 민족문학의 성전으로까지 받아들여지게 되었다. 한국에 〈춘향전〉이 있다면 베트남에는 〈취교전〉이 있다고 하겠다.

그러나 작품을 긍정적으로만 보기는 어렵다. 관점을 조금 달리해서 작품의 내용을 비판적으로 검토해 보자. 취교는 김중과 사랑하는 사이가 된다. 고전소설에서 으레 그러하듯 둘의 사랑에는 시련이 따르는데, 독특하게도 이 작품에서는 연적(戀敵)이 없고 정절(貞節)이 문제 되지 않는다. 굳이 연적을 찾는다면 두 사람을 갈라놓은 타락한 세상이 그것이다. 사창가를 전전하는 취교에게 육체적 순결이나 정절은 오히려 부차적인 문제였다. 작품에서는 열(烈)은 문제로 삼지 않고 효(孝)를 다한 것과 내면의 순수함이 훼손되지 않은 것을 칭송한다.

작품은 세상이 한없이 타락했다고 거듭거듭 말한다. 세상의 타락상은 간악한 인물들을 빌어 형상화되고 있다. 그리고 이런 인물들은 상하남녀 모두에 걸쳐 있다. 열다섯의 순결한 처녀가 집 밖으로 나아가 맞닥뜨린 세상은 인신매매, 매음, 교활한 술책이 난무하는 곳이었다. 김중만이 취교를 구원할 수 있었다. 김중은 취교의 첫사랑이고, 선하고 슬기로우며, 취교를 향한 사랑 또한 진실해서 구원자로서의 자격을 충분히 갖추었다. 취교가 김중과 재회하여 못다 한 사랑을 나누는 것은 타락한 세상으로부터의 구원이라는 의미를 가진다. 하지만 창기인 취교는 너무 '낮고' 김중은 너무 '높다' 보니 끝내 온전한 부부가 되기 어려웠다.

작품은 고전소설의 문법에 따라서 김중에 의한 구원을 최대한 지연시킨다. 취교는 정조를 유린당하고 끝내 죽음으로 내몰린 것은 운명이니 어쩔 수 없이 따라야 한다고 생각했다. 강물에 뛰어든 그 순간까지 취교를 사로잡은 것은 타락한 세상에서 벗어날 길이 없다는 절망감이었다. 더 이상 탈출 가능성이 없다고 체념하고 강물에 뛰어든 다음에야 재회의 길이 열린다.

취교가 김중으로 돌아오는 길이 왜 멀고 험했나? 그것은 취교가 세상의 '간교한' 악에 '순진함'만으로 맞섰기 때문은 아닌가? 내면의 순수함과 진실함이야 보존했다고 해도 그것은 사랑을 되찾는 데는 아무런 힘도 발휘하지 못했다. 타락한 시대의 사랑은 순수함을 지켜낼 수 있는 다른 무엇이 필요한 것이다. 사악함을 넘어설 수 있는 지혜, 슬기로움이 필요하다고 말하겠다. 작품이 세상에 나온 뒤로 취교의 어리석음을 비판하는 독자들 또한 적지 않았던 사정을 이해할 수 있다.

베트남에서는 서해를 높이 평가한다. 서해는 무력(힘)을 소유했고 취교를 대신해서 은원을 갚았다. 〈취교전〉을 읽은 사덕제(嗣德帝)는 서해에 대한 구절에 '작가는 태형(笞刑)을 받을 만하다.'는 주석을 붙였다고 한다. 황제의 입장에서 볼 때 관(官)에 저항하는 집단의 우두머리를 용인할 수는 없었을 것이다. 그렇다면 관이 아닌 민(民)의 입장에서 볼 때 서해는 긍정적인가? 〈취교전〉의 독자는 서해가 악을 징치하는 대목에서 통쾌함을 느꼈을 것이다. 하지만 서해는 도적떼의 두목이라는 점에서 정당성을 결여하고 있었다. 그 때문에 서해는 끝내 취교의 구원자가 될 수 없었다. 서해를 민중영웅으로 해석하고자 하는 시도는 타당하지 못하다고 하겠다.

베트남의 고전 〈취교전〉을 우리의 고전 〈춘향전〉과 비교해 보는 것도 흥미 있는 일이다. 사랑 때문에 빚어지는 여성 수난을 매개로 해서 사회적 모순을 보여 주는 점이 대체적인 공통점이다. 하지만 그에 못지않게 차이점도 크다. 〈춘향전〉은 춘향이 기생 신분을 벗어나기 위해서 벌이는 사회와의 대결이 작품의 중심축을 이루고 있는 반면에 〈취교전〉은 병든 사회의 추악한 인간들에 의해서 순진무구한 여인이 나락에 떨어져 창기가 되어 전전하는 이야기인 점이 다르다. 그래서 〈춘향전〉에서는 춘향의 적극적인 '의지'가 드러난다면 〈취교전〉에서는 운명이 부여한 가혹한 '시련'이 더욱 두드러진다.[442]

〈춘향전〉이 사랑 이야기이면서 인간 해방의 욕구에 대한 이야기라면 〈취교전〉은 사회의 폭력에도 손상되지 않는 순수한 인간 내면에 대한 옹호라고 할 수 있다. 〈춘향전〉이 근대로 이행하는 시기의 민중의 소망과 역량에 대한 믿음을 바탕에 두고 있다면 〈취교전〉은 섬세한 내면을 지니고서 세상에서 패배한 사람들에게 따뜻한 시선을 보낸 작가의 지향에 바탕을 두고 있기에 생겨난 차이라고 말할 수 있겠다.

442 〈취교전〉은 서두에서부터 운명론을 바탕에 깔아 놓았다. 작품에서는 자살도 운명의 일부라고 한다. 모든 고난이 전생의 빚을 갚는 일이라고 했다. 이런 작품의 운명론적 세계관은 완유에게 퍽 호소력이 있었을 것이다. 사신으로 가서 적지 않은 중국 소설 작품을 보았을 텐데 〈김운교전〉을 택한 데는 그만한 이유가 있었을 것이다.

10장 출판

이 장에서는 19세기 후반부터 20세기 전반에 걸쳐서 베트남에서 유통된 방각본(坊刻本) 문학작품의 양상을 살펴보고자 한다. 방각본(=坊刊本)이란 민간 출판업자가 영리를 목적으로, 주로 목판(木板)에 새겨서 출판·판매한 책을 가리킨다. 방각본은 필사본과 비교했을 때 대중적이고 상업적인 속성을 훨씬 더 많이 가지고 있기 때문에 방각본 출판의 성장은 문학사의 시대가 달라지고 있다는 구체적인 증거로 받아들일 수 있다. 비록 개략적이기는 하지만 방각본 문학작품이 유통된 양상을 살핌으로써 중세에서 근대로의 이행기 베트남문학사에 대한 이해를 심화해 보고자 한다.

베트남 방각본 문학작품 연구의 출발점에서 가지게 되는 질문을 열거하면 다음과 같다. 방각본 문학작품이 본격적으로 유통된 것은 어느 시기인가? 방각본은 어느 지역에서 간행 되었는가? 방각본으로 간행된 문학작품의 주된 갈래는 무엇인가? 방각본 문학작품은 몇 종이나 확인되는가? 방각본은 어떤 독자층을 고객으로 했는가? 방각본의 유통에서 베트남문학사의 어떠한 특징이 확인되는가? 이런 것들은 모두 연구의 출발점에서 던지게 되는 기초적인 질문이라고 할 수 있다.

위에서 열거한 기초적인 질문에 답해 주는 연구가 국내에서는 아직 이루어지지 않은 것으로 보인다. 베트남과 중국, 그리고 일본 등지에서 이루어진 연구가 있을 텐데 폭넓게 조사해서 참조할 기회를 갖지 못했다. 그래도 구득 가능한 범위에서 선행 연구를 검토해 보았지만 여러 의문에 대해서 만족할 만한 답을 얻지는 못했다. 그래서 이 장에서 필자는 찾아볼 수 있는 범위의 선행 연구를 참조하면서, 베트남의 한놈연구원(Viện nghiên cứu Hán Nôm, 漢喃研究院)에 소장된 방각본 문학작품의 목록을 작성하고, 가능한 범위 내에서 질문에 대한 답을 찾아보고자 한다.

1. 방각본 문학작품 목록

한국에서 방각본이 처음 출간된 것은 16세기 후반의 일이라고 하는데, 베트남에서는 언제부터 방각본이 출간되었는지 필자는 아직 알지 못한다.[443] 방각본 문학작품이 처음 출간된 시기 또한 알지 못한다. 하지만 질문의 방향을 바꿔서, 방각본 문학작품이 언제 비롯되었는지가 아니라 언제 성행했는지를 묻는다면, 거기에는 답할 수 있다. 베트남에서 방각본 문학작품은 1860년대 이후에 성행했다.

문학과 직·간접적으로 연관된 서적 가운데 민간 출판업자(=書肆, 書坊)가 가장 많이 간행한 분야는 이른바 거업문(擧業文)이다.[444] 거업문은 과거(科擧)에 응시하기 위한 학습에 소용되는 모범 답안 선집이라고 할 수 있다.[445] 한시문(漢詩文) 선집인 것은 물론이다. 중국, 한국에서와 마찬가지로 베트남에서도 과거제도가 상업출판의 성장을 촉진했다.

443 한국에서 현재까지 확인된 최고(最古)의 방간(坊刊) 기록으로는 송석하가 소장했던 《고사촬요(攷事撮要)》 끝 장의 간기(刊記)에 '만력(萬曆) 4년(1576) 7월'이라 하고, 이어서 "수표교 아래 북변 이제리 수문 입구에 사는 하한수 집에서 각판했으니 살 사람은 찾아오라(水標橋下北邊二第里門河漢水家刻板買者尋來)."는 광고를 들 수 있다. (《한국민족문화대백과사전》 '방각본') 그리고 방각본 소설이 출간된 것은 18세기 초 무렵부터라고 한다.

444 한놈연구원 목록을 토대도 대략 헤아려 볼 때, 방각본 거업문은 70여 종에 이른다. 개인 시문집은 이른바 가각본(家刻本)이 대부분이며 상업적 출판물은 아니라고 보아야 한다.

445 황지영, 《명청 출판과 조선 전파》, 시간의 물레, 2012에서 중국과 한국의 거업문에 대해서 살폈다.

과거 답안 작성 학습에 소용되는 거업문은 과거제가 정착하고 오래지 않아 출현했을 것이다. 베트남에서 과거제는 11세기에 도입되어[446] 15세기 이래로 제도로서 정착되었다. 한편 거업문이 판각되어 간행되기 위해서는 목판 인쇄술이 발전해 있어야 한다. 기록을 통해서 확인할 수 있는 최초의 각서(刻書)는 진(陳)나라 영종(英宗) 때인 1295년에 이루어졌다. 그 해에 원나라에서 받은 대장경의 부본(副本)을 간행했다고 한다.[447]

이렇게 거업문 간각(刊刻)의 조건이 하나하나 갖추어진 후, 실제로 거업문이 간행이 이루어졌으니, 1683년 유사서당(柳舍書堂)에서 간행한 《사도량책상주(四道場策詳注)》가 지금껏 전한다. 여러 서사(書肆)에서 거업문을 간행한 것은 그것보다 훨씬 후대의 일로서, 1830년대 이후가 되어서야 본격화된 것으로 보인다. 방각본 서적 출판을 대표하는 서사인 유문당(柳文堂)에서는 1835년에 《신간향회문선(新刊鄉會文選)》을 내고 있다.[448] 거업문의 주된 독자는 당연히 과거를 준비하는 문인층(文人層)이었다. 19세기에 들어서서 방각본 거업문 간행이 크게 늘어난 것은 과거 응시자 수의 증가(=문인층의 성장)에 상응해서 나타난 현상이라고 생각된다. 학습자의 증가가 학습참고서 시장의 상장을 이끌었던 것이다.

거업문 간행은 문학작품의 상업적 유통과는 거리가 있으므로 잠시 논외로 하고 문학의 범위를 좁게 잡았을 때, 방각본의 비중이 큰 순서

446 최초의 과거는 이조(李朝) 때인 1075년에 시행되었다.

447 여측(黎崱)의 《안남지략(安南志略)》 권6 〈안남진표구대장경(安南陳表求大藏經)〉에 따르면 1295년에 안남(安南) 세자(世子) 진일존(陳日燇)이 거듭 표를 올려 대장경을 구하자 하사했다고 한다. 《대월사기전서(大越史記全書)》 본기(本紀) 권6에 의하면, 이 해에 원나라 사신을 통해서 받은 대장경을 천장부(天長府)에 두고 부본(副本)을 간행했다고 한다. (劉玉珺, 《越南漢喃古籍的文獻學研究》, 北京: 中華書局, 2007, 97면 참조)

448 1837년 미문당(美文堂)과 작신당(作新堂)에서 간행한 《책학제강(策學提綱)》, 1851년 성장당(成章堂)에서 간행한 《사륙신선(四六新選)》, 1851년 유문당(柳文堂)에서 간행한 《박학굉사과문선(博學宏詞科文選)》, 1852년 의문당(懿文堂)에서 간행한 《고금론(古今論)》과 같은 방각본 거업문이 확인된다. 이처럼 19세기 전반부터 거업문 출판이 빈번해졌다.

로 말한다면 소설과 희곡이다. 그 밖에 쯔놈[449] 시문집도 보이는데 방각본에서 차지하는 비중은 현저히 낮다. 그래서 이곳에서는 소설과 희곡 두 부류의 방각본을 집중적으로 살피기로 한다.

한놈연구원에서 소장하고 있는 소설과 희곡 간본의 목록을 정리해서 보이면 다음과 같다.[450]

a. 소설

제목	간기(刊記)	비고
[시전(詩傳)]		
(1) 李公新傳	粵東[451] 字林書局(1876), 粵東 永和源(1876), 城文堂(1879)	6 · 8체
(2) 宋珍新傳	廣盛堂(1914)	6 · 8체
(3) 徐式新傳[452]	河內[453] 觀文堂(1912)	漢文 傳奇
(4) (扌+厶)(魚+磊)新傳[454]		6 · 체
(5) 二度梅演歌[455]	堤岸[456](1875), 河內 富文堂(1876), 同文堂(1884)	6 · 8체
	觀文堂(1907), 廣盛堂(1920)	
(6) 女秀才新傳	盛文堂(1902), 福文堂(1921)	

449 쯔놈은 한자를 차용해서 만든 베트남어 기록문자(=차자표기)이다. 쯔놈에 대해서는 Ⅳ장과 논문 말미의 '붙임'에서 설명했다.

450 목록 작성에는 Trần Văn Giáp, 《Tìm Hiểu Kho Sách Hán Nôm(한놈 書庫에 대한 고찰)》 I, Hà Nội: nxb Văn Hóa 1984; Trần Nghĩa · François Gros, 《Di sản Hán Nôm Việt Nam - Thư mục đề yếu》 1~3, nxb Khoa Học Xã Hội, 1993; 劉春銀 · 王小盾 · 陳義 主編, 《越南漢喃文獻目錄提要》, 臺北: 中央研究院中國文哲研究所, 2002을 참조했다. 필자가 직접 한놈연구원을 방문해서 확인한 내용도 반영했다. 하지만 여기 정리해 놓은 것은 어디까지나 대략적인 목록이어서 전반적인 경향이나 추세를 확인하는 데나 소용된다. 정밀한 서지는 직접 책을 보고 다시 작성해야 한다.

451 중국 광둥 성(廣東省)이다.

452 〈徐式傳〉.

453 지금의 하노이(Hà Nội)인데, '하성(河城)'이라고 한 책도 있다.

454 〈Chàng chuối tân truyện〉. 이곳에서처럼 작품명에 '+' 표시가 되어 있는 경우는 쯔놈이어서 한자로 나타내지 못하는 경우다.

455 〈二度梅潤正〉, 〈梅良玉〉, 〈忠孝節義錄〉.

456 지금의 쩌 런(Chợ Lớn)으로 호찌민시의 한 지역이다. 베트남 내에서 중국 화교(華僑)가 가장 많이 거주하는 곳이다.

(7) 文帝實錄[457]	(1894 武范誠 序)	7 · 7 · 6 · 8체
(8) 玉花古蹟傳[458]	盛文堂(1871), 廣盛堂(1917)	6 · 8체
(9) 玉嬌梨新傳	河內 盛文堂(1888)	6 · 8체
(10) 白猿詩集[459]	(1899)	당률 쯔놈시
(11) 白猿新傳[460]	福文堂(1917), 粵東 佛山鎮 天寶樓	6 · 8체
(12) 石生新傳	廣盛堂(1912)	6 · 8체
(13) 主滔古傳		6 · 8체
(14) 西楊列婦傳[461]		6 · 8체
(15) 西遊傳[462]	河內 同文堂(1893)	6 · 8체
(16) 再生緣傳	河內 福文堂(1928), 朱玉芝 喃譯	7 · 7 · 6 · 8체
(17) 有薊傳		6 · 8체
(18) 阮達阮生新傳		
(19) 花箋潤正	禮堂(1875)	6 · 8체
(20) 芙蓉新傳	河內 福文堂(1879)	6 · 8체
(21) 芳花新傳	盛美堂(1901)	6 · 8체
(22) 果報新傳	南定[463] 同樂勸善堂 甲辰年	
(23) 貞鼠傳	盛文堂(1873), 大著堂(1875)	6 · 8체
(24) 南無新傳[464]	福文堂(1896)	6 · 8체
(25) 昭君貢胡書[465]	粵東 佛山鎮 近文堂(1875), 佛山鎮 天寶樓(1885)	6 · 8체
	(파리 소장본) 阮進康 찬술(1922)	
(26) 皇儲傳	盛文堂(1871), 觀文堂(1890)	
(27) 范公新傳	多文堂(1863), 廣東 盛南棧(1880)[466], 同文堂(1889), 福文堂(1919)	
(28) (虫+乏=○)花新傳[467]	錦文堂(1880, 1881), 河內 盛文堂(1896)	

457 〈文昌帝君實錄傳演音〉.
458 〈玉花新傳〉.
459 〈林泉奇遇〉.
460 〈白猿尊各傳〉.
461 〈劉平楊禮事蹟演音〉과 같은 내용. 금문당(錦文堂)(1880) 〈選夫誤配新傳〉과 합정(合訂).
462 〈南無新傳〉, 〈林泉奇遇〉, 〈春情想望〉과 합정(合訂).
463 베트남 북부의 남 딘(Nam Định)이다.
464 〈林泉奇遇〉, 〈春情想望〉, 〈西遊傳〉과 합정(合訂).
465 〈昭君新傳〉, 〈昭君貢胡傳〉.
466 〈范公菊花〉.
467 〈Bướm Hoa Tân Truyện〉.

(29) 黃秀新傳　河內 盛文堂(1881)　6·8체

(30) 琵琶國音新傳[468]　河內 行桃街 盎軒(1912)　6·8체

(31) 雄朝吳相公事跡文　辛亥年　7·7·6·8체

(32) 雲仙古跡新傳[469]　柳文堂(1880, 1912), 聚文堂(1897)

(파리 소장본)　嘉定城[470] 惟明氏[471] 訂正 甲戌年(1874) 新刊

佛鎭 金玉樓 藏板, 嘉定城 惟明氏訂正 庚辰歲(1880) 新鋟

粵東 陳村 永和源 藏板, 嘉定城 惟明氏訂正 佛鎭 盛南棧 藏板

嘉定城 惟明氏訂正 佛鎭 字林書局 藏板

(33) 雲中月鏡新傳　柳文堂(1914)

(34) 齊宣傳　6·8체

(35) 夢賢傳　鮮花亭(1908)　6·8체

(36) 潤正忠孝節義二度梅傳　觀文堂(1907)　6·8체

(37) 劉女將傳[472]　海陽[473] 柳文堂(1880)　6·8체

(38) 劉平楊禮新傳　河內 廣盛堂(1919)　6·8체

(39) 潘陳傳　盛文堂(1902)

(40) 潘陳傳重閱　(1912)　6·8체(등)

(41) 劉阮入天台新傳　柳文堂(1909)

(42) 選夫誤配新傳　錦文堂(1860)

(파리 소장본)　(1880) 新鐫 河內 錦文堂 藏板

(43) (魚+知)(虫+谷)新傳[474]　盛文堂(1883)

(장회소설)[475]

(44) 皇越春秋　(1908, 漢文歷史演義小說)

(45) 越藍春秋[476]　河內(1908, 章回歷史小說)

---

468 喬瑩懋據元朝高明<琵琶記>撰成

469 〈陸雲仙傳〉, 〈雲仙傳〉.

470 가정(嘉定), 곧 쟈 딘(Gia Định)은 오늘날 베트남 남부(호찌민시 일대) 지역이다.

471 유명씨(惟明氏)는 《가정성통지(嘉定城通志)》(1820 編成)를 지은 정회덕(鄭懷德)의 후손이다. 정회덕은 중국 복건성(福建省) 출신이다.

472 〈女劉將傳〉.

473 지금의 하이 즈엉(Hải Dương) 성(省)이다.

474 〈Trê Cóc Tân Truyện〉.

475 장회소설이 몇 종 되지 않는 것은 작품의 길이가 매우 길어서 판각(板刻)하기가 곤란했기 때문일 것이다.

476 《越藍小史》, 《皇越春秋》.

(傳奇)

(46) 傳奇新譜[477]	樂善堂(1811)	漢文書
(47) 會眞編	(1850?)	漢文書
(48) 仕娓書集	(1874) 中國 佛山鎭 福祿街 金玉樓, 阮居貞 編撰, 嘉定人 惟明氏 訂正	
(49) 事蹟翁狀(犭+吝)[478]	嘉柳堂(1924)	章回體喃詩傳
(50) 事蹟翁狀瓊		柳文堂
(51) 富貧傳演歌	(1885)	6·8체
(52) 新編傳奇漫錄增補解音集註		柳幢(1744)
(53) 碧溝奇遇	錦文堂(1873), 盛文堂(1873)	二十四回詩傳
(54) 箋花錄		〈花箋傳〉演喃

(翠翹傳 관련)

(55) 金雲翹新傳[479]	〈金雲翹新傳〉: 盛美堂(1879), 福文堂(1918), 粵東 文源堂
	〈斷腸新聲〉: 1902
	〈金雲翹廣集傳〉: 柳文堂(1924)
(56) 金雲翹合集	漢文〈金雲翹〉와 喃文〈金雲翹〉의 合集

b. 희곡

(1) 丁劉秀演歌	寶華閣(1871), 寶華 佛鎭(1894)	뚜옹
(2) 三國演歌三顧草廬	觀文堂(1908)	뚜옹
(3) 三國演歌江左求婚	福安堂(1918)	뚜옹
(4) 小山后演歌[480]	明章氏 訂正(1894) 新刊 佛鎭 寶華閣 藏板, 觀文堂(1910)	뚜옹
(5) 中軍對歌[481]	〈中軍對歌(口+廚)[482]〉 河內 章陽 三望亭 禮門堂(1879)	뚜옹 合集
	〈南歌新傳〉 河內 柳文堂(1909); 〈徐式新傳〉 河內 觀文堂(1912)	
	〈金雲翹(口+廚)〉 河內 廣盛堂(1914); 〈張生新(口+廚)〉 河內 柳文堂(1909)	
	〈二度梅(口+廚)〉 河內 廣盛堂(1913)	
(6) 本演(口+廚)何烏雷	〈本演(口+廚)何烏雷〉 河內 柳文堂(1917)	뚜옹
	〈石生演戲本〉 柳文堂(1919)	쩨오

477 《續傳奇錄》.

478 〈Sự tích ông Trạng Lợn〉.

479 〈金雲翹廣集傳〉, 〈斷腸新聲〉.

480 〈山后〉

481 〈中軍對演歌〉

482 'trò'(Hoạt động diễn ra trước mắt người khác để mua vui)로 읽으며 '상연, 공연'의 뜻이다.

(7) 本(口+廚)堯舜	柳文堂(1919)	뚜옹
(8) 老蚌生珠演傳	璘玉樓	뚜옹
(9) 花雲演音歌	柳文堂(1907), 中國花雲故事的演喃	째오
(10) 忠孝神仙	(1916)	뚜옹
(11) 金雲翹摺	〈金雲翹〉 째오 극본(3회), 1회와 2회(1875), 3회(1883)	째오
(12) 陳詐婚演歌	粵東 佛鎭 寶華閣(1893), 粵東 英文堂(1908)	뚜옹
(13) 陳廣耳演歌	聚文堂(1908)	뚜옹
(14) 張生新(口+廚)	河內 柳文堂(1909)	째오
(15) 張園演歌		째오
(16) 劉平演歌	(1906)	뚜옹

이렇게 정리한 목록을 일별해도 몇 가지 특징을 발견할 수 있다. 첫째, 방각본 문학작품의 출간은 19세기 후반부터 20세기 초반에 집중되어 있다. 앞서 방각본 거업문은 1830년대 이후 성행했다고 했는데, 방각본 문학작품은 방각본 거업문보다 수십 년(대략 30여 년)이 지난 후에 출간이 본격화되었다. 민간 출판업자는 과거 응시자를 타깃으로 거업문을 판매해서 수익을 올리면서 영업 기반을 구축하고, 문학작품을 출판하는 쪽으로 사업 영역을 확장했다고 추측해 볼 수 있다.

둘째, 방각본 문학작품의 종 수(種數)는 적은 편이다. 종 수의 다과(多寡)는 동아시아의 다른 나라들, 특히 한국의 경우와 비교해서 내린 판단이다. 위의 목록에서 합집(合集)된 것도 한 종으로 하고, 성책(成冊)된 종 수를 세어 보면, 소설은 56종, 희곡은 16종이다.[483] 한국문학 연구자들이 우선 참조하는 《고소설판각본전집(古小說板刻本全集)》(김동욱 편)에 영인된 작품이 179종인 것을 감안하면, 그 수량의 차이가 작지 않다.

483 두말할 필요도 없이 한놈연구원 소장본이 전부는 아니다. 국립도서관에도 문학원(文學院)에도 연극원(演劇院)에도 적지 않은 방각본 문학작품이 소장되어 있을 것이다. 실제로 필자가 연극원을 방문했을 때, 아직 정리되지 않은 많은 희곡 작품을 열람할 수 있었다. 하지만 한놈연구원 장서의 성격을 감안할 때, 한놈연구원 소장본과 중복되지 않으면서 다른 곳에 소장된 문학작품이 전체적인 판단을 바꿔 놓을 정도로 많지는 않을 것이라고 생각된다.

왜 이처럼 종 수가 적은 것일까? 우선 베트남의 고온 다습한 기후 조건이 서적의 제작과 유통을 제약했기 때문이라고 볼 수 있다. 이렇게 고적(古籍) 출판 부진의 이유로 기후 조건을 꼽는 것은 학계의 통설이다.[484] 출판이 전반적으로 부진한 상황에서 방각본 문학작품 출판만 활성화되기는 어려웠을 것이다.

공급의 어려움뿐만 아니라 수요의 상대적 부진도 원인이 되었다고 할 수 있다. 민간 출판업자는 책을 팔아서 수익을 올리려 한다. 따라서 요즘처럼 출판업자가 적극적으로 수요를 창출하기 위해 마케팅에 나서지 않는 단계에서라면, 수요의 크기가 공급의 크기를 결정한다고 보는 것이 자연스럽다. 여기서 말하는 수요는 곧 독서 인구를 말한다. 베트남은 독서 인구가 동아시아 다른 나라에 비해서 상대적으로 적었기 때문에 거기에 비례해서 서적의 공급도 적었다고 볼 수 있다.

셋째, 희곡의 비중이 낮지 않다. 베트남은 중세 시기에 연극이 발전한 나라다. 희곡 작품을 독서물로 제작해서 판매할 때, 이윤을 남길 수 있게 해 주는 독자층이 있었다는 점을 확인할 수 있다. 단순히 연극 극단에 대본을 공급할 목적이었다면 방각본으로 간행할 필요까지는 없었을 것이다. 필사본만으로는 대응하기 어려운 수요가 있었다고 보는 것이 자연스럽다.

넷째, 간행지를 보면 지금의 하노이가 중심이 된 가운데 지금의 호찌민시나 중국 광둥 성(廣東省)에서도 간행이 이루어졌다. 황성(皇城)이 있던 지금의 후에(Huế)가 아니라 하노이가 두각을 나타낸 것은 인구도 많고 유서도 깊은 하노이에 문자 해득력을 갖춘 지식인층이 두텁게 존재했기 때문일 것이다.

광둥 성 불산진(佛山鎭)은 속문학(俗文學) 창본(唱本)의 주요 간각지(刊刻地)였다. 지금의 호찌민시나 중국 광둥에서 방각본 간행에 참여한 사

484 劉玉珺, 같은 책, 97면.

람은 주로 화교(華僑)들이었다. 목록에서 '惟明氏 訂正'이라는 간기(刊記)가 여러 차례 보이는데, 유명씨(惟明氏)는 《가정성통지(嘉定城通志)》(1820 編成)를 지은 정회덕(鄭懷德)의 후손이다. 정회덕은 중국 복건(福建) 출신이다. 불산진, 가정(嘉定)을 잇는 화교 네트워크가 있었으며, 화교는 특히 베트남 남부 지역에서 방각본의 간행과 유통에 커다란 기여를 했다는 사실을 알 수 있다.

다음 장에서는 이런 사실을 발판으로 삼아 방각본 소설과 희곡의 양상을 살펴보고자 한다.

2. 방각본 문학작품의 면모

1) 소설

소설을 표기한 문자를 기준으로 삼아 분류하면, 방각본 소설로는 한문 소설과 쯔놈 소설이 있다. 한문 소설은 몇 종이 되지 않고 쯔놈 소설이 압도적인 비중을 차지하고 있다. 쯔놈 소설은 거개가 6·8체로 되어 있다. 소설이되 운문인 시전(詩傳, truyện thơ nôm)(=시소설)이다. 방각본 소설, 나아가 방각본 문학작품은 쯔놈 소설이 주도했다고 말할 수 있다. 이는 애초에 베트남 문인에 의해 창작된 한문 소설 자체가 적었기 때문에 나타난 자연스러운 양상이라고 볼 수 있다.[485]

소설 작자의 신분, 작품의 언어와 내용상의 특징, 예술적 성취 등을 기준으로 삼아서 시전을 박학시전(博學詩傳, truyện Nôm bác học)과 평민시전(平民詩傳, truyện Nôm bình dân)으로 분류하는 관례가 정착되어 있다.[486] 박학시전은 이름을 알 수 있는 사대부 귀족이 중국의 재자가인 이야기를 연

485 왜 시전(=시소설)이 대세를 점했는지는 다음 장에서 논의한다.

486 박학시전과 평민시전에 대한 대체적인 설명은 Lại Nguyên Ân ch.b, 《Từ Điển Văn Học Việt Nam(từ nguồn gốc đến hết thế kỷ XIX)(베트남문학사전, 기원부터 19세기 말까지)》, nxb Giáo Dục, 1997, 664~669면에 의거했다. 우리말로 정리한 결과물이 최귀묵, 《베트남문학의 이해》, 창비, 2010으로 나와 있다.

음(演音)(=운문 축약 번역)한 경우가 많다. 다만 〈이도매연가(二度梅演歌)〉처럼 저자가 알려지지 않았다든지 〈육운선(陸雲仙, Lục Vân Tiên)〉처럼 베트남 작가가 창작한 몇몇 작품도 박학시전에 포함시켜 생각한다. 이들 작품은 중국 소설을 수용하더라도 수준 높은 표현을 갖추어 독자를 사로잡으려 했다. 한문학 소양에 근거를 둔 전고(典故) 사용, 전아하고 세련된 언어와 표현, 인물의 성격과 심리에 대한 뛰어난 묘사가 특징이다. 그런 만큼 작품의 예술적 성취가 상대적으로 높다는 평가를 받는다.

평민시전은 대개 저자의 이름을 알 수 없다. 글을 읽고 쓸 수 있는 능력은 있지만 영락(零落)하여 민중과 가까운 처지에 놓이게 된 유자(儒者), 곧 평민유사(平民儒士)라고 이름 붙일 수 있는 사람들의 손에서 나온 것으로 추정된다. 작품 내용을 보면 민간 설화를 연음한 경우가 많고, 작품의 언어와 표현은 평이하고 질박한 것이 특징이다. 평민시전 작품은 역사적 시공간이 아닌 막연한 시공간에서 선량한 인물이 재앙이나 고난을 겪지만 끝내 모두 극복하고 승리를 거두는 이야기이다. 서사의 진행이 현실 논리에 제약되지 않고 환타지를 적극 활용하여 이루어지는 경우가 적지 않다.

평민시전 작품은 주인공의 고난이 대개는 간악한 권력자나 중세 예교(禮敎)로부터 말미암기 때문에 강렬한 비판성을 띠는 것이 일반적이다. 고난의 극복 과정에서 여성 주인공이 적극적인 역할을 하는 것도 주목할 만한 점이다. 착한 사람은 복을 받게 마련이라는 민중 의식을 반영하고 있어서, 주제에 있어서는 권선징악, 결말에 있어서는 행복하게 된다는 공통점이 뚜렷하다.[487]

위의 목록에 오른 작품 가운데 (5)〈二度梅演歌〉, (6)〈*女秀才新傳*〉,

---

487 Bùi Văn Nguyên, 〈Nhìn Qua Nội Dung Tư Tưởng Một Số Truyện Nôm Khuyết Danh(작자를 알 수 없는 몇몇 쯔놈 시전 작품의 주제 의식 개관)〉, 《Văn học Việt Nam - văn học trung đại: những công trình nghiên cứu(베트남 중세 문학 연구 논문선)》(Lê Thu Yến ch.b), nxb Giáo Dục, 2003에서 평민시전의 전반적인 특성을 고찰했다. 요약하자면 '현실비판', '사랑', '낭만적 해결'이 평민시전의 특성이라고 보고 있다.

(9)〈玉嬌梨新傳〉, (19)〈花箋潤正〉, (20)〈芙蓉新傳〉, (32)〈雲仙古跡新傳(=陸雲仙)〉, (39)〈潘陳傳〉, (46)〈傳奇新譜〉, (53)〈碧溝奇遇〉, (55)〈金雲翹新傳〉과 같은 작품이 박학시전으로 분류된다. 반면 (1)〈李公新傳〉, (2)〈宋珍新傳〉, (12)〈石生新傳〉, (15)〈西遊傳〉, (21)〈芳花新傳〉, (26)〈皇儲傳〉, (27)〈范公新傳〉, (38)〈劉平楊禮新傳〉과 같은 작품은 평민시전으로 분류된다. 한 가지 주목해야 할 점은 방각본 소설에서는 박학시전과 평민시전이 엇비슷한 비중을 보이고 있어 어느 한쪽이 압도하고 있다고 보기 어렵다는 사실이다. 간행 시기를 보면 박학시전 쪽이 조금 앞서 간행되기 시작한 것으로 보이나 유의미한 차이라고 하기는 어렵다고 본다. 방각본 소설 공급자는 둘의 차이를 심각하게 고려하지 않았고 독자의 기호(嗜好) 또한 어느 한쪽으로 기울지 않았던 것으로 보인다.

2) 희곡

연극 갈래가 현저한 발전을 보인 것이 베트남문학사의 갈래 체계상의 특징이다. 베트남 전통극 갈래로는 째오(chèo)와 뚜옹(tuồng), 그리고 무어 조이(múa rối)가 있다. 째오는 농민이 창작과 향유의 주체가 된 하층 민속극이고, 뚜옹은 정제된 상층 연극으로서의 특성을 보인다. 인형극인 무어 조이는 대사가 발달하지 않아 다른 둘에 비해서 문학적 성격이 적잖이 약하다. 근대 이전 베트남에서는 연극이 대단히 성행해서 쯔놈으로 쓰인 소설 작품 수보다 째오나 뚜옹의 작품 수가 더 많았다고 한다.[488]

세 갈래가 고르게 발전했지만 특히 상층 연극 뚜옹이 독자적으로 성장한 것이 돋보인다. 상층 연극 뚜옹은 지배 권력을 정당화하고 중

488 Hoàng Ngọc Phác · Huỳnh Lý, 《Chèo và Tuồng(째오와 뚜옹)》, Hà Nội: nxb Giáo Dục, 1958, 7면. 같은 곳에서 째오 작품은 대략 100여 편에 이른다고 했다. 뚜옹은 수백 편이 된다고 한다. 그러나 아직도 정리 작업이 끝나지 않아 째오와 뚜옹 작품이 얼마나 되는지는 정확히 알 수 없는 형편이다.

세 이념을 수호하는 역할을 했다. 중세 이념과 질서를 수호하는 영웅 이야기는 상층 연극의 주요 레퍼토리였다. 체제를 수호하는 영웅 이야기를 소설로 향유하기보다는 연극 작품으로 각색해서 감상하는 쪽을 선호했다. 위기에 처한 중세 질서를 수호하기 위해서 분투하는 영웅의 이야기를 연극의 몫으로 돌려, 뚜옹을 통해서 했다.

뚜옹은 중세 질서가 위기에 처한 상황을 그리고 있다. 작품 전편에 걸쳐서 국가와 가정이 붕괴되는 심각한 위기 상황이 펼쳐진다. 군신간의 질서가 무너져 왕권이 찬탈되고, 부자간 윤리가 무너져 아버지와 아들이 대적하며, 부부간의 화합이 깨어져 서로 대적하는 상황이 벌어진다. 뚜옹은 그런 위기를 헤쳐 나가는 영웅적 인물의 활약을 그려낸다. 작품의 결말에 이르러서 정통 왕조를 수호하려는 쪽은 많은 희생과 손실을 겪으면서도 최종적이고 완전한 승리를 얻는다. 작품의 행복한 결말은 선이 악을 이긴다는 생각과 중세 질서를 뒤집을 수 없다는 보수적인 관념을 동시에 나타낸다.

한편 뚜옹은 중국 소설 작품을 수용하는 통로 구실도 했다. 《삼국지연의(三國志演義)》, 《서유기(西遊記)》, 《당정서(唐征西)》를 연극으로 각색한 작품이 다수 전하고 있다. (2)〈三國演歌三顧草廬〉, (3)〈三國演歌江左求婚〉 같은 작품은 《삼국지연의》의 한 대목을 연극으로 만든 것이다. 제목을 보아 알 수 있는 그대로 유비가 제갈량을 얻으려고 삼고초려하는 대목, 유비가 손권의 누이와 혼인하는 대목이다.

째오는 주로 농촌에서 경험하는 현실 생활의 여러 국면을 다룬다. 째오가 다루는 내용은 민중이 현실 생활에서 겪는 인간관계에서 생기는 갈등이라고 요약할 수 있다. 갈등이 일어나는 범위는 가족과 향촌사회 내부로 한정되며 국가대사(國家大事)와 같은 거대한 문제를 다루지는 않는다. 작품에서 다루어지는 제재는 다양하다. 효성스러운 며느리, 억울한 누명을 쓴 여인, 의로운 친구, 정조(貞操)를 지키지 못한 아내, 재물을 탐내 의(義)를 저버림, 혼란과 전쟁, 꼬투리를 잡아 뇌물을 요구하는 관가의 병사, 여인의 질투와 같이 폭넓은 제재를 가지고 있다.

짜오는 통상 행복한 결말을 갖는다. 긍정적 인물군은 고귀한 인품의 소유자들이면서 고난을 겪는다. 그러나 비록 고난을 겪지만 선한 마음을 잃지 않는다. 이들은 결국 행복을 누리게 된다. 왕위에 오르고, 장님은 눈을 뜨며, 사랑하는 사람과 재회한다. 부처에 의해서 극락으로 인도되기도 한다. 악한 인물들은 보통 지배층이거나 부유한 인물들인데 한때는 세력을 얻을지라도 결국은 악행에 상응하는 징벌을 받는다.

짜오는 웃음을 불러일으키는 연극이다. 짜오의 핵심적인 미의식은 바로 희극미에 있고, 관객은 웃고 즐기기 위해 짜오 공연을 보러 간다. 그 웃음은 주로 풍자에서 나온다. 그래서 '짜오'라는 말은 '짜오(trào, 풍자하다)'에서 나온 것이라고 보는 견해도 있다. 짜오의 미의식이 풍자적인 골계라는 데는 큰 이견이 있을 수 없을 것이다.

방각본 희곡 작품의 간행 상황을 보자. 간행 연도가 밝혀져 있는 작품의 경우 1871년 간행본이 가장 이르고, 1919년 간행본이 가장 늦다. 그러면서 20세기 초반에 간행된 작품의 비중이 크다. 연극 극본을 목판에 새겨서 간행하는 일은 19세기 후반에 시작되어 20세기 초반에 가장 성행했다고 말할 수 있다. 이 점은 대체로 소설의 경우와 다르지 않다.

뚜옹과 짜오 가운데 뚜옹의 비중이 훨씬 높다. 뚜옹은 주로 상층 문인들이 향유한 연극이다. 문인층이 뚜옹 극본을 요구했고, 그들의 요구에 부응해서 출판업자는 방각본을 간행한 것이라고 생각된다. 문인층은 어째서 뚜옹 극본을 독서물로 삼았던 것일까? 답하기 쉽지 않은 문제지만 추론은 해 볼 수 있다. 뚜옹은 황실로부터 상층 문인 귀족에 이르기까지 즐겨 관람한 연극이었다. 역대 황제들은 뚜옹의 극본, 연출에 깊은 관심을 보였다. 뚜옹 감상에 참여하는 것은 상층 문인의 귀족다움을 말해 주는 문화적 지표였다고 생각된다. 과거에 응시하고, 문인 귀족의 품격을 갖추고자 하는 집단의 크기가 컸기에 뚜옹 극본의 인행(印行)은 상업성이 있었을 것이다.

그런데 비록 방각본으로 간행된 종 수는 많지 않지만, 20세기로 접어들면서 째오 극본의 판각도 늘어나는 추세였음이 확인된다. (6)〈石生演戲本〉 柳文堂(1919), (9)〈花雲演音歌〉 柳文堂(1907), (14)〈張生新(口+廚)〉 柳文堂(1909)에서 보듯이 방각본 출판을 선도한 서사인 유문당(柳文堂)에서 째오 극본을 연이어 간행하고 있다. 이처럼 째오 극본이 간행된 것은 농민층(=민중)의 문자 생활 참여가 확대되었기 때문일까? 농민들이 째오 극본을 사서 읽고자 하는 구매력이 커진 것일까? 시대 상황을 고려해 볼 때, 한자나 쯔놈을 익혀서 문자 생활에 참여해야만 하는 자극 또는 조건이 새롭게 나타난 것은 아니었다고 판단된다. 극본은 글로 기록하기도 했지만 구비 전승되는 것이 더 일반적이었다. 농민은 상업 출판물인 연극 대본을 사서 읽을 필요를 여전히 느끼지 않고 있었다. 따라서 째오 극본의 간행은, 문인층이 확대되고 문인층의 기호가 다양화되면서 나타난 현상이라고 보는 편이 타당한 추론이라고 생각한다. 째오는 이제 문인층의 손에 의해서 정비되고 미학적으로 세련되는 길에 접어들었다고 보는 것도 가능할 것이다.[489]

3. 방각본 문학작품 유통의 의미

앞 장에서는 방각본 문학작품 가운데 절대적인 비중을 차지하고 있는 소설과 희곡의 전반적인 면모를 살펴보았다. 박학시전과 평민시전이 엇비슷한 비중으로 출판되었고, 뚜옹 극본을 애호하는 가운데 째오 극본에도 관심을 기울이는 변화가 나타났다는 것이 요점이다. 이런 변화를 어떻게 이해해야 하는가? 베트남문학사의 '지속'과 '변화'의 관점에서 해석한다면 어떤 논의가 가능한가? 이 장에서는 이런 점에 대해

489 이는 조선 후기에 판소리가 중인, 양반 좌상객의 애호를 받게 되면서 변화를 보는 것과도 상통하는 것이 아닐까 생각한다.

서 논의해 보고자 한다.

방각본 문학작품의 독자(=소비자, 고객)는 누구였을까? 한자와 쯔놈을 익혀서 읽을 수 있는 사람들이었다. 한자와 쯔놈 사용자는 얼마나 다를까? 한자와 한글 사용자가 보이는 만큼의 차이를 보일까? 한자・한문은 모르면서 쯔놈으로 된 책을 읽을 수 있는 독자층이 형성되어 있었을까? 필자는 한자와 쯔놈 사용자는 대체로 겹치며, 한자・한문은 모르면서 쯔놈으로 된 책을 읽을 수 있는 독자층을 상정하기는 힘들다고 본다. 쯔놈의 문자로서의 특성에 근거해서 그렇게 판단한다.[490]

쯔놈은 한자 지식이 없으면 사용할 수 없는데다가 한자보다 더욱 난해한 문자가 되었기 때문에 일반에 보급되기 어려웠다. 따라서 쯔놈 문학의 담당자는 한자·한문을 익힌 사람에 국한되었고, 결국은 과거(科擧) 응시자의 범위 안에 머물렀다고 할 수 있다. 그렇다면 다음과 같은 추론이 가능하다. 방각본 거업문의 구매자와 방각본 문학작품의 구매자는 대략 합치한다. 그리고 방각본 문학작품은 문인층의 수요에 대응해서 출간되었다. 이렇게 19세기 후반부터 20세기 초반 베트남문학사에서는 담당층에 있어서 '연속'이 확인된다.

기록문학(한문학, 쯔놈 문학)을 담당하는 계층은 연속되었지만 그 내부에서 유의미한 변화가 나타났음을 방각본 문학작품은 보여준다. 수적으로 늘어난 문인층 내부에서는 '허구적인 이야기'(=소설, 희곡)를 읽고 즐기려는 움직임이 나타나서 확산되었고, 박학시전이나 뚜옹만 찾지 않고 평민시전이나 째오에도 관심을 기울이는 변화가 나타났다. 문학에서 '흥미'를 찾고, 비약적인 상상력이 발현되는 판타지의 세계도 용납하면서 하층의 목소리에도 귀를 기울이는 '변화'가 나타난 것이다. 이렇게 해서 쯔놈 문학은 쯔놈 소설과 희곡을 발판으로 삼아 현실과 환상, 상층과 하층을 아우르면서 새로운 단계로 접어들고 있었다.

490 쯔놈에 대해서는 1장에서 설명했다.

좀 더 거시적인 차원에서 살펴보자. 19세기 후반부터 20세기 전반 베트남에서는 민간 출판업자인 서사(書肆)에서 상업적 출판물을 기획하고 간행해서 수익을 올릴 수 있을 정도로 문학작품 유통 시장이 성장하고 있었다. 출판업의 성장은 베트남 문화산업 전반이 성장하고 있었음을 보여주는 바로미터라고 할 수 있다. 박학시전 간행물이 보여주는 중국문학 작품의 확산, 평민시전 간행물이 보여주는 베트남 전승서사의 비중 확대, 뚜옹 극본의 주도하에서도 째오 극본 간행이 늘어나고 있었다는 점 등은 베트남 문화의 저변에서 중월(中越)·상하(上下) 문화의 융합이 활발하게 진행되고 있었고 바로 그 점이 베트남의 문화적 저변을 튼실하게 한 힘이었으며 '변화'의 동력이었음을 알려준다.

머리말에서 던진 기초적인 질문으로 돌아가서 답을 해 보자.

문: 베트남에서 방각본 문학작품이 본격적으로 유통된 것은 어느 시기인가?
답: 19세기 후반인 1860년 이후의 일로 보인다. 방각본 유통은 20세기 전반에 더욱 성행했다.

문: 방각본은 어느 지역에서 간행 되었는가?
답: 간행지는 지금의 하노이가 중심이 된 가운데 지금의 호찌민시나 중국 광둥에서도 간행이 이루어졌다.

문: 방각본으로 간행된 문학작품의 주된 갈래는 무엇인가?
답: 소설과 희곡이 방각본의 주종을 이루었다.

문: 방각본 문학작품은 몇 종이나 확인되는가?
답: 어림셈으로 헤아리면 소설은 56종, 희곡은 16종이다. 동아시아 다른 나라에 비해 판각본의 종 수가 적은 것은 베트남의 고온 다습한 기후 조건이 서적의 제작과 유통을 제약했기 때문이라고 볼 수 있다. 쯔놈이 어려워서 민족어 기록문학의 창작을 제약한 것도 원인으로 들 수 있다.

문: 방각본은 어떤 독자층을 고객으로 했는가?

답: 한자 · 한문 · 쯔놈을 익힌 계층이라고 보아야 한다. 그들을 문인층이라고 말할 수 있다.

문: 방각본의 유통에서 베트남문학사의 어떠한 특징이 확인되는가?

답: 한편으로는 문인층이 기록문학을 주도하고 있는 상황, 문인 지식층이 자신들의 미감과 세계인식을 담은 기록문학을 향유하는 상황이 '지속'되고 있음을 보여준다. 다른 한편으로는 문인층 내부에서 '허구적인 이야기'(=소설, 연극)를 읽고 즐기려는 움직임이 나타나서 확산되었고, 박학시전이나 뚜옹만 찾지 않고 평민시전이나 째오에도 관심을 기울이는 변화가 나타났다. 문학에서 '흥미'를 찾고, 비약적인 상상력이 발현되는 판타지의 세계도 용납하면서 하층의 목소리에도 귀를 기울이는 '변화'가 나타났다. 그러한 '변화'의 동력은 중월(中越) · 상하(上下) 문화의 융합을 통해서 마련되었다. 요컨대 방각본 문학작품은 베트남문학사와 문화사가 새로운 단계로 진입하고 있었다는 사실을 말해 준다.

11장 근대문학

국민국가의 등장, 자본주의적 생산양식의 확산, 시민계급의 성장이 동력이 되어 중세가 해체되고 근대라는 새로운 시대로 이행했다. 근대로 전환되면서, 아득히 먼 곳에 있는 보편적 이상이 아니라 경험할 수 있는 현실을 중시하는 태도의 확산, 개인의 발견, 국민국가 내에서 국어의 전면적인 보급이라는 변화가 급격하게 나타났다. 문학은 이러한 시대의 근본적인 변화에 상응해서 달라진 세계와 자아 인식의 실상을, 국어라는 언어 조직체로 제시하는 역할을 맡아야 했다.

베트남은 1885년부터 길게는 1954년까지 프랑스의 식민 지배를 받았다. 베트남의 근대 문인이라면 누구나 근대적 국민국가를 이루지 못하고, 개인의 주체성 발현이 심각한 제약을 받고 있으며, 부정적인 사회 현실이 눈앞에 펼쳐지고 있는 악조건에서 출발해야 했다. 20세기 전반 베트남의 문인들은 식민지로 전락했다는 현실적 조건을 인식하고, 거기에 굴하지 않고 극복을 모색하면서 수준 높은 근대문학을 이룩하기 위해서 분투했다.

중세문학에서 근대문학으로의 이행은 국어의 성장과 맞물려 진행되었다. 쯔놈을 대체하고 베트남어를 표기하는 데 쓰인 문자가 국어(國語, quốc ngữ)이다. 국어문학은 '국어 글자로 표기한 문학(văn học chữ quốc ngữ)'이다. 국어문학은 1860년대에 등장해 짧은 시간동안 비약적인 성장을 이룬 결과 1930년대에는 베트남문학 전반을 장악하게 되었다. 이 장에서는 국어가 정착하여 근대문학의 언어로 확고하게 자리 잡아 간 1930년대 이후의 시와 소설에 대해서 살펴보고자 한다.

1. 근대시

1932년에 판 코이(Phan Khôi, 1887~1960)의 작품 〈옛사랑(Tình già)〉이 〈부녀신문(婦女新聞, Phụ Nữ Tân Văn)〉 3월 10일자에 발표되어 커다란 반향과 논란을 불러일으켰다. 발표 당시에 이 작품은 '문학적 변고(變故)(biến cố văn học)'로 받아들여졌으며[491] 형식과 정신이 새로운 '신시(新詩, thơ mới)' 작품이라고 불렀다. 오늘날 이 작품은 근대시가 본격적으로 자리 잡아 가기 시작했다는 점을 알려 주는 작품으로 받아들여지고 있다.

신시가 근대시인 것은 분명하지만 흔히 말하는 자유시는 아니다. 자유시는 행의 길이, 행의 수가 일정치 않고 압운도 하지 않아서 일체의 외형적 규칙에서 해방된 시를 말한다는 통상적인 정의에 대다수의 신시는 부합하지 않는다. 신시는 등장하면서부터 구시 형식, 그중에서도 특히 당률 쯔놈 시 형식을 부정하는 한편 다시 일정한 정형성을 정립해가는 방향으로 운동했다. 신시는 한 행을 이루는 음절 수에 제약이 없었지만[492] 점차 5언시, 7언시, 8언시가 대세를 점해 갔다. 작품의 한 연을 이루는 행의 수도 일정치 않지만[493] 대개 4행을 한 연으로 했다.[494] 이렇게 신시가 자기 형식을 새롭게 모색해가는 과정에서 프랑스

491 조재현 편,《베트남 近代詩論》, 영동문화사, 1976, 45면.

492 신시는 1행을 이루는 음절 수에 제약이 없어 짧게는 2언에서 길게는 12언에 이르는 경우도 있다. 행마다 음절 수가 같은 경우가 많다. 그래서 5언시 · 7언시 · 8언시 · 10언시라고 부를 수 있는 작품들이 많이 있다. 하지만 행마다 음절 수가 달라도 된다. 행마다 음절 수가 모두 다를 수도 있고, 음절 수가 일정한 패턴을 이루어 연마다 반복될 수도 있다.

493 신시는 행 수가 일정치 않다. 작품에 따라서 연을 나누지 않기도 하고 연을 나누기도 한다. 연이 여럿인 경우에는 연마다 행 수가 같아 4행 · 6행 · 8행 등으로 된 경우가 있다. 물론 연마다 행 수가 다를 수도 있다.

494 Phan Cự Đệ,《Văn Học Lãng Mạn Việt Nam(1930~1945)(베트남 낭만주의문학, 1930~1945)》, nxb Giáo Dục 1997, 147면.

시가 일정 정도 준거 역할을 한 것으로 보인다.

근대시 모색기 초기에 수용된 프랑스 시는 대개 8언시, 10언시, 12언시처럼 행의 길이를 일정하게 유지하면서 다양한 압운법을 운용하는 일종의 정형시였다. 이러한 프랑스 시를 수용하게 되자 7언시, 8언시, 10언시처럼 음수율에 기반을 둔 시 형식이 근대시의 형식일 수 있는 것으로 이해되었으며 압운이 작품의 근대적 성격을 훼손하는 것이 아니라고 인식하게 되었다. 근대시의 모범으로 수용된 프랑스 시에서 음수율과 압운법이 지켜지고 있었다는 사실은 근대시를 이룩한다는 이름 아래 구시 형식을 전면적으로 해체해야 한다는 주장, 정형성을 모두 버려야 한다는 주장이 실제 창작을 압도하는 일이 없도록 한 요인이 되었다고 본다.

형식과 정신이 '새로운' 신시를 창작하고자 한 1930~1940년대 초반의 시인들을 몇몇 그룹으로 묶어 이해하는 방식이 널리 통용되고 있다. 물론 연구자들 간의 시각 차이가 있어서 그룹 설정이 일부 달라지기도 한다. 하지만 이해의 편의를 돕는 정도의 수준에서 낭만주의 시인, 현실비판 시인, 혁명 시인으로 나누는 것이 일반적이다.

1) 쑤언 지에우

우선 프랑스 근대시의 지대한 영향을 받은 시인들이 낭만주의 그룹에 드는 것으로 분류된다. 낭만주의라고 할 때는 개인적 정감과 상상력의 자유로운 발현을 추구하는 경향을 뜻하는데, 이들은 크게 보아 슬픔과 고독이라는 정감을 미적으로 형상화하는 데 깊은 관심을 두었다.[495] 쑤언 지에우(Xuân Diệu, 1916~1985)[496]는 낭만주의적 시풍을 대표하는 시인이다.

---

495 낭만주의 시인으로 분류되는 쩨 란 비언(Chế Lan Viên, 1920~1989)은 시집의 서문에서 눈물의 아름다움을 찬미했는가 하면 휘 껀(Huy Cận, 1919~2005)은 우울과 번민이 미의 원천이라고 말했다. (于在照,《越南文學史》, 北京: 軍事誼文出版社, 2001, 259면)

496 본명은 응오 쑤언 지에우(Ngô Xuân Diệu)다.

쑤언 지에우는 8월 혁명(1945) 이전부터 월맹(越盟, Việt Minh)에 가입해 사회주의 혁명 진영에서 활동했다. 1938년에 시집 《시(詩) 시(詩)》(Thơ Thơ)를, 1945년에는 시집 《바람에 향기를 날리고(Gửi hương cho gió)》를 출간해 큰 반향을 불러일으켰다. 그는 일찍이 딴 다(Tản Đà, 1889~1939)의 작품을 좋아했고 후에는 프랑스 시인 라마르틴이나 보들레르의 영향도 받았다고 알려져 있다. 서구적 감각과 작법으로 자아의 해방과 자유로운 사랑을 노래한 작품이 도시 젊은이들의 환영을 받았다.[497]

시인이란 잔잔한 바람이다
달을 따라 꿈을 꾸며 구름과 함께 떠돈다
영혼을 영원히 붙들어 매기 위하여
아니면 만정(萬情)을 나누려는 것인가.

이곳은 만객(萬客)이 드나드는 넉넉한 주점이고
이곳은 수만 가지 향기로운 지식을 담는 병이고
화분(花粉)과 독(毒)을 함께 담아 놓은 접시다.

두 눈에는 겹겹이 쌓인 하늘을 담으며
두 귀로는 모든 소리를 듣는다
먼 곳에서 들려오는 모든 움직이는 소리를
수만 가지 식물들의 색깔이 내는 소리를

가슴에 손을 얹으면 심장이 뛰는 소리를 듣고
그 심장 속에서 만물의 심장 소리를 듣는다
물소리와 새들의 이야기도 이해하며
비가 우는 소리와 빛이 움직이는 소리도

날개는 없지만 여전히 오르내릴 수 있으며
땅 위를 걸으면서도 천상(天上)의 이야기를 생각한다

497 于在照, 같은 책, 263면.

천 년을 일 분으로 줄이기도 하며
풀잎의 양면 사이에서도 풍격을 즐긴다.

나는 단지 조그만 바늘이고
만물은 지남철이다
보름날 밤에 향기로 잠을 깬다고 하면
왜 시인은 잔정이 많다고 책망하는가?[498]

Làm thi sĩ, nghĩa là ru với gió
Mơ theo trăng, và vơ vẩn cùng mây
Để linh hồn ràng buộc bởi muôn dây
Hay chia sẻ bởi trăm tình yêu mến

Đây là quán tha hồ muôn khách đến
Đây là bình thu hợp trí muôn hương
Đây là vườn chim nhả hạt mười phương
Hoa mật ngọt chen giao cùng trái độc

Đôi giếng mắt đã chứa trời vạn học
Đôi bờ tai nào ngăn cản thanh âm
Của vu vơ nghe mãi tiếng kêu thầm
Của xanh thẳm thấy luôn màu nói sẽ

Tay ấp ngực dò xem triều máu lệ
Nghìn trái tim mang trong một trái tim
Để hiểu vào giọng suối với lời chim
Tiếng mưa khóc, lời reo tia nắng động

Không có cánh nhưng vẫn thèm bay bổng

498 황귀연 · 안희완 · 하순 · 배양수, 《베트남의 이해》, 부산외국어대학교출판부 1999, 244~245면.

Đi trong sân mà nhớ chuyện trên trời
Trút ngàn năm trong một phút chơi vơi
Ngắm phong cảnh giữa hai bề lá cỏ

Tôi chỉ là một cây kim bé nhỏ
Mà vạn vật là muôn đá nam châm
Nếu hương đêm say dậy với trăng rằm
Sao lại trách người thơ tình lơi lả ?

1938년 간행한 시집《시 시》서두에 실려 있는 작품〈감촉(CẢM XÚC, 感觸)〉이다. 이 작품은 시인의 본분이 무엇인지 말하고 있다. 시인은 상상의 나래를 펴는 사람이고, 예민한 감각으로 천지만물에 관심을 가지는 사람이며, 낭만적인 열정을 간직한 사람이다. 그래서 이 작품을 신시의 낭만주의 선언문으로 읽어도 좋을 것이다.

사랑은 마음속 일부가 죽는 것,
사랑한다고 해서 사랑받는다고 할 수 있으랴?
무한히 주어도 받는 것은 보잘것없구나,
사람들은 거절하거나, 무관심하거나 혹은 알지 못하는구나.

가까이 있는 그 순간도 마치 이별의 시각과 같이,
스러지는 달, 사라지는 영혼과 함께 시드는 꽃,
하니, 사랑한다고 해서 사랑받는다 할 수 없구나!
— 사랑은 마음속 일부가 죽는 것.

아련한 슬픔 속에 길을 잃고,
사랑에 빠진 자 그 발자국을 좇는다.
인생은 서글픈 사막의 장면.
또한 사랑은 감고 감기는 한 올의 실.
사랑은 마음속 일부가 죽는 것.[499]

---

499 조재현 편, 같은 책, 134면의 번역을 따랐다.

Yêu, là chết ở trong lòng một ít,
Vì mấy khi yêu mà chắc được yêu?
Cho rất nhiều, song nhận chẳng bao nhiêu,
Người ta phụ, hoặc thờ ơ, chẳng biết.

Phút gần gũi cũng như giờ chia biệt,
Tưởng trăng tàn, hoa tạ với hồn tiêu,
Vì mấy khi yêu mà chắc được yêu!
— Yêu, là chết ở trong lòng một ít.

Họ lạc lối giữa u sầu mù mịt,
Những người si theo dõi dấu chân yêu;
Và cảnh đời là sa mạc vô liêu.
Và tình ái là sợi dây vấn vít.
Yêu, là chết ở trong lòng một ít.[500]

〈사랑(Yêu)〉이라는 작품이다. 역시 《시 시》에 수록되어 있다. 우선 이 작품은 8언시 형식이며 모두 3연으로 되어 있다. 1연과 2연은 4행, 3연은 5행으로 연마다 행의 길이가 동일하지 않다. 또 "사랑은 마음속 일부가 죽는 것(Yêu, là chết ở trong lòng một ít)"이라는 시행이 매 연마다 한 번씩 반복되고 있다. 1연에서는 첫 행에, 2연과 3연에서는 마지막 행에 쓰여서 시상 전개에서 오는 리듬감을 느끼게 하고 있다. "사랑한다고 해서 사랑받는다고 할 수 있으랴.(Vì mấy khi yêu mà chắc được yêu)" 역시 두 연에 걸쳐서 반복되고 있다. 이러한 방식의 반복은 전에 없던 새로운 것이다.[501]

각 행의 마지막 시어를 보자. 연별로 정리해 보면 다음과 같다.

500 조재현 편, 같은 책, 133면에 원문이 있다.
501 프랑스 시의 론도(rondeau) 형식의 영향을 받은 것이라고 할 수 있다. (Phan Cự Đệ, 같은 책, 145면).

1연	2연	3연	압운방식
ít	biệt	mịt	a(측성)
yêu	tiêu	yêu	b(평성)
nhiêu	yêu	liêu	b(평성)
biết	ít	ít	a(측성)

각 연은 'it-yêu(iêu)-yêu(iêu)-it' 음으로 끝나고 있는데, 'a-b-b-a' 방식으로 각운을 맞추고 있음을 알 수 있다. 이러한 압운법은 전에 없던 것이다. 중세 시가에서는 'a-a-b-a'의 압운법이 주류를 이루고 있었다. 이곳에서 보는 'a-b-b-a' 방식은 다름 아닌 프랑스 시에서 잘 쓰는 포옹운 방식이다. 포옹운 방식이 연마다 같은 방식으로 되풀이됨으로써 새로운 음악효과를 창출하는 동시에 독특한 형식미를 시현한다고 볼 수 있다.[502]

프랑스 시의 영향이 압운법에만 한정되는 것은 아니다. "사랑은 마음속 일부가 죽는 것"이라는 첫 행은 에드몽 아로꾸르(Edmond Haraucourt, 1856~1941)의 〈작별의 시(Rondel de l'Adieu)〉 첫 연에 나오는 시구를 본떴으며[503] "무한히 주어도 받는 것은 보잘것없구나."는 펠릭스 아르베르(Felix Arvers, 1806~1850)의 시구를[504] 차용했다. 시의 정조 또한 개인적인 사랑의 정감으로, 프랑스 낭만주의의 그것을 닮았다. 이 작품을 통해 신시 작품은 그 형식적 요소와 정조가 프랑스 시와 많이 닮았다는 사실을 확인할 수 있다.[505]

502 "In most cases, our traditional prosody uses the rhyme scheme of a quatrain: a a b a. It is easily seen that French prosody has different types of rhyme: cross, introverted, connected, and mixed. Quite a variety; a large choice for poets." (Xuân Diệu, "Influence of French poetry on modern Vietnamese poetry, A poet's Account," 51면).

503 "떠나감은 조금 죽는 것이다, 그가 사랑하는 것에 대해 죽는 것이다(Partir, c'est mourir un peu, C'est mourir a ce qu'on aime)" (Huỳnh Sanh Thông, An Anthology of Vietnamese Poems, New Haven and London: Yale University Press 1996, 284면).

504 "Offrir beaucoup, et recevoir bien peu de choses".

505 Xuân Diệu, "Influence of French poetry on modern Vietnamese poetry, A poet's Account"에서 쑤언 지에우는 자신이 프랑스 시의 영향을 얼마나 민감하게 받았는지 실제 창작 작품을

뽈 베를렌(Paul Verlaine, 1844~1896)이나 르네 길(René Ghil) 등 프랑스 상징주의 시인들이 시에서의 음악성을 강조하는 주장을 내놓았는데, 베트남에도 그런 주장이 수용되어 시의 음악성, 시의 가락을 살리려는 방향으로 창작이 이끌렸다.[506] 시의 음악성을 살리는 길은 우선 압운과 평측의 안배에서 찾을 수 있었다. 그래서 6·8체 형식, 7·7·6·8체 형식, 민요형식 등 전통적 시가형식에서 개발되고 시험된 압운과 평측 방식이 다시 활용되는 것은 당연한 일이라고 할 수 있다.

2) 뚜 머

현실비판 그룹의 시인으로는 뚜 머(Tú Mỡ, 1900~1976)[507]가 첫손에 꼽힌다. 그는 날카롭고 신랄한 풍자시를 썼다. 농민과 도시 빈민의 궁핍한 생활상에 주목하기도 하고[508] 관료, 꼭두각시 의원(議員), 식민지 앞잡이들을 풍자 대상으로 삼기도 했다. 시집으로는 《역류(逆流, Dòng nước ngược)》(1)(1934)과 《역류》(2)(1941)가 있다.

뚜 머의 풍자시 중에서 식민지 시대의 인민대표원(人民代表院, Viện Dân biểu)[509]의 의원(議員, nghị viên), 그리고 의원 선거를 풍자한 작품이 특히 정채가 돈다.[510] 프랑스 식민지 시대에 민주주의를 실시한다는 미명 아래 베트남 중부와 북부 지방에서 인민대표원의 의원 선거를 실시했다. 명리를 추구하는 자들이 앞다투어 출마해서, 나라와 민중을 위한다는 외피를 쓰고 온갖 부정한 수단을 써서 당선되려 하여 정의감 있는 사람들은 오래지 않아 밀려나고 말았다.[511] 부정한 수단으로 당선된 의원들

거론하면서 말하고 있다.

506 Phan Cự Đệ, 같은 책, 149~150면.

507 본명은 호 쫑 히에우(Hồ Trọng Hiếu)다.

508 Phan Cự Đệ vv, 《Văn Học Việt Nam(1900~1945)(1900~1945 시기의 베트남문학)》, nxb Giáo Dục 1998, 348면.

509 한자어로 바꾸면 '민표원(民表院)'이 된다. 잠시 '인민대표원'으로 옮겼다.

510 Phan Cự Đệ vv, 같은 책, 505면.

511 Vũ Ngọc Khánh biên soạn, 《Thơ Văn Trào Phúng Việt Nam, Từ Thế Kỷ 13 Đến 1945(베트

이 어떤 행태를 보일지는 능히 짐작할 수 있다.

작품 〈선거(Bầu cử)〉를 보기로 한다.

천하(天下)가 떠들썩하게 다들 서로 불러내어,
이 사람은 입후보하고, 저 사람은 투표하고.
이번에 많이들 가재(家財)를 탕진하지만,
'의원 나리(ông dân)' 된다는 보장이 있는가!
다들 무리 지어 거리로 나와 노래하는데,
날과 밤을 이어 끝날 줄 모르네.
이번에 나리께서 K. T.로 내려가신다니,
문 연 기생들 아마도 돈 좀 벌겠네!

Thiên hạ nôn nao họ rủ nhau:
Người ra ứng cử, kẻ đi bầu.
Phen này lắm cậu gia tài vỡ,
Mà chức 'ông dân' đã chắc đâu!

Họ kéo từng đàn xuống xóm hát,
Lu bù ngày ấy sang đêm khác.
Phen này ông quyết xuống K. T.
Mở tiệm cô đầu có lẽ phát![512]

7언 8연으로 된 작품의 처음 첫째 연과 둘째 연이다. 선거철이 되자 마을 전체가 떠들썩하니 홍청거리는 장면이다. 의원 자리를 꿈꾸는 사람들이 출마해 가산을 기울여 술판을 벌이면서 돈으로 자리를 사려 한다는 점을 꼬집고 있다. 둘째 연의 'K. T.'는 '컴 티언(Khâm Thiên)'의 머리글자로, 식민지 시대 하노이에서 기생집이 몰려 있던 곳이다. 〈선거〉는 선거의 떠들썩함을 그대로 전하면서 이면에 감추어진 어두운

남 풍자시문, 13세기에서 1945년까지)》, nxb Văn Học 1974, 432면.
512 Vũ Ngọc Khánh biên soạn, 같은 책, 431~432면에 원문이 있다.

현실을 고발하고자 했다.

뚜 머는 호춘향, 완권, 진제창으로 이어져 온 풍자시의 전통을 계승한다고 할 수 있다.[513] 뚜 머라는 필명은 진제창의 필명인 뚜 쓰엉(Tú Xương, 秀昌)을 떠올리게 한다. 필명에서부터 풍자를 무기 삼아 현실을 비판하는 시인의 계보를 잇겠다는 점을 분명히 해 두었다. 뚜 머는 베트남 전통 시가 형식을 버리지 않고 사용하면서 이전보다 더욱 복잡해진 사회현상을 제재로 포괄하고자 했다. 다른 한편으로는 프랑스 풍자문학의 영향도 받았다. 1959년에 쓴 글에서 자신은 몰리에르, 볼테르, 라 브뤼예르(La Bruyère), 쿠르틀린(Courteline) 등의 작품들을 읽고 영향을 받았다고 말하고 있다.[514]

뚜 머는 풍자시의 기법도 다양하게 개발했다. 강조나 과장 기법을 쓰기도 하고 속담이나 관용표현을 효과적으로 사용했다. 민중의 목소리를 작품에 끌어들이기도 했다. 독자에게 웃음을 유발하는가·하면 웃음 끝에 눈물이 나게 했다.[515] 우의적 기법도 사용했다. 예를 들어 1938~1939년에는 〈오늘날(Ngày nay)〉에 〈소(con bò)〉와 〈개(Con chó)〉를 발표했다. 제목을 보는 것만으로도 짐작할 수 있듯이 민중을 무자비하게 대하는 식민지 통치자, 식민지 지배에 협조하는 충복(忠僕)들을 우의적인 수법을 써서 풍자한 작품들이다.[516] 하지만 모든 작품이 성공적인 것은 아니었다. 때로는 깊이가 없이 가볍고 말은 많으나 함축은 모자란다는 평을 받기도 한다.[517]

3) 또 흐우

공산혁명 시인 그룹에 드는 시인으로는 또 흐우(Tố Hữu, 1920~2002)가 대

513 Phan Cự Đệ vv, 같은 책, 516~517면.
514 Phan Cự Đệ vv, 같은 책, 517면.
515 Phan Cự Đệ vv, 같은 책, 518~520면.
516 Phan Cự Đệ vv, 같은 책, 348~349면.
517 Phan Cự Đệ vv, 같은 책, 521면.

표적이다. 또 흐우는 베트남 중부의 가난한 유학자 집안에서 태어났다. 일찍이 공산주의운동에 투신해서 1936년에 공산청년단(Đoàn thanh niên Cộng sản)에 가입하고 후에(Huế)에서 민주청년단(Đoàn thanh niên Dân chủ)을 이끌었다. 이후 1938년에 인도차이나공산당(Đảng Cộng sản Đông Dương)에 가입했고 1939년에는 프랑스 식민 당국에 의해 체포되어 수감되었다. 1942년에 탈옥해서 타인 호아(Thanh Hóa) 지역에서 비밀 활동을 전개하다가 해방(8월 혁명)을 맞이한다.

또 흐우는 1936년에 신문에 시를 발표하는 것으로 시작 활동을 개시했다.[518] 하지만 또 흐우가 애초부터 혁명시를 창작한 것은 아니었다. 중학교에 다니면서는 프랑스문학 작품에 심취하기도 했다. 열여섯의 나이에 낭만적인 시를 써서 〈하노이 신문(Hà Nội báo)〉(1936. 5. 27)에 발표하기도 했다. 베트남 낭만주의 신시 그룹의 여러 시인들, 예컨대 테 르(Thế Lữ, 1907~1989), 르우 쫑 르(Lưu Trọng Lư, 1911~1991), 쑤언 지에우, 쩨 란 비언(Chế Lan Viên, 1920~1989), 휘 껀(Huy Cận, 1919~2005) 등의 영향 또한 깊이 받았다. 그러던 그가 민주전선(Mặt trận Dân chủ) 시기에 마르크시즘 서적을 탐독하는가 하면 혁명가들의 영향을 받기도 하면서 혁명 활동에 투신하기로 결심하고, 거기에 따라 시작의 경향도 변화하게 되었다.[519]

수감 기간을 포함한 1937~1946년에 창작한 작품이 시집 《시(詩, Thơ)》(1946)에 수록, 발표되었다. 《시》를 보충해서 1959년에는 《그 후로(Từ ấy)》라는 제목으로 재판을 냈다. 또 흐우가 8월 혁명 이전에 창작한 작품들 가운데 신문 지상에 공개된 작품은 적은 수에 지나지 않는다. 반면 감옥에서 지은 많은 작품들이 감옥 안팎에서 비밀리에 전송(傳誦)되었다.[520]

---

518 Phan Cự Đệ vv, 같은 책, 652면. 한편 Phong Lan, Mai Hương biên soạn, 《Tố Hữu(또 흐우)》, nxb Giáo Dục 1999, 43면에서는 1937년이라고 한다.
519 Phan Cự Đệ vv, 같은 책, 652면.
520 于在照, 같은 책, 292면.

1938년 7월에 쓴 〈그 후로〉를 제일 먼저 보아야 하겠다.

그 후로 내 안에서는 여름 햇빛 타오르고,
진리의 태양이 내 심장을 밝게 비추었다.
내 영혼은 꽃과 잎이 무성한 정원,
향기 농밀하고 새 소리 가득하다……

나는 내 마음을 모든 이와 결합했노라,
내 마음이 모든 곳으로 퍼져 나가도록.
내 영혼이 고통받는 모든 영혼을 감싸안아서,
서로 더욱 가까워져서 생명력을 더하도록.

나는 만 집안[萬家]의 아들이요,
쇠잔한 만겁(萬劫)의 아우로다.
나는 만인의 형이로다,
옷도 밥도 없고, 집도 없이 떠도는 힘없는 (만인의)……[521]

Từ ấy trong tôi bừng nắng hạ
Mặt trời chân lý chói qua tim
Hồn tôi là một vườn hoa lá
Rất đậm hương và rộn tiếng chim……

Tôi buộc lòng tôi với mọi người
Để tình trang trải với trăm nơi
Để hồn tôi với bao hồn khổ
Gần gũi nhau thêm mạnh khối đời.

Tôi đã là con của vạn nhà
Là em của vạn kiếp phôi pha

521 원문의 "cù bất cù bơ"는 "cầu bơ cầu bất"과 같은 표현으로 '방랑하는, 집 없는, 유리실소(流離失所)'의 뜻이라고 한다.

Là anh của vạn đầu em nhỏ
Không áo cơm, cù bất cù bơ……

'그 후'는 공산당에 가입한 이후를 말한다. 작품에서는 공산혁명에 참여하게 되면서 느끼는 감격과 가슴에 품은 이상, 민중에 대한 사랑과 연대 의식을 직설적으로 표현하고 있다. 허사('là' 'với' 등)를 자주 사용하고 동일한 구법이 반복되게 하기도 해서 산문적이라는 느낌을 준다. 시적 함축보다는 정감을 직접 토로하기 위해 그렇게 한 것이겠다.

2. 근대소설

국어로 쓴 소설로서 근대소설다운 수준에 도달했다고 인정되는 첫 작품이 1925년에 출판된 장편소설 〈또 떰(Tố Tâm, 素心)〉이다. 저자는 호앙 응옥 파익(Hoàng Ngọc Phách, 1896~1973)이다. 〈또 떰〉은 남성 주인공 담 투이(Đạm Thủy)와 여성 주인공 또 떰 사이의 비극적인 사랑 이야기이다.

1930~1940년대 전반기에 식민 당국이 작품 발표를 용인한 이른바 '합법적인 문학(văn học hợp pháp)'으로는 낭만주의 계열, 현실비판 계열의 문학이 있다. 소설 갈래에서 낭만주의 계열의 작품이라고 하면 자력문단 계열의 소설을 가리킨다고 이해해도 큰 무리가 없다. 자력문단(自力文壇, tự lực văn đoàn)은 1933년에 녓 린(Nhất Linh, 1905~1963)이 주동하고, 호앙 다오(Hoàng Đạo), 타익 람(Thạch Lam), 카이 흥(Khái Hưng), 테 르(Thế Lữ), 뚜 머(Tú Mỡ) 등이 창립 멤버가 되어 결성한 그룹이다.[522] 자력문단은 개량주의적 색채를 띤 계몽 지식인 집단으로서 서구화의 길을 택해 앞 시대의 문학과는 다른 신문학을 창조하고자 하는 낭만주의적 색채

522 열거한 것은 모두 필명이다. 이들의 본명, 생몰연대는 다음과 같다. 녓 린(Nguyễn Tường Tam, 1905~1963), 호앙 다오(Nguyễn Tường Long, 1906~1948), 타익 람(Nguyễn Tường Lân, 1910~1942), 카이 흥(Trần Khánh Giư, 1896~1947), 테 르(Nguyễn Thứ Lễ, 1907~1989), 뚜 머(Hồ Trọng Hiếu, 1900~1976).

를 지닌 문인 그룹이라고 할 수 있다.[523]

1930년대 중반 이후 식민지 사회의 현실, 노동자·농민을 위시한 당대인의 삶의 모습을 사실적으로 그려낸 일군의 작가가 등장했다. 이들을 통칭 현실비판 계열, 혹은 리얼리즘 계열이라고 부른다. 이들이 등장한 데는 마르크시즘과 사회주의의 영향, 프랑스 자연주의 문학의 영향[524]이 적지 않게 작용했다. 리얼리즘 계열을 대표하는 소설 작가로는 응우옌 꽁 호안(Nguyễn Công Hoan, 1903~1977), 응오 떳 또(Ngô Tất Tố, 1892~1954), 부 쫑 풍(Vũ Trọng Phụng, 1912~1939), 남 까오(Nam Cao, 1917~1951)가 특히 손꼽힌다.

1) 〈단절〉

녓 린은 자력문단의 리더였다. 1927년에 프랑스로 유학 가서 과학을 전공하고 1930년에 귀국한다. 서구 문화와 문학의 영향을 깊이 받고 베트남 사회와 문학을 서구식으로 바꿔 놓고자 했다. 그런 뜻을 품고 1932년에는 〈풍화〉의 주필이 되었고 곧이어 자력문단을 창립하기에 이른다.

녓 린의 소설 〈단절(斷絕)〉은 1934년에서 1935년까지 〈풍화〉에 연재된 장편소설이다. 제목에서 이미 강하게 암시하듯이 전통과의 단절을 소리 높이 외친 작품으로, 자력문단의 창작 경향을 대변하는 자리에 놓인 작품이다. 줄거리는 대략 다음과 같다.

로안(Loan)은 서양식 교육을 받고 새로운 사고방식을 지닌 젊은 여성이다. 남몰래 중(Dũng)을 사랑하고 있었지만 이미 어린 시절 학교 친구이자 부유한 집안 자제인 턴(Thân)과 정혼한 사이였다. 로안은 턴에게 친구 이상의 감정을 갖고 있지 않았지만 어쩔 수 없이 결혼해야 했다.

결혼한 이후로 단 하루도 행복한 날이 없었다. 턴은 로안을 자기 어

523 Phan Cự Đệ, 같은 책, 241면.
524 부 쫑 풍이 전형적인 경우이다.

머니를 섬길 여자로 생각해서 결혼했다고 한다. 턴의 어머니, 곧 로안의 시어머니는 젊은 시절 자신이 겪었던 것과 같은 고생을 며느리도 해야 한다면서 로안에게 고된 일을 시킨다. 뿐만 아니라 턴은 첩을 들이기까지 한다.

로안은 아이를 낳았지만 얼마 되지 않아 병이 난다. 시어머니는 의사의 치료를 거부하고 미신에 따라 치료하려 한다. 결국 아이는 낡은 미신에 희생되어 죽고 만다. 이런 일이 있은 후 남편을 비롯한 시집 식구와 다툼이 더욱 격렬해진다. 어느 날 로안은 턴과 다투던 중 턴이 던진 꽃병을 피하다 넘어져서 공교롭게도 옆에 떨어져 있던 칼을 손에 쥐게 되는데, 그 순간 턴이 로안 위로 넘어지면서 칼에 가슴이 찔려 죽고 만다. 전혀 고의가 아니었지만 로안은 살인자가 되어 법정에 서게 된다. 법정에 선 로안은 변호사의 적극적인 도움을 받아 무죄로 석방된다.

시집살이의 굴레에서 해방된 로안은 어느 날 전부터 알고 지내던 타오(Thảo) 집을 방문했다가, 중(Dũng)이 타오에게 보내온 편지를 보게 된다. 그 편지에서 중은 로안을 깊이 사랑한다고 고백한다. 작품은 두 사람의 행복한 장래를 암시하면서 끝을 맺는다.

작품의 주제를 직설적으로 말하는 부분은 변호사의 변론 부분이라고 할 수 있다. 작품에서 변호사는 '로안의 시어머니와 낡은 윤리'에 잘못을 물어야 한다고 하고, 더 넓게 생각한다면 일련의 일들이 신구(新舊)의 격렬한 충돌로 빚어졌다고 했다.[525] 시대를 앞서가는 사고방식을 지닌 변호사를 등장시켜 작가가 하고 싶은 말을 하고 있다. 그 때문에 교술적 성격이 지나친 감도 있지만 독자들에게 강력한 메시지를 직

525 "Người có tội chính là bà mẹ chồng Thị Loan và cái luân lý cổ hủ kia. Nhưng nếu vượt lên trên, và nghĩ rộng ra không kể đến cá nhân nữa, thì bao nhiêu những việc xảy ra không phải lỗi ở người nào cả, mà là lỗi ở sự xung đột hiện thời đương khốc liệt của hai cái mới, cũ" [Nguyễn Hoành Khung vv, 《Văn xuôi lãng mạn Việt Nam(1930~1945)(베트남 낭만주의 산문 선집)》 I, nxb Khoa Học Xã Hội 1998, 706면]

설적으로 전달하는 효과를 거둘 수 있었다. 실제로 이 작품은 발표 당시 대단한 인기를 얻었다.

〈단절〉의 주인공 로안은 취교나 또 떰과 닮아 있다. '효(孝)'와 '정(情)' 사이에서 고민하지만 내심으로 사랑하는 사람과 헤어지고 '효'를 택함으로써 고난에 빠진 점에서 로안, 취교, 또 떰이 일치한다. 고난을 겪지만 마침내 사랑하는 사람과 해후한다는 점에서는 취교와 더욱 닮아 있다. 이러한 사실은 녓 린이 앞 시대 문학과의 '단절'을 주장했어도 실제 작품 창작에서는 베트남문학 전통 위에 서 있을 수밖에 없다는 점을 잘 보여 준다.

한편 로안은 취교나 또 떰과 다르기도 하다. 로안은 취교처럼 체념에 빠진 것도 아니고, 또 떰처럼 혼자서 절망에 빠져 헤어나지 못한 것도 아니다. 로안이 시어머니 앞에서 "누구도 나를 욕할 권리가 없고, 누구도 나를 때릴 권리가 없다."[526] 하고, "어머니도 사람이고 나도 사람이니 누가 낫고 누가 못하다고 할 수 없다."[527]고 말하는 장면에서 보듯이 로안은 자기주장을 분명히 내세우는 적극적인 여성이었다. 전통적 가족제도의 억압에서 해방되어 개인의 자유와 권리를 찾고자 하는 깨인 의식을 가진 여성 주인공을 형상화했다는 점에 이 작품의 시대적 의의가 자못 크다 하겠다.

2) 〈찌 페오〉

부 쫑 풍(Vũ Trọng Phụng, 1912~1939)은 르포르타주[528]와 소설로 이름을 얻었다. 1936년에 〈하노이 신문〉에 연재한 두 편의 장편소설 〈폭풍우

---

526 "Không ai có quyền chửi tôi, không ai có quyền đánh tôi" (Nguyễn Hoành Khung vv, 같은 책, 693면).

527 "Bà cũng là người, tôi cũng là người, không ai hơn kém ai" (Nguyễn Hoành Khung vv, 같은 책, 693면).

528 부 쫑 풍은 '북부 르포르타주 문학의 왕'으로 일컬어진다. (강하나, 〈1930~1945년간 베트남문학의 현대화 과정〉, 《베트남 연구》 제3권, 한국베트남학회 2002, 366면).

(Giông tố)〉와 〈행운(Số đỏ)〉이 특히 큰 반향을 불러일으켰다. 〈폭풍우〉는 1937년에, 〈행운〉은 1938년에 책으로 출간되었다. 〈폭풍우〉는 악독한 지주이자 식민 자본과 결탁한 부도덕한 의원의 행태를 묘파한 작품이고, 〈행운〉은 행실이 나쁜 부랑자가 온갖 거짓과 속임수를 써서 출세 가도를 달려 상류사회의 명사가 되는 과정을 풍자적으로 그려낸 작품이다. 식민지 시대의 부정적인 인물과 현실을 드러내기 위해서 풍자적인 기법을 적극적으로 활용했다.[529]

남 까오(Nam Cao, 1917~1951)[530]가 해방 전에 쓴 작품으로는 〈찌 페오(Chí Phèo)〉(1941)가 대표작이다. 장편소설 〈닳아버린 삶(Sống mòn)〉(1944)도 있지만 발표된 것은 1956년에 가서의 일이다. 〈찌 페오〉는 원제를 '잘 어울리는 한 쌍(Đôi lứa xứng đôi)'으로 했다가 개제한 것이다. 작자의 고향에서 실제로 있었던 일을 토대로 창작한 단편소설이다.

작품 내용을 간추리면 다음과 같다. 부 다이(Vũ Đại) 마을의 찌 페오는 아주 어려서 '벽돌 가마 옆에' 버려져서 부모가 누구인지, 원래 어디 사람인지 아무도 알지 못한다. 스무 살 때는 이장(里長), 지금은 백호(百戶, ông bá) 벼슬을 하고 있는 끼 엔(Kiến) 밑에서 머슴살이를 했다. 끼 엔 노인은 마을의 실력자였다.

찌 페오는 선량하고 성실한 사람이었다. 그러던 그가 7, 8년 동안 보이지 않았다가 다시 나타났다. 젊은 세 번째 부인이 찌 페오를 마음에 들어 해서 자기 방으로 끌어들인다는 것을 알게 된 끼 엔이 질투심에서 찌 페오를 감옥에 집어넣은 것이다. 마을로 다시 돌아온 찌 페오는 완전히 불한당 같은 자로 변해 있었다. 마을로 되돌아온 바로 그날부터

---

529 최영란, 〈1930년대 소설 한국의 『태평천하』와 베트남의 『쏘 도(Số đỏ)』비교 연구: 풍자성을 중심으로〉, 한국외국어대학교 박사학위논문, 2016에서 〈행운〉을 비교문학의 관점에서 다루었다.

530 본명은 쩐 흐우 찌(Trần Hữu Trí)이다. 르엉 응우옌 타잉 짱, 〈Nam Cao(남 까오)와 현진건 사실주의 단편소설 비교연구〉, 부산대학교 석사학위논문, 2007, 82~84면에 남 까오의 생애와 작품 창작활동에 대해서 소개하고 있다.

늘 술에 취해서 욕을 해댔다.

끼엔은 온정을 베푸는 척하면서 그를 꾀어 이용해 먹었다.

> 끼엔 양반은 속으로 궁리한다. 그렇지, 소 대가리 같은 녀석이 있지? 소 대가리 같은 녀석이 없다면 누구를 이용해서 소 대가리 같은 녀석들을 처리할까? 끼엔 양반의 세력은 다른 세력을 위협할 수 있다. 끼엔 양반이 가진 가장 큰 능력은 사람을 때로 부드럽게 때로 딱딱하게 다룰 줄 안다는 것이고, 또한 죽음도 두려워하지 않고 감옥에 가는 것도 두려워하지 않는 겁 없는 녀석들까지 써먹을 줄 안다는 것이다. 그 녀석들이 바로 무슨 일이든 처리할 수 있는 녀석들이다. 필요할 때 그들에게 술값 몇 푼만 쥐어 주면 그들의 손으로, 자신의 말을 듣지 않는 그 어느 누구에게라도 해를 입힐 수 있다. 그들은 상대가 완고하거나 힘이 세다면 거짓으로 꾀어내어 집에 불을 지르거나 칼침을 놓거나 한다. 어수룩한 사람에겐 술병을 던지거나, 시비를 건 다음에 바닥을 뒹굴면서 온 동네 사람들을 불러 대거나 한다. 그들이 그렇게 사달을 만들어야 끼엔 양반은 비로소 먹을거리가 생긴다. 만약 그런 게 없이 분수에 만족하는 순박한 주민들로부터 단순히 세금만 빼먹는 것으로는 자리 보전조차 어렵다. 세금을 일 년에 한 번 거둬들이는데 만약 그 정도로 그친다면 촌장 자리를 유지하기 위해 뇌물로 써야 하는 돈 삼사천을 보충할 수 없다. 부모를 판다 해도 턱없이 모자랄 뿐이다. 그런 까닭에 그날 밤 집에 돌아온 끼엔 양반은 찌 페오를 지극하게 대접했다.[531]

찌 페오는 자기 삶을 망가뜨린 원수의 충복이 되어 도리어 이용당한 것이다. 찌 페오는 '사나운 마귀(con quỷ dữ)'가 되어 온갖 악행을 저질렀지만 정작 본인은 늘 취해 있었기에 자신이 어떤 나쁜 짓을 하는지에 대한 자각도 전혀 없었다.

그러던 중 그는 몹시 못생기고 가난하며 지력이 떨어지는 여성 티 너(thị Nở)와 알게 되었다. 그녀는 나이 서른이 넘었지만 아직 남편이 없었고 고모와 살고 있었다. 자기를 동정하며 보살펴 주는 티 너에게서

---

531 하재홍 역, 〈지 패오〉, 《ASIA》 32호, 아시아, 2014, 301면.

찌 페오는 태어나 처음으로 따스함을 느낀다. 찌 페오는 티 너를 사랑하는 마음이 생겨서 마음을 고쳐먹고 정상적인 가정을 이루고 농사를 지으며 행복하게 살고 싶다는 소망을 품는다.

> 죽 한 그릇을 다 마시고 나자, 티 너는 죽 그릇을 공손히 받아서 한 그릇을 더 펐다. 놈은 자신이 얼마나 많은 땀으로 흠뻑 젖었는지 느낄 수 있었다. 땀이 머리에서부터 방울방울 커다랗게 얼굴로 흘러내렸다. 놈은 옷깃으로 쓱 한 번 닦은 다음, 콧등을 한 번 닦고, 웃음을 지어 보이며 다시 죽을 먹었다. 먹을수록 땀이 많이 흘러내렸다. 티 너는 놈을 바라보면서 고개를 저으며 동정했다. 놈의 마음은 어린애가 된 듯했다. 놈은 엄마에게 하듯 그녀에게 어리광을 부리고 싶었다. 아니, 어떻게 놈이 이렇게 착해졌나. 어느 누가 감히 그가 제 머리를 깨고 얼굴에 상처를 내고 사람을 찌르고 베는 찌 페오라고 말할 수 있겠는가? (…) 세상에! 놈이 선량하기를 원한다. 놈이 모든 사람들과 화합을 하고 싶어 한다! 티 너가 놈을 위해 길을 열어 줄 것이다. 그녀가 놈하고 평안하게 살 수 있다면 다른 사람이라고 그리 못하겠는가. 그들은 놈이 아무에게도 해를 끼치지 않을 수 있다고 느끼게 될 것이다. 그들은 선량한 사람들의 동등하고 우애 넘치는 사회 속으로 놈이 들어왔다고 여기게 될 것이다. (…) 놈이 그녀에게 말했다.
>
> "이렇게 계속 있으니 좋아?"
>
> 그녀는 대답하지 않았다. 그러나 그녀의 붉은 코가 점점 벌어졌다. 놈은 그것을 보고 역시 못생긴 게 아니라고 생각했다. 놈은 일부러 바람둥이 같은 표정과 목소리로 그녀에게 말했다.
>
> "자네 여기로 와서 나와 한집에서 즐겁게 사는 게 어때?"
>
> 그녀가 놈을 흘겨보았다. 아주 못생긴 사람들이 사랑할 때는 눈을 흘긴다. 놈은 흡족한 듯 깔깔 웃었다. 정신이 맑을 때, 놈이 웃는 표정은 정말 순했다. 티 너의 마음도 아주 흡족했다.[532]

티 너에게는 같이 사는 고모가 있었다. 티 너가 고모의 의중을 묻자 고모는 찌 페오와의 결합을 반대한다. "수치이고 치욕"이라고 했다.

---

532 하재홍 역, 같은 책, 318~319면.

그러자 티 너는 격노해서 화를 풀 대상을 찾아서 찌 페오를 찾아간다. 때마침 티 너가 오지 않는다며 화가 나서 술을 마시던 찌 페오와 격렬하게 다투던 중 티 너는 고모에게 들은 말을 내뱉으며 악담을 하고는 찌 페오의 손을 뿌리치고 가 버린다. 찌 페오는 분노가 치밀어 그녀와 고모를 찔러 죽이겠다고 결심한다. 술을 취하도록 마신 그는 칼을 차고 나섰지만 길을 잘못 들어 끼엔의 집에 들어가 끼엔을 죽여 버리고 자기도 목을 찔러 자살하고 만다.

찌 페오가 길을 잘못 들어 끼엔을 찾아갔을 때 두 사람이 나눈 마지막 대화는 다음과 같다.

"이거 찌 페오 아닌가? 횡설수설 작작 좀 해라. 난 창고가 아니야."

닷 푼 동전을 땅에다 툭 던지고는 그에게 말했다.

"그것 가지고 내 앞에서 꺼져라. 그렇게 먹고 살면서 우리에게 고맙다는 말은 하지 않을 거냐?"

그는 눈을 크게 뜨고서 백호의 얼굴을 쳐다보았다.

"동전 닷 푼 얻자고 내가 여기 온 게 아니니다."

그가 난폭한 짓을 할 것 같아 보이자, 백호는 곧 부드러운 목소리로 말했다.

"그래, 그거나 가져가거라. 난 더 이상은 없다."

그는 참으로 거만한 표정을 지으며 얼굴을 쳐들었다.

"돈 달라고 온 게 아니라고 내가 말했잖아."

"그래! 네가 돈을 달라지 않는 건 오늘 처음 보는군. 그럼 넌 뭐가 필요한 거지?"

그가 당당하게 말했다.

"난 선량한 사람으로 살고 싶다."

끼엔은 껄껄 웃었다.

"오, 난 또 뭐라고! 나도 그저 네가 선량하게 세상 살기를 바랄 뿐이지."

그는 머리를 흔들었다.

"안 돼! 누가 나를 선량하게 해? 어떻게 이 얼굴에 있는 흉터를 없앨 수 있겠어? 난 더 이상 선량한 사람이 될 수 없어. 알아! 한 가지 수밖에 없어…. 알아…! 한 가지 수밖에 없다고…. 이거! 알아…!"

그는 칼을 꺼내서 달려들었다.[533]

찌 페오는 가난하지만 선량한 농민이었는데 지주의 횡포로 말미암아 감옥에 끌려갔다가 성품은 물론 삶까지도 망쳐서 악한으로 전락한 인물이다. 위에 인용한 대목에서도 보이듯이 그는 더 이상 살아갈 길이 없어서 불행한 최후를 맞이하고 만다. 작가는 유맹(流氓, 유랑민) 찌 페오의 비참한 처지를 보여줌으로써 농촌에서 벌어지는 계급 간의 갈등을 부각시킨다고 할 수 있다.[534] 남 까오는 하층민의 '굶주림'과 '죽음'을 베트남 사회를 들여다보는 거울로 삼고자 했다.[535] 그런데 지주와 유랑민 사이의 계급모순은 이른바 '식민지 사회의 반봉건성'과 떼어내어 생각하기 어렵다. 찌 페오의 궁핍한 삶과 황폐한 정신세계는 식민지 시대 하층 민중이 겪어야 했던 삶의 고난을 대변한다고 할 수 있다.

나아가 찌 페오는 베트남 사람의 자화상이기도 하다. 작품에서 찌 페오는 늘 술에 취해 있다. 원수에게 도리어 이용당할 정도로 분별력도 없는 인물이다. 악행을 저지르면서도 자신이 무슨 짓을 하는지 전혀 자각이 없다. 찌 페오의 짝 티 너는 지력이 떨어지는 여자다. 그런 두 사람은 작품의 원제가 말해 주듯이 '잘 어울리는 한 쌍'이다. 작가는 이들 작중인물의 행동, 그리고 심리묘사를 통해서 베트남 민중이 처한 상황을 비판적으로 그려내고자 했다고 볼 수 있다. 이런 점에서 이 작품은 베트남의 〈아Q정전〉이라는 평을 받는다.[536]

533 Nam Cao, 《Chí Phèo(찌 페오)》, Biên Hòa: nxb Tổng Hợp Đồng Nai, 2006, 44~45면.

534 Bích Thu biên soạn, 《Nam Cao, về tác gia và tác phẩm(남 까오, 작자와 작품)》, nxb Giáo Dục 1998, 207면. .

535 선한 인물의 '죽음'이나 '굶주림'은 베트남 사회의 폭력성, 인물의 정신적 파멸과 곧바로 연결되어 있어서, 베트남 사회의 비극을 형상화하는 도구로 쓰일 수 있었다. '굶주림'과 정신적 파멸의 결합은 남 까오 작품의 특징적인 면모이다. (르엉 응우옌 타잉 짱, 같은 글, 65~66면)

536 Bích Thu 편, 같은 책, 184~185면 등. 그런데 남 까오가 〈찌 페오〉를 창작하기 전에 〈아Q정전〉을 읽지 못했기 때문에 직접적인 영향 관계는 말할 수 없다고 한다. (Bích Thu biên

그런데 남 까오의 사실주의적 창작 방법은 선(무산계급, 피지배자)과 악(자본계급, 지배자)을 구분하는 이분법적인 구도를 따르지 않았다. "문학은 글재주가 요구되는 것이 아니라 그 어떤 규범 추구가 요구되는 것이다. 문학은 세상사에 깊게 파고 들어간 사람, 개척의 방법을 아는 사람, 아무도 발굴하지 않은 원천을 캐내고, 아직까지 없었던 그 어떤 것을 창조하는 사람만을 용납한다"고 했다.[537] 근대 작가는 진실을 발견하는 사람이라는 뚜렷한 자각을 가지고 있었다.

---

soạn, 같은 책, 184면)

537 응우옌 티 탄 쑤언, 〈남 까오와 '지 패오'〉, 《ASIA》, 아시아, 285면.

12장 도이 머이(đổi mới)

1986년 12월에 개최된 제6차 베트남 공산당 전당대회에서는 '도이 머이'(đổi mới) 정책을 채택한다고 선언했다. 도이 머이는 '새롭게 바꾸자'는 의미이며 중앙 집중적 계획경제 체제로부터 국가 관리의 시장경제 체제로의 전환, 대외 개방이 정책의 기조였다. 도이 머이 선언은 오늘날의 베트남이 있게 된 변화의 출발점이 되었다고 할 수 있다.

도이 머이는 통일 이후 남부인이 사회주의 체제에 염증을 느끼기 시작한 것을 남부의 지도자들이 감지하여 대안으로 제시한 것이다. 1986년 제6차 전당대회에서 응우옌 반 린(Nguyễn Văn Linh, 1915~1998)이 최고 권력자 자리인 총서기직에 올라 이후 5년간 도이 머이를 주도했다. 도이 머이는 대체로 전쟁을 수반하는 과격한 '개혁'보다는 좀 더 부드럽게 사회적 긴장과 갈등을 최소화하기 위한 고안으로 설명된다.[538]

제6차 전당대회에서는 "사실을 직시하고 사실을 올바로 평가하며 사실을 분명히 말하는 것"을 강조했다. 이렇게 사실을 중시하는 태도는 문학 창작에도 그대로 적용되어야 했다. 그 결과 작가의 재능은 "충분한 설득력과 독창성으로 삶의 사실"을 형상화하는 데서 발휘되어야 하며 그럴 때 작품의 가치도 보장된다고 하는 문학관의 변화가 나타나게 되었다.[539] 도이 머이는 문학에서도 혁신의 전기가 되었다.

---

538 도이 머이에 대한 설명은 최병욱, 《베트남 근현대사》, 창비, 2008, 201~209면을 참조했다.
539 배양수, 〈시장경제의 비극〉, 《동남아시아연구》 15권 2호, 한국외국어대학교 동남아연

도이 머이 이후 갑자기 아름다운 새 세상이 온 것은 물론 아니다. 배급경제에서 시장경제로 바뀌는 가운데 무수히 많은 사회문제가 발생했다. 도이 머이 덕분에 표현의 자유가 늘어나면서 쏟아져 나온 문학작품에서 작가들은 그동안 통제 체제하에서 덮였던 제반 문제, 즉 당원의 부패, 부조리, 무능 등을 들추어냈을 뿐만 아니라 도이 머이 이후에 보이는 사회 병리들을 고발했다. 약삭빠른 기회주의자들이 성공하는 부조리한 현실, 돈이 진실인 시장경제 사회로 바뀌면서 혁명 세대가 맞은 정신적 공황 등이 작품의 제재가 되었다.

도이 머이는 현재진행형이다. 도이 머이 시대의 문학작품에 대한 연구와 평가는 좀 더 시간이 필요할 것이다. 그래서 이 장에서는 도이 머이 초기에, 그때까지는 보지 못했던, '삶의 사실'을 포착하여 문학 면모를 일신한 작품이라고 평가받고 있는 두 작품으로 논의를 한정하고자 한다. 두 작품은 바로 응우옌 후이 티엡(Nguyễn Huy Thiệp, 1950~)의 단편소설 〈퇴역 장군(退役將軍, Tướng về hưu)〉(1987)과 바오 닌(Bảo Ninh, 1952~)의 장편소설 〈전쟁의 슬픔(Nỗi buồn chiến tranh)〉(1987)이다. 두 작품은 베트남문학의 오랜 관습이었던 영웅주의와 애국주의의 굴레를 벗어 버리고 문학의 새로운 가능성을 열어 보였다.

1. 〈퇴역 장군〉

작가 응우옌 후이 티엡은 1950년 하노이에서 태어났다. 1970년에 하노이 사범대학 역사과를 졸업하고 10년간 고등학교에서 교편을 잡는다. 1980년에 하노이로 돌아와서 교육부에서 일하기도 하고 지도를 만드는 회사에서 일을 하기도 했다. 1987년에 작품을 발표하기 전부터 글을 쓰기 시작했으나 도이 머이 이후에 비로소 발표를 결심하게

구소, 2005, 123면.

되었다고 한다.[540]

〈퇴역 장군〉은 1987년 6월 20일자에 주간지인 〈문예(Văn nghệ)〉에 발표되었다. 작품은 작중 화자인 아들('나')이 세상을 떠난 아버지의 삶을 회고하는 형식으로 되어 있다. '나'는 아버지, 그리고 아내와 일정한 거리를 유지하면서, 아버지 주변에서 일어나는 일들을 절제된 언어로 비교적 담담하게 그려내고 있다.

작품의 줄거리를 요약하면 다음과 같다.

응우옌 투언(Nguyễn Thuyến)(='나'의 아버지)은 어려서 어머니를 여의고 계모의 손에서 자란다. 계모의 학대를 견디다 못한 투언은 열두 살의 나이에 집을 나와서 군에 입대한다. 전장에서 혁혁한 전공을 세운 그는 가족은 물론 마을 사람들 모두에게 존경의 대상이었다. 투언은 일흔 살에 소장(小將)으로 예편하여 집으로 돌아온다.

"큰일을 마치고" 집으로 돌아온 투언은 자신보다 여섯 살 연상인 아내, 아들 내외, 손녀 둘, 집안일을 도와주는 꺼씨 부녀와 함께 살아가게 된다. 아내는 몇 해 전부터 치매를 앓고 있었다.

투언의 이복동생인 봉(Bổng)에게는 아들 뚜언(Tuân)이 있었는데, 뚜언의 아내는 구타를 견디다 못해 달아나 버렸다. 이제 뚜언이 두 번째 결혼식을 올렸는데, 결혼식을 올린 지 열흘 만에 며느리가 아이를 낳는다. 술에 취한 봉은 며느리를 구박하다가 아들 뚜언에게 칼부림을 당하고, 뚜언은 이 일로 감옥에 간다.

산부인과 의사인 며느리 투이(Thủy)는 병원에서 하는 일이라곤 임신 중절 수술이다. 매일 버려지는 태반을 보온병에 담아 와서는 개나 돼지에게 먹이로 준다. 이를 본 투언은 크게 상심한다.

치매에 걸린 아내가 위독해진다. 아들('나')은 소생시키기 위해 안간힘을 쓰면서 마지막으로 인삼을 달여 드리려 한다. 하지만 며느리는 인삼을 많이 마시면 쉽게 죽지 못한다는 속설을 믿고는 인삼을 먹이지 말라고 한다. 며느리는 시어머니의 죽음을 담담하게 받아들이고 장례를 치를 준비를 한다. 장

540 배양수, 〈'퇴역 장군'과 시장경제〉, 《외대논총》 제25~II집, 부산외국어대학교, 2002, 405면.

례식에서 음식상을 차릴 때도 계산을 치밀하게 해서 불필요한 지출이 없도록 한다. 이런 며느리는 동네 청년 시인 콩(Khổng)과 어울려 시시덕거리며 밀통을 한다. 하지만 아들은 이를 모른 체한다.

5월 어느 날 전에 있던 부대에서 다시 부대로 돌아올 것을 권유하는 편지를 보내온다. 투언은 부대로 복귀한다. 하지만 얼마 뒤 투언이 임무를 수행하다가 사망했다는 비보가 전해진다. 남겨진 가족들은 부대를 찾아 간다. 투언은 열사(烈士) 묘역에 안장된다.

아버지(투언)는 민족의 독립을 위한 전장, 혁명을 완수하기 위한 전장에서는 영웅이었다. 하지만 예편해서 직면한 생활의 전쟁터에는 전혀 적응하지 못한다. 전선이 아닌 후방에서는 숭고한 이념과 이상주의가 더 이상 통용되지 않았다. 돈과 욕망에 따라 움직이는 전후(戰後)의 현실에서 진정한 영웅은 며느리 투이였다. 투이는 많이 배웠고 시장경제 체제에서 돈을 어떻게 벌어야 하는지 알고 있었으며, 돈을 위해서라면 비정한 처사도 마다하지 않았다.

집사람은 산부인과 병원에 근무했는데, 주로 임신 중절 수술을 하는 일이었다. 투이는 매일 나오는 태반을 보온병에 담아서 집으로 가져왔다. 꺼씨는 그것을 삶아서 개와 돼지에게 주었다. 나는 이 일을 알고 있었지만 모른 척하고 있었다. 아버지는 나를 데리고 부엌으로 가서 솥을 가리켰다. 그 속에는 아주 작은 어린아이의 형태도 보이고 불그스레한 손가락도 보였다. 아버지는 울음을 터트렸다. 아버지는 보온병을 집어서 사냥개 무리 쪽으로 던지면서 소리쳤다. "젠장! 나는 이렇게 부자 되고 싶지 않다!" 개들이 짖어댔다. 아버지는 집으로 들어가셨다. 집사람이 꺼씨에게 "왜 믹서에 넣지 않았어요? 왜 아버님이 보도록 놔두었냐는 말이에요."라고 말했다. 꺼씨는 "죄송합니다. 제가 잊어버렸습니다."고 말했다.[541]

투언은 끔찍한 광경을 보고 절규한다. 마침내 다시 전장으로 돌아

541 배양수, 〈'퇴역 장군'과 시장경제〉, 410면의 번역을 이용한다.

갔지만 예전처럼 전공을 세울 수는 없었고 결국 싸늘한 주검이 되어 묘지에 안장된다. 혁명 세대의 영웅이 패배하고 만 것이다. 사회주의 리얼리즘의 창작 방법에 따른다면 있을 수 없는 비극적 결말이다. 이상주의를 버리고 냉정한 현실을 반영했다고 평가할 수 있다. 바로 여기에 〈퇴역 장군〉의 새로움이 있다.

투언의 패배는 베트남을 지탱해 온 이념을 회의하게 한다. 애국주의, 영웅주의를 고취하는 문학의 근저를 뒤흔든다. 나아가 문학은 그처럼 비속하고 타락해 있는 현실을, 곧 '사실'을 밀도 있게 제시해야 하는 임무가 있다고 일깨워 준다.

2. 〈전쟁의 슬픔〉

작가 바오 닌은 1952년 베트남 중부 응에 안(Nghệ An) 성 지엔 쩌우(Diễn Châu) 현에서 태어났다. 본명은 호앙 어우 프엉(Hoàng Ấu Phương)이고 바오 닌(Bảo Ninh)은 필명이다. 고등학교를 졸업하고 1969년 열일곱의 나이에 입대하여 1975년까지 6년간 최전선에서 군복무를 한다.

베트남전쟁의 마지막 작전이었던 사이공 진공 작전에 참여한 그는 소대원들과 함께 떤 선 녓(Tân Sơn Nhất) 국제공항 점령 전투에 투입되었다. 1975년 4월 30일, 남베트남 공수 부대와의 치열한 최후 교전 끝에 떤 선 녓 국제공항을 장악했을 때 살아남은 소대원은 그를 포함하여 단 두 명이었다. 이 전투와 함께 길고도 길었던 베트남전쟁은 끝났고, 그는 전사자 유해 발굴단에 참여하여 8개월간 베트남 산하에 버려진 이루 헤아릴 수 없이 많은 전우들의 시신을 수습한 다음 전역했다.

하노이로 돌아와 불법적인 '식량 밀거래'를 하는 전역병들과 몰려다니며 황폐한 생활을 하던 그는 응우옌 주(Nguyễn Du) 문학학교에 입학하면서 글쓰기를 시작했다.[542] 1986년 작품 활동을 시작했다. 첫 장편

542 하재홍 옮김, 《전쟁의 슬픔》, 아시아, 2012의 작가 소개를 참조했다.

소설 〈전쟁의 슬픔〉은 1991년 베트남작가협회 최고 작품상을 수상했으며 18개국의 언어로 번역되었다.

작품은 끼엔의 전투 경험, 프엉과의 사랑을 이야기한다. 하지만 작가가 스스로 말하고 있듯이 "글에 논리 같은 것은 아예 있지도 않"고 "처음부터 결말에 이르기까지 아무런 통일성도 발견할 수 없"으며 "흔히 말하듯 구성과 명료성과 완결성을 갖추지" 않은 작품이다.[543] 줄거리가 뚜렷하지 않고, 긴밀성과 통일성 또한 갖추지 않고 있다는 말인데, 끼엔의 경험, 의식의 흐름, 꿈을 드러내 보이기 위해서 택한 서술 방식이라고 할 수 있다.

바오 닌은 미국과의 전쟁을 '슬픔'으로 기억한다. 왜 전쟁은 슬픈가?

> 전쟁은 정말 슬픈 것이다. 가정도 뿌리도 없이 끝없이 가련하게 떠돌아야 하기 때문이다. 전쟁은 남자도 여자도 없고, 감정도 욕망도 없이, 오직 슬픔과 절망밖에 없는 세상을 가져다주었다. 바로 인간이 만들어 낸.[544]

> 이제 모두 지나갔다. 대결의 소음은 가라앉았다. 바람은 잠들고 나무들은 몸을 흔들지 않게 되었다. 조국은 승리했고 따라서 정의 또한 승리했다. 위대한 결말이었다. 그러나 무엇이 정의이고 무엇이 승리란 말인가? 생존한 이들에게 남은 것은 또 무엇인가? 이 평화란 얼마나 파렴치한 것인가? 이 나라가 전쟁에 이겨 얻은 것은 과연 무엇인가? 고통과 좌절, 그리고 슬픔, 영원히 끝나지 않을 슬픔뿐이다.
>
> 누군가 살아남기 위해서는 누군가 쓰러져야 한다. 새로울 것도 없는 진실이다. 그러나 당신과 내가 살아남았다 해도, 아니 살아남을 가치가 있다고 해도, 함께 살아남아야 할 다른 이가 전쟁의 피 묻은 손에 쓰러져 깨어지고 갈가리 찢겼다면, 만약 어두운 폭력이 그들을 고문하고 능욕하고 죽여 영원히 땅에 묻어버렸다면, 도대체 이 평화란, 삶이란, 파란 하늘과 넓은 바다란 얼마나 불합리하고 무서운 것인가? 정의는 승리했다. 휴머니즘은 승리했다. 그

---

543 박찬규 옮김, 《전쟁의 슬픔》, 예담, 1999, 318면. 앞으로 이 책의 번역을 이용할 경우에는 해당 면수만 밝히기로 한다.

544 45면.

러나 인류의 악과 죽음과 폭력 또한 승리했다. 주위를 둘러보면 안다. 조금만 곰곰이 생각해 보면 안다. 파괴된 것은 다시 세울 수 있다. 잃어버린 것은 보상받을 수 있다. 상처는 아물고 통증은 가라앉는다. 그러나 전쟁이 남긴 이 슬픔은 그 어느 것으로도 위로받을 수 없으며 세월이 갈수록 더 깊고 커져만 간다.[545]

베트남은 미국과 싸워서 위대한 승리를 거두었다. 조국의 승리는 정의의 승리요 휴머니즘의 승리다. 그런데 그것은 표면이다. 전쟁터에서 수년을 보내고 얻은 것은 "고통과 좌절, 그리고 슬픔, 영원히 끝나지 않을 슬픔뿐"이라고 했다. 상대를 죽여야만 했기에 "인류의 악과 죽음과 폭력 또한 승리했다."고 한다. 그것은 이면이다. 표면의 승리에 도취되지 말고 이면의 아픔, 슬픔을 직시하자는 것이 이 작품의 외침이다.

끼엔은 왜 고통스러워해야 했으며, 끼엔의 승리와 함께 인류의 악과 폭력 또한 승리했다는 말은 무슨 뜻인가? 끼엔이 겪은 "전쟁은 포탄의 파편과 부상병, 처참한 증언, 그리고 괴로운 환상으로 가득 차 있"[546]었다.

고개를 흔들어 흐린 기억을 더듬는데 머릿속에 아주 선명하게 떠오르는 장면이 있었다. 코끼리 따오에 대한 기억이었다. 그때 그들은 프억안을 빠져나와 부온마투옷 근처로 도망하는 적의 45연대 병사들을 향해 쉬지 않고 기관총 사격을 퍼부었다. 총알은 미친 듯이 쏟아지고 탄약통이 눈 깜짝할 사이에 비어 버렸다. 기관총 앞에서 적군이 셀 수도 없이 비명을 지르며 쓰러졌다. 기관총의 냉각기에서 수증기가 뿜어져 올라오고 총을 받친 삼각대가 심하게 흔들렸다. 끼엔은 더 이상 쏘고 싶지 않았지만 쓰러진 적군 병사들 가운데 하나가 느닷없이 방아쇠를 당길 것만 같은 두려움에 사격을 멈출 수 없었다. 아군 전차를 피해 달아나던 적병들이 끼엔의 총 앞까지 달려와 쓰러지고

545 260면.
546 120면.

시체 더미를 이루었다. 그것은 전투가 아닌 학살이었다. 눈앞에 그렇게 많은 시체가 쌓이는 것을 끼 엔은 그 후로도 보지 못했다.

"됐어! 그만 해!"

따오가 소리쳤다. 따오는 잡았던 탄약띠를 놓고 일어나서 끼 엔의 어깨를 흔들며 애원하듯 말했다.

"됐어, 제발 그만 해. 제발 쏘지 마! 됐어, 됐다니까 …."

총에서 마지막 총알이 튀어나가고 탄약통이 완전히 비어서야 끼 엔은 겨우 사격을 멈출 수 있었다. 이 광란의 학살이 갑자기 우스운 연극처럼 여겨졌다. 죽은 병사들은 땅에 엎드러지기도 하고 무릎을 꿇거나 몸을 세운 채 하늘을 향해 팔을 벌리고 있기도 했다. T54 탱크 두 대가 그들 쪽으로 다가왔다. 시체들을 쓸어 뭉개버리기 위해서였다. 그리고 살육의 드라마는 끝났다. 끼 엔은 따오를 바라보았다. 따오는 공포에 질려 있었다. 심장이 너무 세차게 뛰어 주체를 못 하겠는지 그는 두 손으로 가슴을 움켜쥐며 끼 엔 옆에 주저앉았다. 그의 왼쪽 어깨에서 피가 흘렀다.[547]

미친 듯이 쏘아대는 기관총에 맞아 죽은 병사들의 시체 더미를 보고, '광란의 학살이 갑자기 우스운 연극처럼 여겨졌다.'고 생각하는 끼 엔의 모습에서 악과 폭력의 승리를 읽어낼 수 있으며, 또한 한없는 슬픔을 느끼게 된다.

1975년 4월 30일 사이공 떤 선 녓 공항에서 일어난 일을 다음과 같이 전하고 있다. 끼 엔은 정찰 분대원 가운데 유일하게 살아남아 공항 대합실로 들어가 어떤 젊은 여자의 시체 옆에서 자다가 깨어난다.

"(…) 아! 그런데 여자 시체 바로 옆에서 자던데, 냄새 지독하지 않았어?"

끼 엔은 바로 앞을 보았다. 정말 시체 하나가 있었다. 허연 여자의 시체였는데 가슴은 불룩 튀어나오고 양다리가 벌어진 채, 흩어진 머리카락이 얼굴의 반을 뒤덮었다. 세관 문을 미처 빠져나오지 못했던 것 같았다. 젊은 여자의 시체였다. 눈은 겨우 감겨 있었고 피를 흘린 것 같지는 않았다. (…)

그때 갑자기 요란한 소리가 났다. 무거운 발걸음으로 누가 무엇을 끌고 오

547 148~149면.

는 듯했다. 포병으로 보이는, 몸집이 크고 철모를 쓴 남자가 팔에 '33맥주' 상자를 두 개나 안고서 세관 안쪽에서 왔다. 그는 세관 문을 나와 그 여자의 시체를 넘어서려다 비틀거리더니 넘어지고 말았다. 맥주병들이 요란하게 깨지고 노란색 맥주가 바닥에 쏟아졌다. 끼엔은 그냥 입가에 웃음을 지었을 뿐이지만 전차병들은 폭소를 터뜨렸다.

그러자 창피하기도 하고 화가 난 '맥주 도둑'은 곧바로 일어서서 주먹을 꽉 쥐고 웃는 사람을 노려보았다. 그는 얼굴을 찌푸리면서 침을 뱉고는 그 시체를 세게 발로 차면서 소리를 질렀다. (…)

실컷 욕을 퍼붓던 거인 같은 남자는 그 시체의 다리 하나를 잡고 질질 끌고 갔다. 그 남자가 욕을 할 때까지는, 즐거운 식사를 즐기던 전차병들과 끼엔은 아랑곳하지 않았다. 그런데 그 남자는 여자의 시체를 계단으로 끌고 갔다. 그러자 시체의 머리털이 마구 흐트러지고 목덜미와 머리통이 큰 소리를 내면서 공처럼 튀어 올랐다.

"세상에!"

누군가 숨 막히는 소리를 냈다. 그러나 그 남자는 멈추지 않고 시체를 아직 빗물이 괸 콘크리트 바닥까지 거칠게 끌고 갔다. 그리고 시체를 높이 들어 내팽개쳐 버렸다. 하얀 시체는 공중으로 솟아올라 낙하산병의 시체 더미 위로 날아와 무겁게 떨어졌다. 땅에 떨어지자마자 시체는 앉은 자세로 손을 움직이며 비명을 지를 것처럼 입을 벌렸다. 그리고 땅에 머리통이 부딪히면서 쓰러졌다. 잔인한 포병은 가슴을 내밀면서 당당한 걸음걸이로 가 버렸다.[548]

즐비한 시체 옆에서 아무렇지도 않게 먹고 잔다. 삶은 죽음과 동거하고 있다. 젊은 여인의 시체를 내동댕이치는 장면에서는 최소한의 '휴머니즘'도[549] 설자리를 잃어버렸다는 것을 알게 된다.

더욱 심각한 일은 사랑하는 두 사람, 끼엔과 프엉 사이에서 일어났다. 프엉을 만나러 왔다가 낙오한 끼엔은 남쪽으로 향하는 기차를 타고 본대로 복귀하고자 한다. 이때 사랑하는 연인 프엉도 기차에 함께 탔다.

---

548 123~124면.
549 126면.

그날 밤 기차 안에서 끼엔과 프엉은 혼돈 상태의 마음속 깊은 구렁텅이를 아슬아슬하게 줄타기하며 죽음을 향한 여행을 감행했다. 도취되고, 눈멀고 들떠서 그들은 서로를 꼭 껴안은 채 행복의 무의식 속을 유영했다. 프엉은 탄력 있고 나긋나긋한 몸을 유연하게 접고 펼치며 그것에 탐닉했다. 그들은 행복하고 편안했다. 그들은 서로의 몸과 몸을, 뺨과 뺨을, 등과 가슴을 꼭 붙인 채로 긴장을 풀고 쾌락에 몸을 맡기며 하늘을 떠다녔다. 이 내밀한 포옹과 애무는 가끔 끼엔을 뜨거운 열정에 휩싸이게 했지만 그것은 그의 당혹감과 함께 멈춰지고 이내 가라앉아 흩어져 버리곤 했다.

"괜찮아, 끼엔. 뭐가 두려워? 괜찮아…. 우리가 사랑한다면, 끼엔, 죽는 순간까지 우리는 순결할 수 있어…."

프엉의 속삭임은 빛의 입자처럼 어둠 속에 파동을 일으키고 끼엔의 기억에 깊이 새겨졌다.

프엉의 품에 얼굴을 묻고 끼엔은 몇 가지 꿈을 건너뛰었다. 꿈은 중단 없이 이어지고 그는 정처 없이 끝도 없이 꿈속을 방황했다. 꿈은 마치 그들의 운명을 보여 주는 듯했다. '전쟁, 내 사랑!' 끼엔은 생각했다.

"비행기다! 이제 우린 끝장이야!"

(…)

대낮 같은 빛 속에서 기차 안은 난장판이었다. 모든 것이 환하게 비춰졌다. 그러나 필름의 음화와 같은 유령의 색깔이었다. 프엉은 바닥에 넘어져 있었다. 끼엔은 그녀가 일어서려는 듯 바닥에 손을 짚은 채 창백한 얼굴로 눈을 부릅뜬 것을 보았다. 그녀의 머리털이 바닥에 늘어뜨려졌다. 그러나…. 끼엔은 움직이지 않았다. 그는 이해할 수 없었다. 자신의 눈을 믿을 수도 없었다. 어떤 사내의 몸이 그녀를 덮쳐누르고 거대한 손이 그녀의 입을 막고 있었다. 고막을 찢는 비행기 소리와 달려드는 죽음의 공포에 질려 방향을 잃은 채 끼엔은 왜 검고 거대한 몸체가 프엉의 몸을 덮쳐눌렀는지 이해지 못했다. 그 이상한 장면에 대해 생각할 겨를이 없었다. 공포에 질리고 얼이 빠져 입을 벌렸다. 누가 비명을 지르는지 몰랐다. 갑자기 앞이 캄캄해졌다. 끼엔은 잡았던 창문 손잡이를 놓치고 바닥에 굴렀다. 그의 몸이 기차 밖으로 튕겨나가 땅에 떨어졌다.[550]

550 237~339면.

전쟁은 둘 사이의 "순결"한 "사랑"을 철저하게 유린하고 있다. 프엉을 유린한 그 '악'(=사내)은 미군도 남부군도 아니었다. 만일 끼엔이 그 '악'을 위해서, '악'을 대신해서 전장에 나아가 피를 흘리고 있는 것이라면 문제는 심각해진다. 전쟁이 끝나고 남쪽에서 돌아와 10년 만에 프엉을 다시 만났을 때, 프엉은 퇴폐적인 공연을 하는 카바레의 가수로 전락해 있었다.[551] 둘의 관계는 회복 불가능했고, 프엉은 끝내 끼엔 곁을 떠나 버린다.

작가는 묻고 있다. 과연 누구를 위해서 목숨을 걸고 싸웠는가? 전쟁의 의미는 무엇인가? 이처럼 전에 없던 근본적인 의문을 이 작품은 던지고 있다.

도이 머이 이전의 베트남문학은 '전쟁과 생산에 관한 제재를 우선시하고, 애국적 구호를 내걸고 적개심을 고무시키며, 새로운 모범적인 것을 중점적으로 다루고, 낙관성을 확정하고, 모범적인 가치의 전형(典型)을 수립하고, 생활 속에서의 소극적인 면을 강조하는 일과 비판적인 음조를 피하고, 사상적 주제가 분명해야 하며, 다의성을 피하고, 형식은 짧고 간결하며 쉽게 이해되어야' 한다고 한 것을 상기해 보면, 〈전쟁의 슬픔〉이 얼마나 파격적인 작품인지 능히 짐작할 수 있다. 〈하얀 아오자이〉와 〈전쟁의 슬픔〉의 거리 — 그것이 바로 도이 머이 이전과 이후의 거리다.

551 271면.

13장 어문(語文) 교육

오늘날 베트남 사람은 학교 교육의 현장에서 어떤 작품을 어떤 관점에서 학습하는가? 문학을 통해서 베트남 사람을 이해하고자 한다면 현재 시행되고 있는 문학교육에도 관심을 가질 필요가 있다. 국가는 어떤 정전(正典)을 읽어야 한다고 하는가? 국가는 문학작품을 읽게 하여 어떤 국민이 되기를 원하는가? 이 장에서는 이런 문제에 관심을 가져 보고자 한다.

베트남의 학제에 따르면 베트남의 초중등 학생은 초등학교 5년, 중학교 4년, 고등학교 3년을 마치고 대학에 진학하게 된다.[552] 중고등학교 과정에 어문 영역(môn Ngữ văn)이 있다. 베트남 교육부(Bộ Giáo dục và Đào tạo, 教育陶造部[553])는 어문 영역의 교육목표가 시대와 국가가 요구하는 인재를 양성하는 데 있다고 하면서, 특히 다음 세 가지를 강조하고 있다. 첫째, 베트남의 언어와 문학을 중심에 두고서, 언어와 문학에 대한 일반적이고 기초적이며 체계적인 지식을 갖추도록 한다. 둘째, 베트남어 사용 능력, 글을 읽고 감상하는 능력, 자기주도 학습 능력, 사고력과 응용력을 형성 · 발전시킨다. 셋째, 베트남어, 문학, 자연과 문화를 아끼고, 국가와 민족에 대해 자부심을 가지게 하며, 자주정

552 'Trường tiểu học(小學校)', 'Trường trung học cơ sở(基礎中學校)', 'Trường trung học phổ thông(普通中學校)' 또는 'Trường phổ thông trung học'라고 칭한다. 중학교를 졸업하고 3~4년 과정의 기술 고등학교 과정을 이수하는 길도 있다.

553 '教育培訓部'라고 옮기기도 한다.

신, 사회주의적 이상, 민주 정신, 책임감, 국제적 협력의 정신 등을 함양하도록 한다.[554] 지식 교육, 언어사용능력 교육 가치관 교육을 공히 중시하고 있다고 할 수 있다.

이와 같은 어문 교육의 목표는 어문 교과서를 통해서 구체화된다. 어문 영역의 교과서가 《Ngữ văn》이다. '응으 반'이라고 읽으며, '어문(語文)'이라는 뜻이다. 이 장에서는 어문 교육의 목표를 염두에 두고, 중학교 과정 4년에 걸쳐서 배우게 되는 《Ngữ văn》(이하 《어문》으로 함)의 체제와 내용을 검토하고, 중학생을 대상으로 이루어지는 고전문학 교육의 전반적인 특징이 무엇인지 논의해 보고자 한다. 추상적으로 기술된 어문 교육의 목표가 교과서를 통해서 구체화되는 양상을, 고찰 범위를 좁혀서 살피고자 하는 것이다. 이제껏 우리 학계에서 베트남 어문 교과서를 검토한 연구는 이루어지지 않은 것으로 보이기에, 이곳에서는 교과서와 관련된 전반적인 사항을 정리하면서 고전문학이 다루어지는 양상을 개략적으로 살피는 데 주안점을 두고자 한다.

《어문》은 여타 교과서와 마찬가지로 베트남 교육부 산하 교과서 검정 위원회에서 저자나 집필자 그룹이 제출한 교과서 초본 심사를 하고, 심사를 통과한 책을 베트남 교육출판사(Nhà xuất bản Giáo dục Việt Nam)

554 Ở cấp độ vĩ mô, mục tiêu dạy học Ngữ văn hiện nay là sự cụ thể hóa mục tiêu giáo dục nói chung, chú trọng dạy chữ, dạy người và hướng nghiệp. Đi vào cụ thể, môn học Ngữ văn nhấn mạnh ba mục tiêu chính sau: 1. Trang bị những kiến thức phổ thông, cơ bản, hiện đại, có tính hệ thống về ngôn ngữ và văn học - trọng tâm là tiếng Việt và văn học Việt Nam - phù hợp với trình độ phát triển của lứa tuổi và yêu cầu đào tạo nhân lực trong thời kỳ công nghiệp hóa, hiện đại hóa đất nước. 2. Hình thành và phát triển ở học sinh các năng lực sử dụng tiếng Việt, tiếp nhận văn bản, cảm thụ thẩm mỹ, phương pháp học tập tư duy, đặc biệt là phương pháp tự học, năng lực ứng dụng những điều đã học vào cuộc sống. 3. Bồi dưỡng cho học sinh tình yêu tiếng Việt, văn học, văn hóa, tình yêu gia đình, thiên nhiên, đất nước, lòng tự hào dân tộc, ý chí tự lập, tự cường, lý tưởng xã hội chủ nghĩa, tinh thần dân chủ nhân văn, giáo dục cho học sinh trách nhiệm công dân, tinh thần hữu nghị hợp tác quốc tế, ý thức tôn trọng và phát huy các giá trị văn hóa của dân tộc và nhân loại. (Bộ Giáo dục và Đào tạo, 《Tài liệu bồi dưỡng giáo viên thực hiện chương trình, sách giáo khoa lớp 10 THPT môn Ngữ văn》, nxb Giáo dục, 2006, 39면)

에서 출판한다.[555] 어문 영역의 교과서는 교육출판사 간행《어문》한 종만 인정되고 있다. 이곳에서 검토하고자 하는 중학교《어문》의 목록을 제시하면 다음과 같다.

vòng I

Ngữ văn 6 (tập một, tập hai)[556]	《어문》6 (6-1, 6-2)
Ngữ văn 7 (tập một, tập hai)	《어문》7 (7-1, 7-2)

vòng II

Ngữ văn 8 (tập một, tập hai)	《어문》8 (8-1, 8-2)
Ngữ văn 9 (tập một, tập hai)	《어문》9 (9-1, 9-2)

위에서 보듯이 학기별로 한 권씩 배우도록 되어 있다. 중학교 4년 과정은 6 · 7학년(vòng I)과 8 · 9학년(vòng II)으로 다시 구분하는데, 교과서도 그러한 구분을 반영해서 내용과 수준을 달리해서 편찬된다.[557] 고등학교 과정에서는《어문》10~12를 배우게 된다.

1.《어문》의 체재

1) 편찬 방향

베트남에서는 2002년에 교육부의 결정에 의거해서 교육과정 개편이 단행되었는데, 중등학교 교육과정 개편은 교수 · 학습의 부담을 줄이고(giảm tải), 연습(실행)을 늘리며(tăng thực hành), 실생활과의 연계성을 높

555 이견호, 〈베트남의 교육 현황과 교과서 제도〉,《교과서연구》제45호, 한국교과서연구재단, 2005, 57~61면에 베트남에서 이루어지고 있는 교과서 편찬 과정에 대한 개략적인 설명이 나와 있다.《어문》의 한 권 값은 7,800동(đ)~11,100동(đ)이니, 우리 돈으로는 400원~560원 정도가 된다.

556 1집, 2집이라는 뜻인데, 이곳에서는 편의상 6-1, 6-2와 같이 표기하기로 한다.

557 Nguyễn Khắc Phi, 〈Lời nói đâu(머리말)〉,《Ngữ văn》8-1, nxb Giáo Dục Việt Nam, 2010, 3면. 앞으로《Ngữ văn》을 인용할 때는 '8-1, 3면'과 같이 권수와 면수만 밝히기로 한다.

이는(gắn đời sống) 방향으로 나아가고자 했다.[558] 이런 개편 원칙이 어문 분야에도 적용되었으며, 원칙을 실현하기 위해서 '통합(tích hợp)'을 지향한다는 방침이 채택되었다. 그 결과 그때까지 독자적으로 존재해 온 세 부문 — 문학(Văn), 베트남어(Tiếng Việt), 작문(Tập làm văn, 작문 연습) — 그리고 세 부문별로 각각 편찬했던 교과서를 통합 · 단일화하는 커다란 변화가 일어났다.

세 부문을 '통합'해서 어문 영역으로 하고, 단일 교과서로《어문》을 만들었는데, 그 속에서 문학, 베트남어, 작문은 각기 자기 자리를 가지고 있으면서 동시에 서로 긴밀하게 연계되도록 구성했다. 중학교《어문》각 과의 골간을 추리면 아래와 같다.

학습목표
본문
주석
본문 독해
질문과 제안[559]
요점
연습
더 읽을거리
베트남어
설명[560]
요점
연습
더 읽을거리
작문

558 6-1, 3면.

559 제목이 '질문과 제안'인 것은 아니고, 독해를 위한 질문이나 제안이 번호를 붙여 제시되는 부분이다.

560 제목이 '설명'인 것은 아니고, 각 과별 학습 내용에 따른 설명이 나온다. '명사'라고 소제목을 붙이고 설명하는 식이다.

설명[561]

요점

연습

더 읽을거리

서두의 '학습목표'에서는 학생이 학습을 통해서 도달해야 할 목표를 제시하고 있는데, 대체로 '본문 독해'·'베트남어'·'작문'의 순서에 맞추어 기술하고 있다. '학습목표'에 이어 '본문'과 '주석'이 나온다. 제시한 '본문'은 교실에서 익힐 수 있도록 친절하게 안내하고 있으며, 교실 밖에서 학생 스스로 공부하도록 지정한 '본문'도 있다. 스스로 탐구하는 습관과 능력을 기르기 위함이라고 한다. 학년이 올라갈수록 스스로 공부해야 하는 '본문'의 비중이 커진다. 세 부문마다 '더 읽을거리'를 제시하여 이해를 돕고, '연습 문제'를 푸는 데 도움이 되는 자료가 되도록 했다.

큰 틀에서 보면 '본문'과 '주석'은 '본문 독해'·'베트남어'·'작문'에서 공통적으로 이용하게 되는 부분이다.[562] 이 '본문'을 거점으로 삼으면서 '통합' 학습이 이루어지도록 설계했다. 먼저 '본문 독해'에서 '본문'을 분석적으로 이해하고, '본문' 이해에 소용되는 베트남어 언어 지식을 학습하며, 다시 글쓰기 연습을 하게 된다. 이처럼 상호 연계와 '통합'의 방침에 따라 《어문》이 편찬되었기 때문에 교사와 학생들은 세 부문이 섯이면서 하나로 융합되도록 교수·학습하는 데 유의해야만 한다고 당부하고 있다.[563]

---

561 이 역시 제목이 '설명'인 것은 아니고, 각 과별 학습 내용에 따른 설명이 나온다. '서사문 속의 묘사'(작문)라고 소제목을 붙이고 설명하는 식이다.

562 6-1, 3면.

563 9-1, 4면. 영역 분류상 말하기는 '작문' 영역에 포함되어 있다.

2) 문학

《어문》에서 문학은 어디에 있는가? '본문'에 포함되어 있다. 2002년의 교육과정 개편 이전의《문학》교과서는 베트남문학 작품, 외국문학 작품, 문학 이론에 대한 논의를 담고 있었다. 문학 독본의 성격이 강했던 것이다. 그런데《어문》으로 바뀌면서 문학은 독립된 지위를 잃고 '본문'의 일부로 편입되어 있다. 물론 '본문' 가운데 문학작품의 비중이 가장 크지만 문학의 범위에 들지 않는 글이 대폭 채택된 것 또한 사실이다. '베트남어', '작문'까지 '통합'해서 가르쳐야 하니 문학작품만 실을 수 없고, 비교적 당대에 나온 글을 포함해서 다양한 종류의 글을 수록해야 했다. 문학의 입장에서 보았을 때, 문학이 '본문'의 일부가 된 것은 '통합'을 지향하는 새로운 체재의 교과서를 만들면서 나타난 가장 큰 변화이다.

이제 '본문'에 포함된 문학작품에 주목해 보기로 하자.《어문》에서 문학작품은 문학의 영역과 양식(thể loại)을 구분하고 문학사의 순서에 따라 제시된다. 아래는 9-2에서 6~9학년《문학》을 총결산하면서 그려놓은 표인데, 교과서 편찬자들이 문학작품을 분류하는 관점이 잘 드러나고 있다.[564]

민간문학 (Văn học dân gian, 구비문학)	중대문학 (Văn học trung đại, 중세문학)	현대문학 (Văn học hiện đại)
1. 이야기(Truyện, 傳) - 전설(Truyền thuyết, 傳說) - 고적(Cổ tích, 古跡) - 우언(Ngụ ngôn, 寓言) 2. 가요-민가(Ca dao-dân ca) 3. 속담(Tục ngữ) 4. 연극(쩨오)(Sân khấu)(chèo)	1. 전(Truyện, 傳), 기(ký, 記) 2. 시(Thơ) 3. 시전(Truyện thơ, 詩傳)[565] 4. 의론문(檄, 誥, …) (Văn nghị luận) (hịc, cáo, …)	1. 전(Truyện, 傳), 기(ký, 記) 2. 수필(Tùy bút) 3. 시(Thơ) 4. 극(Kịch) 5. 의론문(Văn nghị luận)

문학의 영역을 민간문학(구비문학)과 기록문학으로 나누고, 기록문

564 9-2, 181면. 한자 표기는 필자가 덧붙였다.
565 '시전'은 운문 소설을 가리킨다.

학은 중세문학과 현대문학으로 나누었다. 6-1에서는 민간문학 가운데 서사 작품을 집중적으로 배운다. 7-1의 3과와 4과에서는 가요-민가를, 7-2에서는 속담과 연극(쨰오) 작품인 〈관음씨경(觀音氏敬)〉을 배우게 된다. 구비문학의 이야기, 노래, 놀이를 모두 수용하고 있다. 구비문학의 비중이 상대적으로 큰 베트남문학의 특징이 반영되어 있다고 할 수 있다.

중세문학은 10세기에서 19세기까지의 문학인데, 한문문학과 베트남어 기록문학(쯔놈문학)을 나누지는 않았다. 구비문학과 마찬가지로 기록문학도 양식을 구분해서 작품을 수록하고 있다.[566] 9-2 권말에서 베트남문학사에 대한 개괄적인 설명을 볼 수 있다.

한 가지 특기할 만한 점은, 문학의 영역에는 베트남 고전·현대문학 작품만이 아니라 외국문학의 작품이 19편 들어 있다는 것이다.[567] 중국문학 작품의 비중이 가장 큰데, 당시(唐詩) 작품으로 〈망여산폭포(望廬山瀑布)〉, 〈정야사(靜夜思)〉,[568] 〈회향우서(回鄕偶書)〉,[569] 〈모옥위추풍소파가(茅屋爲秋風所破歌)〉[570]가 수록되었으며 소설로는 〈고향(故鄕)〉[571]이 보인다.[572]

6학년부터 8학년까지는 어문 영역의 수업 시수가 140시간이지만 9학년에는 175시간으로 늘어난다. 이는 다른 어느 과목보다도 많은 시

566 9-2, 182면.

567 9-2, 167면. '더 읽을거리'에 수록한 작품이나 구비문학 작품은 뺀 수치다.

568 〈망여산폭포〉, 〈정야사〉는 이백(李白)의 작품.

569 하지장(賀知章)의 작품.

570 두보(杜甫)의 작품.

571 노신(魯迅, 루쉰)의 작품.

572 타고르(Tagore)의 시[〈Clouds and Waves(Mây và sóng)〉], 몰리에르의 희곡 작품(〈귀족 수업〉), 알퐁스 도데(〈마지막 수업〉), 안데르센(〈성냥팔이 소녀〉), 세르반테스(〈돈키호테〉), 오 헨리(〈마지막 잎새〉), 아이트마토프(〈최초의 교사〉, 1962), 고리키(〈유년 시대〉), 디포우(〈로빈슨 크루소〉), 모파상(〈시몽의 아빠〉), 잭 런던(〈야성의 부름〉)의 소설 작품이 수록되어 있다. 루소의 에세이, 라퐁텐 우화도 수록되어 있다. 아이트마토프(Chingiz Torekulovich Aitmatov, 1928~2008)는 키르기즈스탄을 대표하는 세계적인 소설가다.

간이라고 한다. 또한 9학년에서 문학은 81시간을 배우게 되는데, 수업 시수의 거의 절반에 육박한다. 중세문학을 계속 배우지만 9학년 문학 시간의 많은 부분은 현대문학 작품을 배우는 데 할당된다.

3) 베트남어

6학년에서는 베트남어 단어, 품사, 수사법, 구문(단문), 문장부호에 대해 배운다. 의인법, 은유법, 환유법과 같은 수사법도 '베트남어' 부문에서 학습한다. 물론 예시문의 많은 부분은 문학작품에서 가져온 것이다. 7학년에서는 어휘에 대한 지식, 복합어(từ phức), 대명사(đại từ), 한월어(漢越語, Hán Việt, 한자어), 관계사, 동의어와 반의어, 동음어, 성어(成語), 문장의 종류, 문장부호, 구문의 변화, 수사법(반복, 열거)에 대해서 배운다. 베트남어에 대한 지식을 본문 이해와 작품에 적극 활용하는 것을 목표로 삼는 것은 물론이다.

8학년에서도 어휘와 어법을 배우는데, 어휘 의미, 어휘장(trường từ vựng), 흉내말, 방언, 수사법(과장, 완곡어법), 품사(어조사, 감탄사 등)에 대해서 배우고, 구문(의문, 권유, 감탄, 진술, 부정), 말하기 등을 배운다. 마지막으로 9학년에서는 대화의 요령, 호칭, 직접인용과 간접인용, 기어(起語, khởi ngữ), 문장과 문단의 연결, 품사(명사, 동사, 형용사)에 대해서 배운다.

한월어 학습에 주의를 기울이는 점이 눈에 띈다. 매 학기마다 한월어 요소를 배우며 한월어 이론도 배운다.[573] 한월어에 대한 이해를 통해서 한월어가 담아내는 정감을 이해하고 한월어를 적절하게 사용하는 훈련을 하게 된다. 각 학년 교과서의 둘째 권 말미에 한월어 요소를 체계적으로 정리해 두었다.[574]

---

573 7학년에는 50개의 한월어 요소를 배우는데, 그 중에 일부 요소는 실제 한문학 작품에 쓰인 것이기도 하다. 1학기에는 한월어에 대한 이론 수업 두 시간이 있다.

574 6학년 2학기 교과서 '부록'에 나오는 첫 번째 예를 들면 다음과 같다. "biệt(別): xa cách nhau (예) tạm biệt(暫別), tiễn biệt(餞別), từ biệt(辭別), vĩnh biệt(永別)" 본래 교과서에는 한자가 표기되지 않았는데, 필자가 덧붙여 보았다. 'xa cách nhau'는 '別', 곧 '서로 멀어지다'의

4) 작문

《어문》에서는 글의 종류를 다음과 같이 여섯 가지로 나누고 있다. 이해를 돕기 위해 필자가 한자를 덧붙였다.

서사(Tự sự, 敍事)
묘사(Miêu tả, 描寫)
표감(Biểu cảm, 表感)[575]
의론(Nghị luận, 議論)
설명(Thuyết minh, 說明)
행정-공무(Hành chính-công vụ, 行政-公務)[576]

6학년에서는 서사문(6-1), 묘사문(6-2) 쓰기를 배운다. 7학년에서는 표감문(7-1), 의론문(7-2), 그리고 행정-공무에 소용되는 글(건의[577], 보고, 7-2) 쓰기를 배운다.

중학교 후반 과정인 8학년과 9학년에서는 글의 배치(bố cục), 단락 쓰기, 단락 연결하기 등 글쓰기의 기본 기능을 연습한 다음, 글의 세 종류 — 서사문, 설명문, 의론문 — 쓰기를 배운다. 서사문은 6학년에서, 의론문은 7학년에서 배웠지만 8학년에서는 서사문이나 의론문과 묘사문이나 표감문을 결합시키는 글쓰기를 연습하는 등 수준을 높인 것이 특징이다.

8학년에서 9학년까지의 교과서에 실려 있는 20세기 초반부터 1945년까지의 시 작품은 설명문과 의론문을 잘 쓰기 위한 중요한 참고 자료가 된다. 8학년에서는 4편의 대표적인 중세 의론문을 배우는데, 제재와 문체가 각기 다른 작품들이다.[578]

뜻이다.

575 정감(情感), 감동을 표현하는 글이다.

576 6-1, 16면.

577 'văn bản đề nghị(kiến nghị)'라고 한다. (7-2, 126면)

578 조(詔), 격(檄), 고(誥), 주(奏)가 그것이다.

9학년에서는 일상생활에서 통용되는 실용문(행정에 소용되는 글) 쓰기를 배우고, 설명문, 서서문, 의론문을 심화시켜 배우게 된다. 행정-공무에 소용되는 글쓰기를 배우는 것은 실생활과의 연계 원칙이 적용된 예라고 할 수 있다. 설명문을 쓸 때 예술적인 기법, 묘사를 활용하는 방법을 배우고, 서사문을 쓸 때 묘사나 의론, 대화나 독백을 활용하는 방법을 배우고, 의론문을 쓰면서 분석·종합하는 방법을 배우게 된다. 의론문으로는 새로이 사회 의론문(사회 비평문)과 문학 의론문(문학 비평문) 형식을 배우게 된다. 사회 의론문은 그간 베트남 학교교육에서 주목하지 않았던 글쓰기 형식이다.

2. 고전문학 작품과 교육의 양상

1) 수록 작품 목록

《어문》에 수록된 고전문학 작품을 권별로 정리하면 다음과 같다.[579] '(*)'는 쯔놈 작품을 표시한다.

6-1
1과 〈용자선손(龍子仙孫)〉, 〈바인 쯩, 바인 저이(bánh chưng, bánh giầy)〉
2과 〈동천왕(董天王)〉
3과 〈산정수정(山精水精)〉
4과 〈환검호(還劍湖) 사적〉
5과 〈야자열매〉
6과 〈석생(石生)〉에서
14과 〈의리 있는 호랑이〉[《난지견문록(蘭池見聞録)》[580]에서]
16과 〈의선용심(醫善用心)〉[《남옹몽록(南翁夢錄)》[581]에서][582]

579 '더 읽을거리'나 '연습'에 나오는 작품은 제외했다.
580 무정(武貞, 1759~1828) 찬.
581 1438년. 호원징(胡元澄) 찬.
582 베트남문학 작품은 아니지만 7과 〈총명한 아이〉, 8과 〈신필양마(神筆馬良)〉(중국의 민

7-1

3과 가요, 민가 (가정, 고향, 나라, 사람)

4과 가요, 민가 (탄식, 풍자)

5과 〈남국산하(南國山河)〉,[583] 〈종가환경사(從駕還京師)〉[584]

6과 〈천장만망(天長晩望)〉,[585] 〈곤산가(崑山歌)〉[586]에서

7과 〈정부음곡(征婦吟曲)〉[587]에서 (*)

8과 〈등횡령(登橫嶺, Qua Đèo Ngang)〉[588] (*) 〈친구가 찾아오다(Bạn Đến Chơi Nhà)〉[589] (*)[590]

7-2

18과 속담 (자연, 생산노동)

19과 속담 (인간, 사회)

29과 〈관음씨경〉 (*)

8-2

22과 〈천도조(遷都詔)〉[591]

23과 〈격장사(檄將士)〉[592]

24과 〈평오대고(平吳大誥)〉[593]에서

25과 〈논학법(論學法)〉[594]

담), 9과 〈어부와 금붕어〉(푸시킨, 동화), 10과 〈우물 안 개구리〉, 〈장님 코끼리 만지기〉(우언), 11과 〈발, 손, 귀, 눈, 입〉(우언), 12과 〈간판 걸기〉(소화), 〈결혼하는 돼지, 새 옷〉(소화), 15과 〈맹모단기(孟母斷機)〉와 같은 작품도 수록하고 있다.

583 이상걸(李常傑, 1019~1105)의 작품.

584 진광계(陳光啓, 1241~1294)의 작품.

585 진조(陳朝) 인종(仁宗, 1258~1308)의 작품.

586 완채(阮廌, 1380~1442)의 작품.

587 단씨점(段氏點, 1705~1748)의 작품.

588 청관현부인(清官縣夫人)의 작품.

589 완권(阮勸, 1835~1909)의 작품.

590 9과 〈망여산폭포〉(이백), 10과 〈정야사〉(이백), 〈회향우서〉(하지장), 11과 〈모옥위추풍소파가〉(두보)와 같은 근체시 작품도 수록하고 있다. 한시 작품으로는 12과 〈원소(元宵)〉(胡志明, 1890~1969)(1948년 작 한시)도 있다.

591 이공온(李公蘊)의 작품. 1010년 작.

592 진국준(陳國峻, 1226~1300)의 작품.

593 완채의 작품.

594 완협(阮浹, 1723~1804)이 광중(光中) 4년(1791)에 올린 상주문(上奏文)의 일부다. 8-2

9-1
4과 〈남창여자록(南昌女子錄)〉[《전기만록(傳奇漫錄)》[595]에서]
5과 《우중수필(雨中隨筆)[596]》[597]에서, 〈황려일통지(皇黎一統志)[598]〉 14회
6과 〈취교전(翠翹傳)〉[599]에서 (*)
7과 〈취교전〉에서 (*)
8과 〈취교전〉에서 (*), 〈육운선(陸雲仙)〉[600]에서 (*)
9과 〈육운선〉에서 (*)

'더 읽을거리'에 있는 작품은 제외하고, 또 베트남문학 작품이라고 하기는 어려운 설화나 우언 작품도 제외하고, 속담은 포함해서 어림셈해 보면 27개 과에서 고전문학 작품을 다루고 있다. 6~9학년까지 모두 136과가 있으니 고전문학의 비중은 대략 20% 정도라고 할 수 있다.

2) 교수 · 학습의 양상

고전문학 작품과 '베트남어', '작문' 부문은 상호 연계('통합')하여 교수 · 학습하도록 되어 있다. 대체적인 연계 양상을 정리하면 다음과 같다.

고전문학	베트남어	작문
(6-1) 다양한 종류의 서사문 (설화, 한문 서사문)	(6-1) 단어, 품사	(6-1) 서사문 쓰기
(7-1) 가요, 민가, 한시, 쯔놈 시	(7-1) 단어, 품사, 한월어(5~6과), 동의어와 반의어, 동음어, 성어	(7-1) 서사문과 묘사문 쓰기, 표감문(5~12과) 쓰기
(7-2) 민속극	(7-2) 문장부호	(7-2) 건의문 쓰기

에는 21과 〈망월(望月)〉, 〈주로(走路)〉[호찌민, 《옥중일기(獄中日記)》에서]도 있다.
595 완서(阮嶼, 16세기)의 작품.
596 범정호(范廷琥, 1766~1832)의 작품.
597 1839년 이전.
598 오가문파(吳家文派)의 작품.
599 완유(阮攸, 1766~1820)의 작품.
600 완정소(阮廷炤, 1822~1888)의 작품.

(8-2) 한시, 의론문	(8-2) 감탄문, 진술문, 부정문	(8-2) 말하기, 논점 제시하기, 의론문 쓰기
(9-1) 한문 소설, 시전	(9-1) 언어의 변천, 술어, 어휘력 향상	(9-1) 서사문 요약 연습, 서사문 속의 묘사, 서사문 속의 내면묘사

표를 보고 알 수 있듯이, 대체로 작품의 특성과 상응하는 언어 지식과 글쓰기 훈련을 제공하려고 하고 있다. 작품에 사용된 어휘를 언어 지식을 확충하는 재료로 사용한다든지, 작품을 읽은 느낌을 글로 쓰게 한다든지 하는 것은 연계 학습의 기본적인 내용에 해당한다. 시전(詩傳, truyện thơ nôm)(=시소설)을 배우면서 서사문 속에 내면 심리를 표현하는 방법을 익히게 하는 것은 갈래의 특성과 글쓰기의 특성이 잘 결합된 예라고 할 수 있다.

이제 《어문》의 한 부분을 취해서 고전문학 작품이 교수 · 학습되는 실제 양상을 살펴보기로 한다. 이곳에서 구체적으로 보고자 하는 대목은 베트남을 대표하는 문학작품 〈취교전〉을 싣고 있는 부분이다. 〈취교전〉은 중학교와 고등학교에서 모두 중시되어, 《어문》 9-1의 6~8과와 《어문》 10-2의 28~30과에서 학습제재가 되고 있다. 여기서는 《어문》 9-1의 7과를 보기로 한다.[601]

《어문》 9-1의 7과(BÀI 7)는 다음과 같이 구성되어 있다.

학습목표(Kết quả cần đạt)*
본문(VĂN BẢN)(1): '응벽루의 취교'(KIỀU Ở LẦU NGƯNG BÍCH)*
주석(Chú thích)
본문 독해(ĐỌC-HIỂU VĂN BẢN)
요점(Ghi nhớ)
연습 문제(LUYỆN TẬP)
더 읽을거리(ĐỌC THÊM)

601 9-1, 92~105면.

본문(2): '마감생이 취교를 팔아버리다'(MÃ GIÁM SINH MUA KIỀU)[602]

주석(Chú thích)

본문 독해(ĐỌC-HIỂU VĂN BẢN)

요점(Ghi nhớ)

어휘력 배양(TRAU DỒI VỐN TỪ)

Ⅰ. 어휘의 의미와 용법을 익히기 위한 연습

요점(Ghi nhớ)

Ⅱ. 어휘력을 증대하기 위한 연습

요점(Ghi nhớ)

Ⅲ. 연습 문제(LUYỆN TẬP)

더 읽을거리(ĐỌC THÊM)

작문 연습(2) - 서사문(VIẾT BÀI TẬP LÀM VĂN SỐ 2-VĂN TỰ SỰ)

Ⅰ. 참고 제재(ĐỀ BÀI THAM KHẢO)

Ⅱ. 요구 사항(YÊU CẦU)

주요 부분을 차례대로 살펴보기로 한다. 먼저 7과의 '학습목표'를 요약하면 다음과 같다.

> 학습목표
>
> • '응벽루(凝碧樓)의 취교'에 나타난 취교의 심리 상태를 알 수(느낄 수) 있다. 독백체의 언어로 인물의 내면 심리를 표현하고, 경물에 인물의 내면 심리를 투영하여 표현한 (표현의) 예술성을 이해한다.
> '마감생(馬監生)이 취교를 팔아버리다'를 통해서 인신매매범의 사악함에 대한 작자의 증오심을 이해하고, 부정적 인물(반동 인물)의 성격을 형상화한 예술성을 이해할 수 있다.
>
> • 어휘력을 향상시키기 위한 여러 가지 방식을 안다: 어휘의 의미와 용법을 잘 이해하고 어휘력을 향상시킨다.
>
> • 경물, 인물, 사건 묘사와 결합한 서사문을 쓸 수 있다.

602 "안내를 따라 스스로 공부하기"(Tự học có hướng dẫn)라고 했으니 이 대목은 스스로 학습해야 한다.

첫 항목은 두 개의 '본문'인 '응벽루의 취교'와 '마감생이 취교를 팔아버리다'에 대한 내용이다. 두 번째 항목은 '베트남어', 그리고 세 번째 항목은 '작문'에 대해 기술하고 있다. '학습목표'는 '본문 독해', '베트남어', '작문'이라는 세 부문에 맞추어 구성되어 있음을 확인할 수 있다.

'학습목표'에 이어서 '본문'이 제시된다. 〈취교전〉의 1033~1054행에 해당하는 부분인데, 번역해서 보이면 다음과 같다.

본문

응벽루의 취교
(〈취교전〉에서 발췌)

응벽루에서 방문을 걸어 잠그고(khóa xuân),[603]
원산근월(遠山近月)을 벗으로 삼네.
드넓은 사방을 멀리 바라보니,
해변의 금빛 모래 언덕, 붉은 먼지 날리는 길.
조운야등(朝雲夜燈) 싫증이 나고,
정(情)으로 경(景)으로 어지러운 마음.
달 아래에서 맹세의 잔을 나눈 그 사람 생각하네,
오늘내일하며 여전히 소식을 기다리겠지만 헛일이네.
천애해각(天涯海角)의 외로운 처지이지만,
단심(丹心)이 씻긴들 끝내 [그 색이] 바래리오!
아침저녁으로 문에 기대어 기다리실 부모님을 걱정하네,
지금은 뉘라서 동온하청(冬溫夏凊)을 살펴드릴까?
집 떠나온 뒤 많은 시간 흘렀으니,
가래나무는 어느새 아름드리가 되었겠지.
저물녘 해구(海口)를 슬픈 마음으로 바라보네,
누구의 배인가, 저 멀리 돛이 어른거리는 것은?

603 원문은 "Trước lầu Ngưng Bích khóa xuân"이다.

바다로 흘러드는 강물을 슬픈 마음으로 바라보네,
흩어져 떠가는 꽃은 어디로 가는 것인가?
풀이 이운 들판을 슬픈 마음으로 바라보네,
하늘과 땅이 맞닿은 곳 담청색 한 빛이로구나.
바람이 수면에(duềnh) 부딪히는 것을 슬픈 마음으로 바라보네,[604]
요란한 파도 소리, 의자 옆에서 치는 듯.

본문에 이어서 바로 '주석'이 나오는데, 주석에서는 위 대목이 〈취교전〉의 어느 부분인지 먼저 말해 주고 어려운 어휘와 구절을 차례로 풀이해 준다.

주석
제시한 발췌문의 위치(Vị trí đoạn trích) 설명
(1) khóa xuân:
(…)
(12) duềnh:

이어지는 '본문 독해'에서는 '본문'을 읽고 해석하는 방향을 제시해 준다.

본문 독해
1. 처음 여섯 줄에 나타난 자연 경관을 (다음을 참조하여) 이해해 보시오.
- 응벽루 앞 공간의 특징 (공간이 인물의 시선을 따라서 넓게, 멀리, 높이 펼쳐지고 있다는 점에 주의하시오.)
- 취교의 감홍에 따른 시간 (달의 형상, "조운야등"에 주의한다.)
- 자연 배경을 통해서 취교가 어떠한 환경, 어떠한 심리 상태에 있는지를 알 수 있는가? 어떤 어휘가 그러한 환경과 심리 상태를 표현하는 기능을 하고 있는가?
2. 곧바로 이어지는 여덟 줄은 취교의 서글픈 심정을 말해 주고 있다.

604 원문은 "Buồn trông gió cuốn mặt duềnh"이다.

a) 그녀는 누구를 그리워하고 있는가? 그녀는 누구를 먼저 그리워하고, 누구를 나중에 그리워하고 있는가? 그렇게 그리워하는 것이 합리적인가? (합리적이라면) 왜 그러한가?

b) 그리워하는 이유가 달라짐에 따라서 그리워하는 방식이 달라지고, 그래서 표현되는 방식 또한 다르다. 작자가 사용한 어휘, 형상을 활용해서 그 점을 분명하게 설명해 보시오.

c) 그리워하는 장면을 읽고서 취교의 어떠한 마음(심성)에 대해서 어떤 점을 알게 되었는가?

3. 마지막 여덟 줄은 심리 상태를 경물을 빌어 표현하고 있다.

a) 여기에서 경물은 실제인가 아니면 허구인가? 각각의 경물은 개별적인 특색을 가지고 있으면서 동시에 취교의 심리 상태를 표현하기 위해서 공통적인 특색도 지니고 있다. 분석을 통해서 그 점을 입증해 보시오.

b) 완유가 마지막 여덟 줄에서 사용한 첩어를 통해서 무엇을 느낄 수 있는가? 그러한 첩어 사용은 심리 상태를 표현하는 데 어떤 기여를 하고 있는가?

'본문'에 대한 이해가 충분히 진행되고 나면, 학습의 '요점'을 정리해 준다.

> 요점
> '응벽루의 취교' 대목은 〈취교전〉 중에서도, 특히 사경우정(寫景寓情)의 기법을 써서 인물의 내면 심리를 묘사하는 데 성공한 여러 대목 가운데 하나이다. 이 대목은 취교의 고단한 처지, 슬픔, 그리고 연인에 대한 변함없는 마음과 (부모님을 향한) 효심을 보여 준다.

이어지는 '연습 문제'는 이러하다.

1. 사경우정의 예술적 기법은 어떠한가? 마지막 여덟 줄에 나타난, 사경우정의 예술적 기법을 분석하시오.
2. 이 대목을 암송하시오.

'더 읽을거리'에서는 청심재인(靑心才人)의 〈김운교전(金雲翹傳)〉의 해당 대목을 번역해서 보여 주고 있다. 원작 소설과 비교해 볼 수 있는 기회를 주기 위함이다. 이 '더 읽을거리'를 제시한 다음에는 두 번째 발췌문인 '마감생이 취교를 팔아버리다' 대목이 이어진다. 그런데 이 '본문'은 교과서의 안내를 따라서 자습해야 하는 부분이다. '본문'을 제시하고 'Tự học có hướng dẫn'이라는 부기를 붙였는데, 자습해야 한다는 뜻이다.

'응벽루의 취교' 대목에서와 마찬가지로 '주석', '본문 독해', '요점'이 나오고, 이어서 '베트남어' 부문에 대한 설명이 진행된다.

어휘력 배양(TRAU DỒI VỐN TỪ)

I. 어휘의 의미와 용법을 익히기 위한 연습

(…)

요점(Ghi nhớ)

II. 어휘력을 증대하기 위한 연습

(…)

요점(Ghi nhớ)

III. 연습 문제(LUYỆN TẬP)

여기서는 'Ⅲ. 연습 문제' 부분을 보기로 한다.

III. 연습 문제(LUYỆN TẬP)

1. 바르게 설명한 것을 고르시오.

Hậu quả[605]

a) kết quả sau cùng[606]　　b) kết quả xấu[607]

(…)

605 '안 좋은 결과'를 뜻한다.

606 '최종 결과'라는 뜻이다.

607 '안 좋은 결과'라는 뜻이다.

2. 한월어 요소의 뜻을 확정하시오.

a) Tuyệt(한월어)은 여러 가지 의미가 있는데, 가장 자주 쓰이는 의미는 다음과 같다.

– 끊다, 더 이상 없다

– 극히, 가장

다음 어휘에 쓰인 요소 'tuyệt'의 뜻을 말하고, 이들 어휘의 의미를 해석하시오.[608]

tuyệt chủng, tuyệt đỉng, tuyệt giao, tuyệt mật, tuyệt tác, tuyệt trần, tuyệt tự, tuyệt thực.[609]

b) Đồng(한월어)은 여러 가지 의미가 있는데, 가장 자주 쓰이는 의미는 다음과 같다.

– 함께, 같다[610]

– 어린이[611]

– (물질) 구리[612]

다음 어휘에 쓰인 요소 'đồng'의 뜻을 말하고, 이들 어휘의 의미를 해석하시오.

đồng âm, đồng ấu, đồng bào, đồng bộ, đồng chí, đồng dạng, đồng dao, đồng khởi, đồng môn, đồng niên, đồng sự, đồng thoại, trống đồng.[613]

3. 다음 문장에서 어휘가 잘못 사용된 곳을 고치시오. (a~c)

a) Về khuya, đường phố rất im lặng.[614]

(…)

4. 다음 글의 주장에 대해 논평하시오.

(…)

5. 호찌민 주석(主席)은 글을 쓰기 위한 재료를 얻는 일에 대해서 다음과 같이

608 이러한 학습 내용은 로마자 표기 이후 한자를 배우지 않게 되어 나타난 어휘력 감퇴에 대한 우려를 반영하고 있다.

609 차례로 한자로 표기하면 絶種, 絶頂, 絶交, 絶密(극비의), 絶作(걸작), 絶塵(절세의), 絶嗣(대가 끊어짐), 絶食(*단식)과 같이 된다.

610 '同'의 뜻이다.

611 '童'의 뜻이다.

612 '銅'의 뜻이다.

613 차례로 한자로 표기하면 다음과 같다. 同音, 童幼, 同胞, 同步, 同志, 同樣, 童謠, 同起(같이 궐기하다), 同門, 同年, 同事, 童話, [銅鐘]이다. 마지막의 'trống đồng'은 銅鐘이라는 뜻인데, 'trống'은 한자어가 아니고 베트남 고유어다.

614 "Về khuya, đường phố rất yên tĩnh"으로 고쳐야 한다.

말했다.

(…)

위와 같은 의견을 따라서 어휘력을 향상시키기 위해서 택할 수 있는 방법을 제시해 보시오.

6. 다음 어휘들 중에서 — phương tiện (…) hoảng sợ, — 빈 곳에 들어가기에 적합한 어휘를 고르시오. (a~h)

a) Đồng nghĩa với "nhược điểm" là /…/[615]

(…)

7. 다음 어휘들의 뜻을 구분하고 각각의 어휘를 써서 문장을 만드시오. (a~d)

a) nhuận bút / thù lao[616]

(…)

8. 베트남어에는 많은 복합어(từ phức)가 있다. 각 구성 요소는 같아도 각 요소의 조합(질서)은 달라서 의미 복합어(từ ghép)가 있고, 음성 복합어(từ láy)가 있다.[617] (…) 의미 복합어 다섯 개와 음성 복합어 다섯 개를 찾아보시오.

9. 아래에 있는 한월어의 요소를 보고, 그 요소를 가진 두 개의 복합어를 찾아보시오.

bất(không, chẳng) (…) yếu (quan trọng)[618]

이렇게 아홉 개의 연습 문제가 나온 다음에는 '더 읽을거리'가 제시된다. 그리고 마지막으로 '작문' 부문이 이어진다.

작문 연습(2) — 서사문 (VIẾT BÀI TẬP LÀM VĂN SỐ 2 - VĂN TỰ SỰ)

I. 참고 제재(ĐỀ BÀI THAM KHẢO)

제재 1. 20년 후, 어느 여름 날, 졸업한 학교를 찾아왔다고 상상하시오. 그 시절 동창생에게 편지를 써서 학교를 찾은 감동적인 사연을 담아 보시오.

제재 2. 꿈속에서 오래 전에 멀리 떠나간 친구를 만난 것을 말해 보시오.

---

615 'nhược điểm'(弱點)의 동의어를 묻고 있다. 열거된 어휘 중에 'khuyết điểm'(缺點)이 들어 있다.

616 'nhuận bút'(潤筆)은 '고료, 원고료'라는 뜻이고, 'thù lao'(酬勞)는 '보수'라는 뜻이다.

617 이에 대한 설명은 도안 티엔 투엇 외, 《간추린 베트남어 문법》(김기태 옮김), 삼지사, 62~67면을 참조.

618 한자로 바뀌면 'bất'은 '不', 'yếu'는 '要'다.

제재 3. 읽었거나 들었거나 혹은 영화에서 본 악렬한 전투에 대해 말해 보시오.

제재 4. 부모(혹은 형제자매)와 함께 절일(節日)이나 설날 친척 성묘를 갔던 일이 있을 것이다. 성묘 갔을 때의 슬픔을 표현하는 글을 써 보시오.

II. 요구 사항(YÊU CẦU)

글은 묘사의 요소를 결합해서 써야 한다.

3. 고전문학 교육의 특징

이 장에서는 지금까지의 논의를 토대로《어문》의 체재, 고전문학 학습 자료의 배치와 학습 내용에서 발견되는 특징을 몇 가지로 정리해 보기로 한다.

첫째,《문학》에서《어문》으로 개편되면서 문학이 크게 위축되었다. 우선 교수 · 학습의 부담을 줄이고, 연습을 늘리며, 실생활과의 연계성을 높이는 방향으로 교육과정을 개편했기 때문에 문학의 위축은 불가피했다. 또한 '통합'을 지향하면서 문학작품이 '본문'의 일부로 편입되게 되어, 문학은 예전에 누렸던 독립된 지위를 잃고 말았다. 문학의 일부를 이루는 고전문학 역시 같은 변화를 겪었다.

교과과정이 전면적으로 개편되기 이전, 1995년부터 사용한 9학년 교과서의 내용과 비교해 보면 고전문학의 위축 양상이 선명하게 드러난다. 이전《문학》9-1에서는 25개 과에서 고전문학 작품을 배웠다. 그리고 9-2에서는 15개 과에서 근현대문학 작품과 이백과 두보의 한시를 배웠다.《문학》9-1에 수록한 고전문학 작품 목록을 보자.

1과 〈격장사〉

2과 〈평오대고〉에서

3과 〈술홍(述興)〉[619]

4과 〈백등해구(白藤海口)〉[620]

619 완채의 작품.

620 완채의 작품.

5과 〈유감(有感)〉[621]
6과 〈남창여자록(南昌女子錄)〉(《전기만록》에서)
7과 〈상경기사(上京記事)〉[622]에서
8과 〈황려일통지(皇黎一統志)〉 14회
9과 완유(阮攸)의 붓끝과 취운(翠雲), 취교(翠翹)의 아름다움
10과 〈취교전〉에서: '마감생이 취교를 팔아버리다' (*)
11과 〈취교전〉에서: '응벽루의 취교' (*)
12과 〈취교전〉에서: '취교가 서해(徐海)를 만나다' (*)
13과 〈귀문관(鬼門關)〉[623]
14과 〈반초혼(反招魂)〉[624]
15과 〈떡(Bánh trôi nước)〉[625] (*)
16과 〈등횡령(Qua Đèo Ngang)〉 (*)
17과 〈과거(科擧) 길에 노래한다(Đi Thi Tự Vịnh)〉[626] (*)
18과 〈석생(石生)〉에서 (*)
19과 〈육운선〉에서: '육운선이 교월아(僑月娥)를 구하다' (*)
20과 〈육운선〉에서: '육운선이 고난을 만나다' (*)
21과 〈전란을 피해(chạy giặc)〉[627] (*)
22과 〈추영(秋詠)〉, 〈추조(秋釣)〉, 〈추음(秋飲)〉[628] (*)
23과 〈친구가 찾아오다(Bạn Đến Chơi Nhà)〉[629] (*)
24과 〈새해를 축하하며(Năm mới chúc nhau)〉[630] (*)
25과 〈가엾은 아내(Thương Vợ)〉[631] (*)

앞서 3.1에서 《어문》에 수록한 고전문학 작품 목록을 정리했는데,

621 완병겸(阮秉謙, 1491~1585)의 작품.
622 여유탁(黎有卓, 1720~1791)의 작품.
623 완유의 작품.
624 완유의 작품.
625 호춘향(胡春香, 1773~1841)의 작품.
626 완공저(阮公著, 1778~1859)의 작품.
627 완정소의 작품.
628 세 편 모두 완권의 작품.
629 완권의 작품.
630 진제창(陳濟昌, 1870~1907)의 작품.
631 진제창의 작품.

그 목록과 《문학》 9-1에 수록된 작품 목록을 비교해 보면, 이전 9학년 학생이 《문학》에서 배운 고전문학 작품 수가 현재 6~9학년 학생이 《어문》에서 배우게 되는 작품 수와 맞먹는다는 것을 알 수 있다. 고전문학의 위상이 크게 낮아졌다는 것을 실감하게 된다.

둘째, 제재 선정과 학습 내용 기술에 있어서 민족적 자부심과 애국심을 고취하려는 의도를 여전히 강하게 드러내고 있다. 비엣족의 기원을 말해 주는 신화를 6-1의 맨 처음에 배치했다. 이어서 배우게 되는 〈남국산하〉는 자주적 기상을 표출한 한시의 남상(濫觴)으로 평가되는 작품이다. 남국(南國)과 북국(北國), 남제(南帝)와 북제(北帝)가 대등하다고 천명하면서, 남과 북은 우열이 없는 지리적 개념이므로 베트남은 중국과 대등하고 독자적인 권역을 가지고 있다는 뜻을 말했다.

〈종가환경사〉는 베트남의 '민족 영웅가'라고 한다.[632] 원나라의 제2차 침입에 맞선 진나라 군대는 1285년 함자관(鹹子關)에서 원나라 사도(唆都)의 선단(船團)을 격파한다. 이어서 진광계가 이끄는 선단은 장양도에 잠입하여 원군의 각 선단을 공격한다. 크게 승리한 진나라 군대는 결국 수도 승룡(昇龍, 지금의 하노이)을 탈환한다. 진광계가 승리의 깃발을 올리고 음식을 베풀어 군사들을 위로하는 자리에서 이 작품을 지었다고 한다.

〈천장만망〉은 진조(陳朝)의 인종(仁宗, 1258~1308)이 창작했는데, 인종은 대몽항쟁(對蒙抗爭) 시기에 제위에 있으면서 원나라의 침입을 성공적으로 물리쳤다. 이 작품은 저물녘의 한가로운 농촌 풍경을 노래한 전원시 작품이라고 할 수 있는가 하면 원나라의 침입을 물리치고 얻은 베트남의 평화를 구가한 작품이라고 볼 수도 있다.

〈격장사〉는 원나라에 저항할 것을 호소하는 격문이다. 몽고군에 대한 적개심을 숨기지 않고 직설적으로 표출했다. 몽고군에게 굴복하는

632 Nguyễn Q. Thắng, Nguyễn Bá Thế, 《Từ Điển Nhân Vật Lịch Sử Việt Nam》, nxb Văn Hóa, 1997, 882면.

것은 빛나는 승리를 기억하고 있는 이상걸(李常傑)의 후손들로 하여금 앞으로 만 년 동안 부끄러움에서 벗어나지 못하게 하는 일이라고 말했다. 민족의 독립을 지켜온 역사를 기억함으로써 현재의 투쟁의지를 강고하게 하고자 했다.

〈평오대고〉는 대외 항전의 문학의 백미다. 명나라 세력을 몰아내고 여조(黎朝) 태조(太祖)가 즉위한 해(1428)에 완채가 왕명을 받들어 변려문으로 지었다. 베트남의 독립선언문으로서 천고웅문(千古雄文)이자 공전절후(空前絶後)의 걸작이라는 평가받고 있다. 〈황려일통지〉는 청나라의 침입에 맞선 완문혜(阮文惠)의 영웅적 기상을 기린 대목을 뽑았다.

요컨대 《어문》에서 고전문학의 제재로 선택된 작품들은 민족사의 신화적 기원, 민족의 주체성, 민족의 대외 항쟁 의지를 말하고 있는 작품이 위주가 되고 있다. 외침을 물리치고 빛나는 승리를 획득한 자부심, 베트남의 산천 · 역사 · 문화에 대한 애정을 표현한 작품을 통해 민족주의와 애국주의를 선양하려고 한다고 평할 수 있다. 물론 이러한 면모는 《문학》에서도 보던 바이다. 그런데 고전문학 제재를 대폭 줄이면서도 애국주의는 전혀 약화시키지 않아서, 애국주의 경향의 작품 비중이 더욱 커졌다.

셋째, 설명이 풍부하고 친절하다. 상세한 주석, 본문 독해, 학습 요점 정리, 연습 문제, 더 읽을거리 등을 갖춤으로써 학습자가 작품을 이해하는 데 어려움이 없도록 배려하고 있다. 연습 문제를 내놓기만 하는 것이 아니라 교과서를 편찬한 사람들의 손으로 보충 교재를 만들어서 문제 해결에 도움을 주고 있다.[633] '본문 독해'에서 내놓은 문제에 직접 답을 하기도 하고 답을 얻기 위한 활동을 제안하기도 한다.

교과서가 상세하고, 부교재까지 갖추어 친절하기까지 한 것은 학습자를 위한 일이니 나쁠 것은 없다고 할 수 있다. 그러나 조금 달리 생각

633 역시 베트남 교육출판사에서 간행한 《BÀI TẬP Ngữ văn(어문 연습)》 6~9가 그것이다.

해 보면, 교과서를 편찬한 사람들, 나아가 국가권력이 작품 해석의 방향을 정해 주는 일이어서 썩 바람직해 보이지 않는다고도 할 수 있다. 설명이 풍부하고 상세할수록 학습자는 달리 생각할 여지가 없게 된다. 이러한 면모는 앞서 말한 애국주의적 경향과 맞물려 있다고 생각한다. 작품 해석의 권위를, 교과서를 빌어 국가가 독점하고 있는 것이다. 연습 문제는 많지만 학습자가 자유롭게 생각하고 창의력을 발휘할 수 있는 기회를 주는 경우는 많지 않은 것이 국가 독점의 결과가 아닐까 생각한다.

넷째, 학습의 실제에 있어서는 문학사를 상정한 고전문학 교육이 약화되었다는 특징이 있다. 이전의 《문학》에서는 문학(고전문학)이 독립되어 있었던 만큼 시대별로 작품을 학습하게 되었고, 그런 만큼 문학사 교육이 중시되었다. 하지만 이제는, 적어도 중학교 《어문》에서는 문학사의 흐름을 보여 줄 만큼의 고전문학 작품이 채택되지 않았기 때문에, 문학사 교육을 행하는 것은 사실상 중요한 일이 아니게 되었다.

다섯째, 동아시아의 문학작품 가운데 이백, 두보, 하지장의 당시(唐詩) 작품이 여전히 제재로 남아 있다는 점이 특이하다. 그렇게 한 이유는 아마도 베트남에 당률 쯔놈 시가 있기 때문일 것이다. 당률 쯔놈 시는 '베트남어 표기인 쯔놈을 사용해서 당시 형식으로 창작한 시'를 말한다. 다시 말하면, 중국에서 창안되어 전해진 근체시의 형식, 운율을 준용하면서 베트남어로 쓴 작품이다. 베트남어는 중국어와 같이 고립어이며 단음절어가 많은 언어이자 성조어라는 특성을 가진 덕분에 당률 쯔놈 시를 지을 수 있었다. 당률 쯔놈 시의 형식은 한시의 율시(律詩)나 절구(絶句)와 같아서 한시 작가라면 으레 당률 쯔놈 시도 지었다. 당률 쯔놈 시를 이해하기 위해서는 우선 근체시 형식을 알아야 한다. 7-1의 8과에 실린 작품인 〈등횡령(Qua Đèo Ngang)〉, 〈친구가 찾아오다(Bạn Đến Chơi Nhà)〉는 공히 당률 쯔놈 시 작품이다.

여섯째, 본문에 실린 작품(작품의 부분) — 특히 시나 시전 — 을 외우라는 요구가 반복적으로 보인다. 문학작품은 외워야 한다는 전통적인 인식을 여전히 유지하고 있다. 그런데 고전문학 작품을 해석하고 외우라고 하지만 한자 교육은 하지 않는다. 《어문》에는 베트남 시인의 한시 작품이 있고, 이백과 두보의 한시 작품이 있지만 한자는 《어문》의 어디에도 보이지 않는다. 베트남어로 독음을 달고 번역한 것을 배운다. 한자는 가르치지 않으면서 한문학 작품을 읽게 하고 한월어를 익히게 한다. 동아시아가 부상할수록 한자를 버린 것이 불리하게 작용하지는 않을까 생각한다.

14장 소수민족의 서사시

베트남은 비엣족(Người Việt)을 포함해서 모두 54개 민족으로 구성되어 있는 다민족국가이다. 54개 민족 가운데 비엣족(=낑족, người Kinh) 인구가 가장 많은데, 2009년 현재 전체 인구의 약 86%를 차지하고 있다.[634] 베트남이 중국의 지배에서 벗어나서 독립 국가를 건설하자(10세기), 베트남이 중국(='北國')과 대등하다고 하는 '남국(南國)' 의식이 형성되었다.[635] 이 과정에서 스스로를 동아시아 문명(=이른바 '중화문명')과 연결된 존재라고 보는 사람들(=낑족)은 주변의 '문명화'되지 않은 사람들을 '만인(蠻人)'이라고 준별하게 되었다. 15세기 말 이래 본격화된 베트남의 '남진(南進)' 과정에서 중부 해안 평야와 메콩델타의 선주민(先住民)이었던 짬족(참족), 커매족(크메르족)은 베트남 국가에 의한 병합 · 동화의 대상이 되었다.

베트남 현대사는 전쟁으로 점철되어 있는데, 소수민족 거주지인 산지(山地)는 전략적으로 중요한 의미를 가지고 있었다. 이 점은 베트남이 스스로를 비엣족의 배타적인 국가가 아니라, 다민족국가로 규정하게 하는 데 적잖은 영향을 끼쳤다. 오늘날에는 비엣족의 이주로 말미암아 산지도 비엣족과 소수민족이 섞여 사는 공간으로 변모하고 있다.

---

634 공식적인 통계에 따르면 2014년 현재 베트남의 인구는 90,493,352명이다. 2009년에는 85,846,997명으로 조사되었는데, 그 가운데 비엣족이 73,594,427명이다.
635 15세기에는 이러한 의식이 분명하게 자리 잡았다.

베트남을 이해하기 위해서는 소수민족과 소수민족의 문학에 대해서 관심을 가져야 한다. 그 첫걸음으로 이 장에서는 베트남 소수민족 가운데 하나인 므엉(Mường)족의[636] 창세서사시인 〈땅과 물의 기원(Đẻ Đất Đẻ Nước)〉[637]의 전반적인 내용을 살펴보고자 한다. 〈땅과 물의 기원〉을 택한 것은 이 구비서사시 작품이 내용의 풍부함이나 전승력에 있어서 베트남 소수민족의 창세서사시를 대표한다고 인정되고 있기 때문이다.[638] 작품의 전반적인 내용을 몇몇 단위로 구분해서 소개하는 데 중점을 두면서 가능한 범위 내에서 작품의 의미에 대해서 생각해 보고자 한다.

1. 창세서사시의 전승 배경

1) 므엉족

비엣족은 고(古)비엣(Việt Cổ)족에 기원을 두고 있다고 한다. 므엉족 역시 고비엣족에 포함된다.[639] 비엣족(낑족)과 므엉족은 본래 기원이 같은 민족이었는데, 동아시아 한문문명권에 들어간 사람들(=비엣족)과 고

636 므엉족은 'Mol, Mual, Mọi, Mọi Bi, Ao Tá, Ậu Tá'라고도 부른다.
637 현행 《어문》 교과서에 작품 일부가 수록되어 있다. 므엉족은 문자를 가지고 있지 않다. 므엉어의 발음을 베트남어로 표기한 것을 읽어보면 '때애 떳 때애 작(têe tất têe rảc)'이다. 베트남어로 뜻을 옮기면 '대 덧 대 느억(đẻ đất đẻ nước)'인데 'đẻ'는 '낳다', 'đất'은 '땅', 'nước'은 '물'이라는 의미이다. 므엉어와 베트남어의 발음이 상당히 유사하다는 것을 알 수 있다.
638 베트남 구비문학을 개관한 대표적인 업적인 Đinh Gia Khánh ch.b, 《Văn Học Dân Gian Việt Nam(베트남 민간문학)》, nxb Giáo Dục, 1998에서도 소수민족의 서사시를 논하면서 므엉족의 창세서사시 〈땅과 물의 기원〉과 에 데(Ê đê)족의 영웅서사시 〈담 산(Đăm Săn)〉을 중심에 두고 서술하고 있다.
639 54개 소수민족 가운데 따이(Tày)족, 타이(Thái)족, 토(Thổ)족, 쯧(Chứt)족 등도 고비엣족에서 갈라져 나온 민족이라고 한다.

유문화를 유지한 사람들(=므엉족)로 갈라져 나왔다고 한다. 므엉어는 비엣 므엉(Việt Mường)어군에 속하며, 20세기 이전에는 80%에 달하는 므엉어 어휘가 베트남어와 일치했다고 한다.

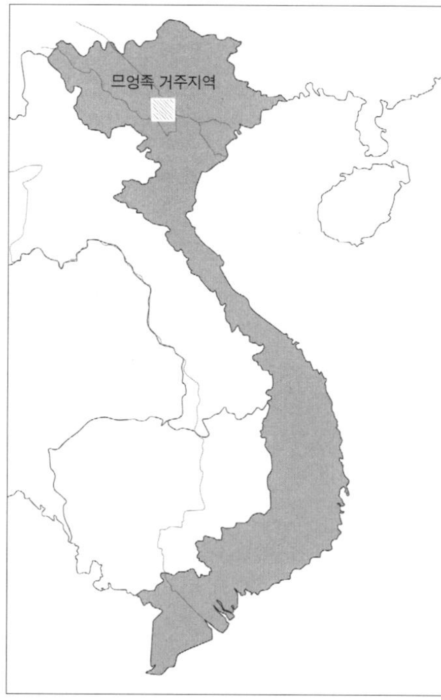

므엉족 거주지역

베트남 통계국에 따르면 므엉족은 2009년 현재 대략 1,268,963명에 달하며 농지가 있는 산지에서 정착 생활을 한다. 사는 곳은 주로 베트남의 북부 지방인 호아 빈(Hòa Bình) 성과 타인 호아(Thanh Hóa) 성의 북서 산악 지역에 집중되어 있다. 역사적 기원을 볼 때, 므엉족 사람들은 원주민으로서 9000~5000년 전부터 호아 빈(Hòa Bình)의 여러 석회암 동굴에서 살았던 호아 빈(Hòa Bình)문화의 주인들이다.[640]

오랫동안 중국의 지배하에 놓였다가 10세기 이후로 중국의 지배로부터 독립하자 내륙 평야 지대에 살던 비엣족은 문화적, 경제적으로 산지 거주민들보다 더욱 발전하게 되었다. 지리적, 정치적, 경제적 조건 때문에 둘 사이의 차이가 갈수록 커졌고, 그 결과 평지와는 다른 산지 거주민들의 독자적인 특성이 분명해졌다. 19세기 중반에 이르러 프랑스 식민지가 되면서 산지 거주민들은 정식으로 개별 민족으로 분

640 Trương Hữu Quýnh ch.b, 《Đại Cương Lịch Sử Việt Nam(베트남 역사 大綱)》 I, nxb Giáo Dục, 1998, 15면에 따르면 호아 빈 지역은 베트남 땅에서 처음으로 농업이 시작되었음을 알려 주는 유적이 발견된 지역이다. 탄소 동위원소 분석 결과 10,875±175년 전의 유적지라고 한다.

류되어 므엉족으로 불리게 되었다. 므엉이라는 말은 본디 비엣족과 유사한 특징을 지니고 있으면서 산간 지역에 사는 사람들의 마을을 가리키는 말이었다. 즉, 므엉은 산간 지역의 행정 단위였는데 100여 년 전에 민족을 지칭하는 정식 명칭으로 굳어진 것이다. 므엉족 사람들은 스스로를 'Mol', 'Mon', 'Mual', 'Moai' 등으로 부른다. '사람'이라는 뜻이라고 한다. 반면 비엣족은 그들을 'Mọi'라고 부르는데, '야만인', '미개인'이라는 뜻이다. 산지에 살고 있으면서 여러 가지 점에서 뒤떨어진 사람들이라고 낮추어 부르는 것이다.

므엉족은 농업을 위주로 하고 있으며 주요 농산물은 쌀이다. 논은 비옥한 편이고 물을 대기 위해서 계곡 물을 끌어들이는 시설을 갖추고 수차와 같은 기구도 이용한다. 사회 조직으로서 주요한 것은 므엉 반(mường bản)이다. 몇 개의 집을 묶어 반(bản)을 이룬다. 매 반(bản)을 이루는 집의 수는 구역에 따라 달라진다. 여러 반(bản)이 모여서 므엉(mường)이 된다. 므엉(mường)에는 랑 다오(lang đạo)라고 불리는, 세습적 지위를 누리는 유력한 집안이 있다. 그 우두머리를 랑 꾼(lang cun)이라고 한다.

2) 구연 배경

〈땅과 물의 기원〉은 사람이 죽었을 때 행하는 굿에서 부르는 장편 무가(巫歌)라고 보아도 큰 무리가 없다. 무가를 모(mo)라고 부른다. 모(mo)의 구연은 장례 절차 가운데 핵심적인 의례에 해당한다. 모(mo)를 구연하는 사람은 옹 어우(ông ậu), 보 모(bố mo), 옹 모(ông mo)라고 불리는 남성이다. 망자(亡者)의 혼령을 부르고, 예언을 하기도 하며, 특별한 능력을 가진 사람으로 특별한 임무를 수행한다고 인정된다고 하니 우리로 친다면 무당(박수)에 해당한다.

가장 풍성한 모(mo)는 모 땅(mo tang)이라고 하는 장례 무가이다. 장례식은 통상적으로 12일간 계속되는데, 그 기간 내내 무가를 구연한다. 굿을 진행할 때 무당은 독특한 복장을 하고 굿에 필요한 도구를 갖춘다. 말하고 읊고 노래하고, 때로는 가진 도구를 이용해서 여러 동작을 하며 구연한다. 징, 종, 나팔, 북 따위를 연주하는 악단의 일원이 조무(助巫)가 되어 주무(主巫)를 돕는다. 영구(靈柩)를 임시로 안치한 곳에서 굿을 진행한다. 굿은 망자의 친척뿐만 아니라 관중으로 참여하기를 원하는 마을 사람 누구라도 볼 수가 있다.

무가의 구연은 일정한 순서에 따라 진행되며, 내용은 장례 절차와 밀접하게 연결되어 있다. 지역에 따라 차이가 있지만 대체로 보아서 모 바이(mo vải)와 모 뜰리우(mo tlêu)의 둘로 나눌 수 있다. 〈땅과 물의 기원〉이 바로 모 뜰리우이다.

모 바이는 망자의 혼을 이끄는 무가, 혹은 길을 이끄는 무가라고 한다. 그 가운데 몇몇 단락은 독립되어 '마을을 보는 대목', '하늘에 오르는 대목' 등으로 불리기도 한다. 모 바이 전체는 장례식의 처음 이레 동안 구연된다.

처음에 무당은 무신(巫神)을 불러 자기 몸에 맞이하는데, 여러 무조(巫祖)와 신성한 물건들을 불러 망자의 혼을 데리고 갈 준비를 하기 위함이다. 여행길은 '하늘에 오르는 대목'에서 묘사되는데, 이 대목은 대략 40개의 장면으로 되어 있다. 망자의 혼을 이끌어 '사람이 사는 마을'(이 세상)을 두루 보고 '귀신이 사는 마을'에 갔다가 '하늘 마을'로 올라가는 과정을 묘사한다. 특별한 배를 타고 강을 건넌 다음에, 하늘 문을 지키는 사람에게 '낮은 하늘 마을'에 들어 갈 수 있게 허락해 줄 것을 요청한다. 여기에서 혼은 최초의 사람을 담은 알(Tiếng 알)을[641] 낳은 동굴을 비롯한 여러 장소를 지나가야 한다. 혼은 리(Ly) 강을 건너도록 허락되고, '높은 하늘 마을'에 올라가게 된다. 그곳에서 혼은 여러 신들에 의해서 살아생전의 여러 죄과, 빚 등을 청산한다. 그래야 신과 조상의 세계에 들어 갈 수 있게 된다.

641 〈땅과 물의 기원〉에 따르면 최초의 인류가 이 알에서 부화되어 나왔다고 한다.

이러한 여행의 목적은 혼이 하느님을 만나서 '들어가기'를 허락받기 위해서이다. 하느님은 여러 종류의 '들어가기'를 말한다. '뱀에게 들어가기', '물고기에게 들어가기', '닭에게 들어가기' 등이다. 하느님은 혼에게 바 진(Vạ Dìn) 새에게 '들어가게' 하기도 한다. '들어가기'를 허락받고 나면 혼은 날개가 돋아나서 날기를 연습하고 날아간다. 므엉족(넓게는 고비엣족)이 조상을 새라고 믿고 있으니, 모 바이의 이러한 결말은 사람이 죽어서 인류의 최초의 모습으로 돌아가기를 바라는 소망의 표현이라고 할 수 있다.

모 뜰리우는 열 이틀간 계속되는 장례식의 이레가 되는 밤부터 모 바이의 뒤를 이어서 구연된다. 망자의 혼을 이끌어 신령 세계에 인도한 다음, 몇 가지 의식 절차를 마무리하고, 무신(巫神, Thầy Mo)은 망자를 이끌어 처음 출발 장소로 다시 한 번 되돌아 와서, 마지막으로 하늘과 땅, 그리고 인류의 기원에 대한 이야기를 듣도록 한다. 이 경우 망자의 혼은 청중이 된다. 실제로 모 뜰리우를 구연할 때, 무당은 그곳에 온 관객 쪽을 더욱 자주 향한다고 한다. 모 뜰리우는 시신을 매장할 때에 이르러서 끝난다.

모 뜰리우는 모 바이와는 관계없이 독립적으로 구연될 수도 있다. 그래서 수연(壽宴), 결혼식, 추수 감사제, 신생아가 한 달된 기념일에 구연되기도 한다. 그렇지만 그럴 경우에는 시간의 제약을 받으며, 의례의 성격에 비추어 적합한 몇몇 대목만이 구연된다.

〈땅과 물의 기원〉, 즉 모 뜰리우가 지속적으로 전승될 수 있었던 것은 일차적으로 장례식에 쓰이는 무가라는 점 때문이다. 무당이 장례식을 주관하는 한 구연이 지속될 수 있다. 그러나 죽어서 최초의 인류를 낳았던 새의 모습으로 돌아갈 것을 소망하는 내세 관념이 더욱 근본적인 이유로 작용했을 것으로 보인다. 장례식에서 죽음을 관장하는 신을 섬기는 무가와는 별도로 창세서사시를 구연한 것은 그런 내세 관념이 있었기 때문에 가능한 일이었을 것이다. 역으로 생각하면, 무당이 장례식을 주관하지 못하게 되고, 내세 관념이 다른 종교의 도전으로 흔들리게 되는 변화가 일어난다면 창세서사시의 전승은 결국 단절되고 말 것이라고 예상할 수 있다.

한편 모 뜰리우를 구연할 때, 모든 사람(무신, 망자의 혼, 마을 사람들)을 관중으로 삼기 때문에 망자나 망자의 가족에 국한되지 않고 부족 전체가 공유할 수 있는 내용이 필요했을 것이고, 그에 따라서 서사시의 내용이 풍부해졌을 것이다. 창세서사시의 범위를 넘어선 내용으로까지 확대된 것은 그 때문이었을 것이다.

모 뜰리우, 즉 〈땅과 물의 기원〉의 채록본은 지금까지 십여 종이 넘지만 1988년에 나온 것이 가장 널리 이용되고 있는 것으로 보인다. 여러 지역에서 채록한 것을 모은 것이다. 채록 상황을 자세히 알 수 없는 상황이지만[642] 지금까지 나온 것 가운데 가장 공을 많이 들였고 이본간의 대비도 충분히 했다고 한다. 작품의 길이는 4,629행에 이른다.[643] 이를 중심 텍스트로 삼고,[644] 필요한 경우에는 다른 채록본을 부분적으로 참고하기로 한다.

2. 서사시의 내용

1988년 본에 나누어 놓은 바에 따라 작품의 내용을 단락별로 정리하면 다음과 같다.

642 〈땅과 물의 기원〉 채록 현황은 Lại Nguyên Ân ch.b, 《Từ Điển Văn Học Việt Nam(từ nguồn gốc đến hết thế kỷ XIX)(베트남문학사전, 기원부터 19세기 말까지)》, nxb Giáo Dục, 1997, 138면에 소개되어 있다.

643 길이가 20,000줄, 8,000줄이나 되는 이본도 있다고 한다.

644 Đặng Văn Lung, Vương Anh, Hoàng Anh Nhân, 《Đẻ đất đẻ nước, sử thi Mường(땅과 물의 기원, 므엉족의 史詩)》, nxb Khoa học xã hội, 1988인데, Đặng Nghiêm Vạn ch.b, 《Tuyển Tập Văn Học Các Dân Tộc Ít Người Ở Việt Nam(베트남 소수민족문학선집)》 2, nxb Khoa Học Xã Hội, 1992, 6~170면에도 실려 있다.

1) 서두
2) 땅의 기원
3) 물의 기원
4) 용수(榕樹)의 기원
5) 마을의 기원
6) 인간의 기원
7) 연월(年月)을 나눔
8) 짓 장(Dịt Dàng)
9) 랑 따 까이(Lang Tá Cài)
10) 랑 꾼 껀(Lang Cun Cần) (*8~10은 '우두머리 선출')
11) 랑 꾼 껀(Lang Cun Cần)의 집짓기
12) 물과 불 찾기
13) 쌀 찾기
14) 술의 기원
15) 랑 꾼 껀(Lang Cun Cần)의 결혼
16) 동고(銅鼓)의 기원
17) 랑 꾼 껀(Lang Cun Cần)의 토지 분배
18) 쭈(chu) 나무 찾기
19) 쭈(chu) 나무 베기
20) 쭈(chu) 나무 집짓기
21) 쭈(chu) 나무 집의 전소(全燒)
22) 야수(野獸, moong lổ) 사냥
23) 미친 고기 잡기, 미친 까마귀 사냥
24) 침략자 귀신 루옹(Ruộng)
25) 침략자 귀신 마이(May), 귀신 랑(Lang)
26) 영토를 온전하게 하고 짓 장을 도읍으로 모시다

〈땅과 물의 기원〉이라는 제목은 2)와 3)에서 따왔다. 한국 창세서사시와 두드러지게 상통하는 대목은 천지개벽(1, 2), 인간 창조(6), 일월 조정(7), 물과 불의 근본(12)이다. 비엣족의 창세신화와 비교되는 대목은 천지개벽(1, 2)이고, 비엣족의 건국신화와 비교되는 대목은 인간 창

조(6)이다. 이처럼 〈땅과 물의 기원〉의 전반부는 한국의 창세서사시나 비엣족의 건국신화와 견주어 볼 수 있다. 반면 후반부는 므엉족만의 독자성이 더욱 두드러진다.

1) 서두

작품은 태초를 하늘과 땅이 하나로 붙어 있는 천지미분(天地未分)의 상태로 묘사하는 데서 시작한다.

> 옛날, 그날에는
> 땅 아래는, 땅이 없고
> 하늘 위에는, 하늘이 없고
> 하늘 위에는 불긋불긋 별이 없고
> 땅 아래에는 푸릇푸릇 풀이 없었지
> 땅은 흩어져 있었고
> 물은 흐늘흐늘했지
> 올려다보고 내려다보아도 몽롱할 뿐이었지[645]

이 대목은 '하늘과 땅은 여전히 하나로 붙어 있었다.'는[646] 생각을 표현한 것으로 보인다. 창조자의 창조 행위를 말하지 않았으며 세상은 본래 스스로 존재하고 있는 것으로 인식하고 있음을 알 수 있다.

2) 땅의 기원

천지미분의 상태에서 어떤 과정을 거쳐서 천지가 나뉘게 되었는지 1988년 채록본은 분명하게 말하고 있지 않다. 다른 채록본을 보면, 하

645 Đặng Nghiêm Vạn ch.b, 같은 책, 6면. 앞으로 이 책을 인용할 때는 책의 면수만 표기하기로 한다.

646 Hoàng Tuấn Cư, Ngô Quang Hưng, Vũ Ngọc Kỳ, 《Hợp Tuyển Văn Học Mường(므엉族 文學合選)》, nxb Văn Hóa Dân Tộc, 1996, 224면.

늘과 땅이 소리를 내면서 저절로 갈라졌다고 한다.[647] 비록 그런 설명은 없더라도 천지를 분리시키는 주체를 따로 설정하지 않는 것은 분명하다.

태초에 하늘은 광막하고 땅은 고요하고 텅 비어 있었는데, 어느 해에 큰비가 내려 산과 들이 모두 물에 잠겼다.

> 어느 해에 비가 오래도록 내려서
> 우(U) 언덕이 물에 잠기고
> 바이(Bái) 언덕도 물에 잠겼네
> 50일 만에 비가 그치고
> 70일 만에 물이 빠지자
> 푸르고 푸른 나무 한 그루가 자라났는데
> 가지가 90개나 되었지
> 가지는 하늘을 찌르고, 푸른 잎은 움직일 줄 알았고
> 땅 위에 있는 몸체도 움직일 줄 알았지
> 잎과 가지 속에서는 아주머니, 아가씨의 소리가 들렸다네
> 하늘을 찌르는 가지는 첫째였는데
> 이름이 투 타(Thu Tha)[648]였네
> 어지러이 늘어진 가지는 둘째였는데
> 이름이 투 티언(Thu Thiên)[649]이었다네
> 둘은 부부가 되어
> 명령하기를,
> "닭에게는 며느리발톱이 있어라
> 박과 칡은 감고 오를 줄 알아라
> 패오(pheo) 대나무에는 가시와 뾰족한 끝이 있어라
> 사람은 말을 할 줄 알아라." 했다네[650]

647 Nhóm Biên Soạn, 《Đẻ đất đẻ nước: thơ ca dân gian dân tộc Mường(땅과 물의 기원: 므엉족 민간시가)》, nxb Vă Học, 1976, 18면.
648 남신(男神)이다.
649 여신(女神)이다.
650 7~8면. 인류의 기원을 말하기도 전에 사람의 말하는 능력을 언급하는 것은 모순이다.

홍수가 끝나고 난 후에 생겨난 푸른 나무에서 남녀 신이 생겨났고, 두 신은 부부가 되어 말로써 만물이 저마다의 특성을 갖도록 했다는 것이다. 그러므로 '땅의 기원'이라고 했지만 없던 땅이 생겨나는 것은 아니고, 땅에 있는 만물들이 저마다의 특성을 가지고 생겨난 내력을 밝힌 것이다.

천지가 분리되고 나서, 땅에서 하늘로 뻗어 오른 신령한 나무는 땅의 생명력을 상징한다고 볼 수 있다. 다른 채록본을 보면,[651] 이 나무는 용수(榕樹)이며 나무에서 여신(地母神) 자 전(Dạ Dần)이 생겨난 것으로 되어 있어 그런 추정을 뒷받침한다. 신수(神樹)를 숭배하는 무속 신앙과도 관련이 있을 것이다.

3) 물의 기원

햇빛이 다시 나고 날이 가물었다. 이번에는 너무나도 덥고 가물었다. 계곡이 말라 거북의 등딱지가 깨어지고, 언덕이 말라 사슴의 뿔이 깨어질 정도였다. 창가에서 그물을 짜고 앉아 있던 수신(水神) 퐁 페우(Pồng Pêu)[652]는 문밖을 내다보고, 하늘을 올려다보며 비를 빌었다. 큰비가 오래 계속되었다. 넉 달 만에 물이 줄고, 일곱 달 만에 물이 빠졌다. 빠진 물은 강과 바다로 흘러 들어갔다.

가뭄과 큰비가 번갈아 찾아오는 자연 현상을 설명하는 대목이다. 비를 비는 신이 따로 있는 것으로 되어 있다. 수신이 그물을 짜고 있다고 한 것으로 보아서 이 신은 어로(漁撈)의 신이기도 하다. 또한 수신이 비를 비는 대상이 하늘인 점으로 보아 천신(ông trời, 하느님)이 더 높은 신격이다. '물의 기원'이라고 한 것은 없던 물이 생겨났다는 뜻이 아니

우리 창세서사시에서와 마찬가지로 〈땅과 물의 기원〉에서도 이러한 모순이 자주 나타난다.

651 Nhóm Biên Soạn, 같은 책, 22면. 채록본에 따라서 만물이 남녀 신에 의해서 생겨났다는 쪽과 여신에 의해서 생겨났다는 쪽으로 나뉜 셈이다. 여신에 의해서 생겨났다고 하는 것이 더 고형(古形)일 것으로 생각되나 단언하기 어렵다.

652 남신이다.

고, 비를 조절하는 신이 있다는 뜻에서 붙인 것이다.

4) 용수(榕樹)의[653] 기원

물이 빠지고 나자 저절로 신령스러운 용수 한 그루가 생겨났다.

용수가 생겨나서
용수가 빨리 빨리 자라나서
해질녘에, 용수는 절굿공이만 하더니
다음 날 아침에는, 림(lim)나무[654] 높이까지 커졌네
네 가지는 자라 가라앉고
서른 가지는 자라 떠올랐지
한 가지가 우뚝이 자라고
한 잎이 높이 달렸네
곧바로 쑥쑥 자라서, 쑥쑥 자라 올라갔네
하느님 부자(父子)는
창가에 앉아서
얼큰하게 취하게 술을 마시고 있다가
집 아래를 내려다보니
용수가 자라나는 모습 뚜렷이 보이고
용수가 무성하게 자라나는 모습 보이는데
땅 한쪽을 뒤덮고
하늘 한쪽을 뒤덮어
이 세상에서는 벼를 말려도 마르지 않고
야채를 말려도 마르지 않았네
눈에 거슬려서, 하느님은 부숴 버리려고
눈에 거슬려서, 번개로 내리치고 싶었지만
싹이 나고 있는 들판을 손상하고
감자가 자라는 들판을 손상하면
세상이 굶주려 죽을까 염려해서

653 뽕나무과의 열대산(熱帶產) 상록 교목, 용나무, 벵골보리수.
654 베트남의 북부, 중북부 지역에서 흔히 볼 수 있는 나무. 20~25m에 이른다.

하느님 부자는 쇠를 갉아서 무쇠 벌레의 입에 넣고
금을 갉아서 구멍 벌레의 입에 넣어
구멍 벌레를 나무껍질을 다 먹게 내려 보내고
무쇠 벌레를 나무속을 다 먹어 치우게 보냈네
그때부터
구멍 벌레는 나무껍질을 먹어 버리고
무쇠 벌레는 나무속을 먹어 버렸네

2)에서 본 바 있는, 홍수에 이어서 신령스러운 나무가 생겨난다는 발상이 반복되고 있다. 그런데 이번에는 땅에서 생겨난 신령스러운 나무가 하늘을 향해 올라가다가, 하늘에 의해서 꺾이고 말았다는 내용이다. 2)에서는 땅의 생명력이 부각되었다면, 이곳에서는 하늘의 위세가 더욱 크게 부각되어 있다. 하늘의 시각에서 전개되고 있는 것도 주목해야 할 변화이다. 3)에서 땅에 비를 내려 주는 것이 하느님이라고 했던 것을 다시 생각해 보면, 땅에 대한 하늘의 승리를 말하는 쪽으로 전개되어 온 듯하다. 그렇다면 태초의 분리 이후에 하늘과 땅 사이에는 메울 수 없는 간격이 있게 되었다는 뜻을 상징적으로 표현한 것으로 해석할 수도 있겠지만, 신수(지모신) 숭배 집단과 천신 숭배 집단 간의 충돌이 반영되어 있는 것으로 보는 것도 가능할 것이다. 이후 작품에서 지속적으로 나타나고 있는 하늘과 땅의 결합과 분리는 천신 숭배 집단과 지모신 숭배 집단의 관계를 은유하고 있다고 보는 해석이 가능하다고 본다.

5) 마을의 기원

신령스러운 용수의 1,919개 가지가 땅에 넘어져서 마을이 되었다. "한 가지는 넘어져 삽(Sạp) 땅이 되어 / 삽(Sạp) 마을이 되었고 / 한 가지는 넘어져 잡(Giạp) 땅이 되어 / 잡(Giạp) 마을이 되었다."[655] 각각의 가지

655 15면.

들은 넘어져 땅을 이루고 거기에서 마을이 생겨나게 되었다. 그것이 지금에 이르고 있다.

용수의 가지가 쓰러져 삽(Sạp) 땅이 되었다고 했는데, 땅은 이미 형성되어 있었으니, 삽(Sạp) 지역의 지형이 형성되었다는 뜻으로 받아들여야 할 것이다. 지형이 거인신에 의해 형성된 것이 아니라 신수인 거수(巨樹)가 변해서 된 것이라는 점이 주목된다. 용수가 쓰러지자 사람들이 흩어져서 살게 된 마을이 생겨났다고 했다.[656]

6) 인간의 기원

신령스러운 용수는 썩어서 여신 자 전(Dạ Dần)이 되었다.

> 용수는 썩어서
> 늘어진 가지는 자 전의 손발이 되고
> 보풀보풀한 가지는 자 전의 머리가 되고
> 가로선 가지는 자 전의 귀와 눈이 되고
> 당당하게 크게 뻗은 가지는 자 전의 가슴과 허리가 되었네[657]

2)에서 본, 신령스러운 나무에서 신이 생겨난다는 사고방식이 되풀이되고 있다. 5)에서 용수가 썩어 땅에 넘어진 것으로 되어 있으므로 자 전은 대지의 여신(지모신)임이 분명하다. 신수와 지모신을 연결시키는 것은 쉽사리 납득할 수 있다.

그런데 하늘로 솟아오르던 용수가 변해서 된 여신 자 전은 땅에서 살면서 하늘 높이 올라가기를 원했다고 했다. 그 대목은 "여신은 땅 아래에서 살아서 낮았기에 / 높고 높은 하늘로 올라가기를 원했네."[658]

---

656 이와 같은 신수(神樹) 혹은 우주수(宇宙樹)에 대해서는 서유원, 《중국 창세신화》, 아세아문화사, 1998, 195~212면에서 여러 자료를 들고 논의했다.

657 18면.

658 18면.

라고 되어 있다. 하늘로 올라가기를 원한 자 전은 두 개의 알을 낳았다. 알은 부화해서 두 명의 남자가 되었다. 두 남자는 모두 마을의 지도자가 될 수 있는 좋은 몸과 인상을 타고났으니 그들이 꾼 브엄 박(Cun Bươm Bạc)[659]과 꾼 브엄 버(Cun Bươm Bờ)다.

한편 그때 하느님의 딸인 선녀들이 지상에 내려와서 놀다 가곤 했다.

어느 해에 하느님은 딸들이 땅에 내려와 잠깐 놀다 가게 했는데
삼 년 뒤에 하느님은 딸들이 땅에 내려와 다시 놀도록 했네
하느님의 딸은 선녀라고 부른다네
선녀는 세상에 내려와 꽃놀이를 했지
아침에는 구름과 비를 타고 내려왔고
한낮에는 구름과 바람을 타고 내려왔지
선녀는 목욕하러 날아 내려와서는
땀(Tằm)강가, 때(Tè)강가에서 목욕했네
선녀는 넓은 길에 나섰다가
선녀는 넓은 길에 내려섰다가
브엄 박과
브엄 버를 보았지
브엄 버는 금빛 말을 타고 있었고
브엄 박과
브엄 버를 보니
브엄 박은 흰 말을 타고 있었네
첫째 둘째 선녀는 길을 묻고 싶어
두 남자 분의 말을 듣고자 했지
한 사람은 한쪽 길옆으로 비켜서고
또 한 사람은 다른 쪽 길옆으로 비켜섰네
말을 타고 다가오는 두 분이
똑바로 갈 수 있도록 하기 위해서라네
처음 보는 아가씨를 만났으니

659 cun은 높은 지위를 뜻하는 말이다. (19면 주석)

묻고 싶었지
아름다운 아가씨를 보고 말을 걸고 싶었지
'어느 땅 어느 마을 사람일까?
아름다운 자태에 등은 벌과 같고 머리카락 부드러워 보이는구나'
동생은 말고삐를 당겨 말을 멈추고
형은 말고삐를 당겨 말을 서게 했지[660]

이렇게 해서 두 남자와 만나게 된 두 선녀는 그들과 정신없이 놀다가 그만 돌아갈 시간을 어기게 되었다. 시간이 지나서 하늘 문이 닫혀버리고 말았다.

하늘나라의 종은 다섯 번 울렸네
하늘나라의 종은 정해진 시간을 알렸네
두 아가씨가 없어도 어쩔 수 없다네
두 선녀는 서둘러서 하늘나라로 돌아가려 했지
자매가 땅에 내려올 때는 여러 사람과 함께 왔는데
돌아갈 때는 둘만 남기고 돌아가 버렸네
작은 문 닫혔고
큰 문 닫혔네
첫째 선녀와 둘째 선녀는
문이 닫히는 소리를 듣고
빗장을 거는 소리를 듣고
어쩔 수 없이 이곳 속세 마을에서 살게 되었지
꾼 브엄 박은 첫째와 결혼해서
성을 랑(Lang)이라 하고
꾼 브엄 버는 둘째와 결혼해서
성을 전(Dân)이라고 했네
12년 9개월 뒤에
두 부인은 계속해서 아이를 낳았네

660 19~20면.

첫째로 꾼 콩 랑(Cun Khống Lăng)을 낳고
(…)
아홉째로 랑 짱 쎄(Lang Chàng Xế)를 낳았으며
열째로 뚱 수컷(Trống chim Tùng)[661]과 똣 암컷(Mái chim Tót)[662]을 낳았네
(두 마리 새) 뚱과 똣은
사랑스러운 막내였다네[663]

땅으로 내려온 '하늘의 존재'인 두 선녀와 '땅의 존재'인 두 남자가 결합해서 자식을 잇따라 낳았는데 마지막으로 새 두 마리를 낳았다. 첫째부터 아홉째까지에 대해서는 이후 별다른 말이 없다. 이후 열째인 두 마리 새에 대한 이야기에 초점이 맞추어져 있다. 하늘로 회귀하려는 욕망을 가진 '하늘의 존재'인 두 선녀와 하늘에 오르기를 소망한 여신의 자식인 두 남자의 결합을 통해서 땅보다는 '하늘'에 가까운 존재인 새가 태어난다는 것을 쉽사리 납득할 수 있을 것이다.

그런데 이 두 마리 새는 먹고 살 곳이 없었고 따돌림을 받으면서 여러 가지 괴로움을 겪어야 했다. 너무나 살기 힘들었던 둘은 급기야 죽기를 결심하는 지경에 이르렀다.

나무에 앉으면, 나뭇가지가 끊어지고
써레 줄에 앉으면, 줄이 끊어졌네
뚱과 똣은
강가에 나가서 독초를 먹고 죽으려 했네
죽어서 괴로움을 덜려 했지
대나무 숲에 가서 목을 매려 했지
모욕과 아픔을 덜려 했지
넓은 길, 넓은 마당으로 나온

661 쫑(trống)은 조류의 수컷, 찜(chim)은 새라는 뜻이다.
662 마이(mái)는 조류의 암컷이다.
663 22~23면.

뚱과 똣은
항상 걱정해 주는 자 전을 만났네[664]

새의 모습으로 태어났기에 겪어야 할 시련을 이렇게 표현했다. 나무에 앉았는데 가지가 끊어졌다는 것은, 하늘과 땅의 결합으로 태어났지만 아직은 땅에 의해서 거부되고 있는 상황을 표현한 것으로 보인다. 지모신 자 전을 만나고 동굴로 들어가는 것은 땅의 속성을 보완하기 위함이었다고 해석할 수 있다. 하늘과 땅(혹은 천신 숭배 집단과 지모신 숭배 집단)의 결합은 장기간에 걸쳐 우여곡절을 겪고서야 이루어졌다고 보아도 좋을 것이다.

자 전은 옷을 짜고 있다가 이들을 맞이한다.[665] 자 전의 말에 따라 두 새는 쫑(Trống) 동굴과 하오(Hao) 동굴에 들어가서 둥지를 틀고 산다. 다시 자 전의 말에 따라 두 새는 함께 둥지를 틀고 아홉 달 아홉 밤낮이 지나고 1,919개의 알을 낳는다. 남매혼이라고 할 것이 이루어지고 그 결과 인간이 탄생하게 된다.

뚱은 90일을 꼼짝 않고 알을 품었네
똣은 90일을 소식도 없이 알을 품었네
알은 조금도 부화될 기미가 없었고
알은 조금도 부화되지 않아 새끼 나오지 않았네
뚱과 똣은 화가 나서 얼굴을 찌푸리고
알을 가져다 버려 버렸네
알 하나를 하늘에 버리니
번개 신이 부화되어 나왔고
알 하나를 하늘에 던지니
구름 신이 부화되어 나왔네[666]

664 23면.
665 따라서 자 전은 직조신이기도 하다.
666 25~26면.

이처럼 각각의 알들이 부화해서 하늘의 번개신, 구름신이 되고 쥐, 돼지, 코끼리, 물고기, 맹수, 초목 등이 된다. 기상 현상과 동식물이 모두 이 알에서 나왔다고 했다. 1,919라는 숫자는 기상 현상과 동식물을 다 합해서 말하기 위해 쓰인 숫자일 것이다. 뚱과 뜻이 하늘과 땅의 결합으로 태어났으니 기상 현상과 각종 동식물도 모두 하늘과 땅의 결합으로 생겨나게 된 것이다. 하늘의 속성을 반영한 기상 현상과 땅의 속성을 반영한 동식물이 탄생함으로써 하늘과 땅이 균형을 이루고 인간이 탄생할 조건이 갖추어졌다.

뚱과 뜻 사이에서 알이 다시 하나 생겼는데, 그 생김새가 기묘했다. 뚱과 뜻은 이 알을 스스로 품지 않고 자 전에게 준다. 자 전의 부탁을 받은 종달새가 이 알을 품는다. "종달새는 서둘러 날아 들어와 알을 품는데 / 아침에는 / 암컷이 금(金)날개를 펴서 햇빛을 가리고 / 오후에는 / 수컷이 은(銀)날개를 펴서 햇빛을 가렸지."[667]라고 했다. 알이 부화되어 껍질이 부서지자 그 속에서 라오(Lào)족, 낑(Kinh)족, 므엉(Mường)족, 타이(Thái)족, 만(Mán)족, 매오(Mẹo)족의 소란스럽고 시끄러운 소리 들리고, 잔소리하는 소리며 말하는 소리며 웃는 소리가 들렸다. 인류의 기원이 되는 이 알이[668] 띠엉(Tiếng, 소리)알이라고 불리는 것은 그 때문이다.

이 알이 부화되자 그 속에서 다시 알이 열 두 개가 나왔다. 하나의 알에서 여러 개의 알이 나온다는 설정이 독특하다. 열 두 개의 알 가운데 첫 번째 알에서 짓 장(Dịt Dàng)이 나왔고, 두 번째 알에서는 랑 따 까이(Lang Tá Cài)가, 세 번째 알에서는 랑 꾼 껀(Lang Cun Cần)이 나왔다. 그 속에서 눈이 튀어나온 사람, 애꾸, 장님, 절름발이, 고아, 과부도 나왔다. "이처럼 / 이 세상 사람은 누구나 쫑(Trống) 동굴에서 나왔다."[669]고 했다. 이 말은 동시에 모든 인간은 새의 형태로의 회귀를 동경한다는

667 29면.
668 27면.
669 29면.

뜻이기도 하다.[670]

그런데 하나의 알에서 여러 민족이 나왔다는 것과 짓 장 이하의 여러 사람이 나왔다는 것을 동시에 말하고 있지만, 둘은 잘 연결되지 않는다. 열 두 개의 알에서 나온 것은 여러 민족이 아닌 므엉족의 구성원을 말하고 있기 때문이다. 므엉족의 기원을 인류의 기원이라고 하는 것은 서사시 자체의 논리로 볼 때 모순이라고 할 수 없을 것이다. 반면 여러 민족이 같은 알에서 기원했다고 하는 것은 무엇인가 그럴 필요성이 있어서, 애초에는 없던 것을 덧붙인 말임이 분명하다.

하나의 알 속에서 여러 민족이 갈라져 나왔다는 설정은 같고 다르고, 대등하면서도 차이가 있다는 생각을 표현하면서도, 같고 대등하다는 쪽을 좀 더 강조하기에 적절한 방식이다. 그런 사고방식이 필요하게 된 이유를 추측해 볼 수 있다. 그것은 바로 비엣족과의 기나긴 대결과정에서 생겨난 것으로 보인다. 즉, 비엣족(낀족)이 배타적 우월성을 주장하면서 여러 소수민족 통치를 합리화하려는 데 대한 창세서사시 차원의 반론이라는 것이다. 비엣족이 하나가 여럿을 지배하는 것이 당연하다고 할 때, 므엉족은 여럿은 본래 하나로서 서로 기원에 있어서 대등하다는 주장을 펴고 있으니 무척 흥미롭다.

7) 연월(年月)의 제정

그때 하늘에는 금(金)으로 된 해가 아홉, 동(銅)으로 된 달이 열둘이 떠 있어 세상을 타는 듯이 내리쬐고 있었다. 물은 말라 버렸고 곡식은 재배할 수 없게 되었다. 이에 남신 노 나(Nỏ Ná)가 일월을 조정하기 위해 나섰다.

670 인간의 기원에 대한 이야기가 대단히 복잡하다는 것이 두드러진 특징이라는 것을 알 수 있다. 왜 그렇게 되었는가 하는 의문이 제기될 수 있다. 그런 복잡성은 여러 부족의 신화가 통합되는 과정이 반영된 것으로 보아야 한다는 의견이 있었다. 필자도 그런 해명이 설득력 있다고 생각한다.

그때에 응아오(Ngao) 씨 집에서
남신 노 나는
오래된 큰 대나무로 만든 화살을 준비해서, 삼 년을 훈증해서
아홉 개의 해 가운데 여덟 개를 쏘아 떨어뜨리고
열두 개의 달 가운데 열한 개를 쏘아 떨어뜨렸지[671]

일월을 조정한 신인 노 나가 어떤 신격인지는 불분명하다. 인간사회의 우두머리로서 천문 현상을 조정한다는 표현도 없다. 통치자의 능력과 결부시켜 해석할 수 있는 단서도 미흡하다. 통치자에 대한 이야기는 작품의 후반부에 가서 나타나기 때문이다. 응아오씨 집의 남신이라고 한 것으로 보아서, 노 나는 응아오씨 집에서 섬기는 조상신이고, 일월 조정은 자연 재앙을 제거하는 주술적 권능을 표현하는 것일 법하다는 추론이 근사해 보이나 확언하기 힘들다. 분명한 내력이 없는 이런 신이 빈번하게 등장하는 것은 므엉족이 원시 씨족사회에서 벗어나 부족사회로 발전하면서 각 씨족에 흩어져 있던 신화의 요소들이 체계를 잡게 되면서 나타난 현상으로 보인다.[672]

해와 달의 숫자가 둘인 한국의 창세서사시와는 달리 해가 아홉, 달이 열둘이나 되었다. 해 때문에 더운 것은 일치하지만, 다수의 달이 추위와 관계된다고는 하지 않았다. 아마도 므엉족 거주지의 기후적 특성으로 말미암아 다수의 해와 달 모두 지극한 더위를 야기한 것으로 처리했을 것이다.

일월을 조정하고 나자 퐁 페우는 닭에게 부탁해서 아침에 해를 불러오게 하고, 오리에게 부탁해서 저녁에 달을 불러오게 했다.

닭은 오리의 등에 올라타고

671 31면.
672 Đinh Gia Khánh ch.b, 같은 책, 613면에서도 그렇게 보았다. 또한 이 채록본이 여러 지역의 전승을 모아 놓은 것이라는 점도 함께 고려해야 한다.

강과 호수를 헤엄쳐 가서
동쪽에서 한 번 울었네
그 소리가 서쪽으로 울려 퍼졌네
태양은 닭이 부르는 소리를 듣고
금빛 햇볕을 내리 쬐었네
달은 오리 소리를 듣고 떠올랐네
그 때부터 밤과 아침이 있게 되었네[673]

이렇게 해서 밤과 낮이 구분되게 되었다. 그렇지만 여전히 연(年)과 월(月)은 없었다. 제일 큰 마을의 투 타(Thu Tha)와 두 번째로 큰 마을의 투 티엔(Thu Thiên)이 비로소 연과 월을 제정했다. 그래서 "일 년은 열두 달 / 한 달은 삼십 일 / 넘치는 해와 모자라는 해가 있고 / 충분한 달과 / 모자라는 달이 있게 되었다."[674]고 했다. 또한 1월에는 누에로 하여금 잎에 오르게 하고, 7월과 8월에는 비가 내리고 바람이 불게 하는 등, 달에 맞춰 해야 할 일들을 정했다. 특히 11월과 12월에는 우리의 성조신에 해당하는 따오(Táo)가 구름을 타고 하늘로 올라가도록 정했다.[675]

8)~10) 우두머리 선출

느억(Nước)마을 사람들은 짓 장(Dịt Dàng)을 맞이해서 마을을 다스리도록 하고자 한다. 짓 장은 승낙했지만 귀신에게 제지당한다. 그들은 다시 랑 따 까이(Lang Tá Cái)를 청했으나 그 역시 귀신이 막아서자 집으로 돌아가 버린다. 둘은 모두 고기를 잡아 귀신을 대접하게 했지만 효과를 보지 못했다. 세 번째로 찾아간 랑 꾼 껀(Lang Cun Cần)의 경우는 달랐다. 마을 사람들은 그에게 부탁을 했다.

673 32면.
674 32면.
675 현재 비엣족에게도 이런 풍습이 있다.

"좋다. 내가 가서 군사를 담당해서 마을을 지키겠다
그렇지만 귀신이 저주할까 두렵구나
마을 원로들은 큰 산 열 개를 태워야 한다
귀신을 마을 밖으로 쫓아내기 위함이다"
날은 맑았다네
(…)
랑 꾼 껀은 길을 나섰네
사람들은 앞에서 맞이하고 뒤에서 따라왔지
귀신 무리들은 산 속으로 달아나 버렸지
용 귀신은 랑 꾼 껀에게 잡힐까 두려워하고
교룡은 랑 꾼 껀에게 맞을까 두려워했지[676]

이렇게 해서 탁월한 능력을 가진 랑 꾼 껀은 군사를 담당하고 마을의 우두머리가 되었다. 귀신을 물리칠 수 있어야 지도자가 될 수 있었다. 그러므로 이 단락은 무당과 마을 우두머리가 분리되지 않았을 때 무당의 능력 시험을 보여 주는 것으로 해석할 수 있겠다. 동시에 화전을 일구는 것을 귀신을 몰아내는 것과 결부시켜, 생업과 신앙을 일치시키고 있음을 알 수 있다.

이 단락부터는 신이 아닌 인간이 서사시의 주역이 되고 있다. 이어지는 단락에서도 신의 개입과 도움은 여전하지만 인간이 필요에 의해서 신의 개입과 도움을 요청하고 있다는 점을 더욱 중시해야 한다. 문화의 기원을 말하는 쪽으로 초점이 옮겨진 것은 서사시의 주역이 바뀐 것과 함께 일어난 변화이다.

11) 랑 꾼 껀의 집짓기

랑 꾼 껀에게는 집이 없었다. 검은 거북이가 집을 짓는 재료와 요령을 가르쳐 주었다. 크고 작은 마을 사람들이 와서 그를 위해서 집을 지어

676 39면.

주었다. 혈거(穴居)하던 단계에서 집을 짓고 살게 된 변화를 반영하고 있는 단락이라고 생각한다. 거북이의 등딱지와 네 다리가 집의 지붕과 기둥과 닮았기 때문에 거북이를 등장시켰을 것이다.

12) 불과 물 찾기

랑 끈 껀에게 집은 있었지만 불과 물이 없었다. 불과 물을 얻기 위해서 풍뎅이가 나섰다. 풍뎅이는 불의 신 따 깜 꿋(Tà Cắm Cọt)의 처소에 올라가서 여덟 묶음의 불과 아홉 통의 물을 얻었다. 들고 돌아오다가 그만 산에 손을 부딪히고 말았다. 위에 들고 있던 아홉 통의 물은 새어 나왔고, 아래 들고 있던 여덟 묶음의 불에 뿌려졌다. 물은 말라 버렸고, 불은 꺼져 연기가 되어 버렸다. 랑 끈 껀은 풍뎅이로 하여금 닭이나 돼지의 배설물 속에서 살게 하는 벌을 내렸다.

다음에는 등에가 나서서 따 깜 꿋을 꾀를 써서 속이고, 부싯깃을 이용해서 불을 지피는 것을 훔쳐보고, 불 지피는 법을 알아낸다. 또 따 깜 꿋이 계곡에 가서 물을 길어 와서 대나무 관(管)에 붓는 것을 본다.

따 깜 꿋은 불을 지피는 방법이 알려질까 염려했네
등에를 대나무로 엮은 통 속에 묶어서
부엌 선반 위에 올려놓고
등에에게 물었네
"너희들 밝은가 어두운가?"
등에가 답하기를
"지금 사방을 보아도 어두워서
보아도 깜깜할 따름입니다"
그렇지만 등에는
머리 위에 눈이 달려 있어서
통 틈새로 볼 수가 있었지
따 깜 꿋이 불을 지피는 것을 보았네
대나무 부싯깃을 이용해서

밀고 당기고 하니
불이 붙어서
연기가 뭉게뭉게 피어나는 것을 보게 되었지
따 깜 꼿이 샘물에 가서
물을 길어 와서 관 속에 넣은 것을 보았네
(…)
그때부터 랑의 집에는 불이 있게 되었네
또 사람을 물통을 지게 하여
강에 가서 물을 떠오게 하고
땅에는 우물을 파고
샘에 고인 물을 떠오게 했네
물은 대나무 관 속에 있고
불은 집에서 밝게 빛났네
생선을 먹어도 비린내 날 걱정 없고
야채를 먹어도 배가 아플 걱정 없었네[677]

불이 화식(火食)과 관계됨을 알 수 있다. 인간은 불을 지피는 원리와, 물을 저장하고 수맥을 찾아서 우물을 파고 물을 얻어 저장하는 요령을 터득했다. 동물의 도움을 받아서 그 원리를 알아내는 것과 물과 불의 근원을 찾는 내용이 같이 등장하는 것은 한국 창세서사시와 일치한다. 풍뎅이의 실패를 설정해서, 물과 불 자체를 얻어 오는 것은 무의미하고 물과 불을 얻는 요령을 터득하는 것이 중요하다는 생각을 강조해서 표현했다.[678]

13) 벼 종자 찾기

므엉족 사람들은 벼 종자가 필요했다. 쥐가 벼 종자를 관장하는 여신에게 벼 종자를 얻도록 하라고 가르쳐 준다. 랑 꾼 껀은 잣 까이 자인

677 48~49면.
678 취화(取火) 방법을 알아내는 데 동물이 관여하고 있음은 여러 곳의 신화나 설화에서 확인되는 바이다.

(Dặt Cái Dành) 아가씨를 보낸다. 그녀는 여신 띠엔 띠엔 마이 루어(Tiên Tiên Mái Lúa)에게서 좋은 종자를 많이 얻어 가지고 온다. 랑 꾼 껀은 수로를 쌓고 종자를 심어 멥쌀과 찹쌀을 수확한다.

이때부터 계절에 따라 농사일을 했고
찹쌀 종자를 저장하고
멥쌀 종자를 저장했네
일 년 내내 밥을 먹으며
잣 까이 자인의 공덕을 기억해야 하리
이때부터
랑 꾼 껀은 마을을 부유하게 만들었고
쌀이 집에 가득 찼네
이때부터 사람들은 근심할 줄 알고 생각할 줄 알게 되었네[679]

수렵 채취 단계에서 농경 생활로 전환했음을 보여 주는 단락이다. 곡식 종자를 여신이 관장하는 것은 흔히 발견되는 것이지만, 쥐의 도움으로 여신에게 여성이 찾아가서 곡식 종자를 얻어 온다는 설정은 특이하다.

14) 술의 기원

짓 장이 우두머리일 때 원정(遠征)에서 이기고 돌아오는 길에, 게와 달팽이에게서 술 만드는 법을 배운다.[680] 잣 까이 자인이 하늘에 올라가서 돼지와 닭의 종자를 얻어 온다. 물소는 랑 꾼 껀을 위해 논밭을 갈아 준다. 하늘과 땅의 도움으로 인간 생활이 향상되는 것으로 표현되고

679 55~56면.
680 이 대목의 주인공은 짓 장이다. 그런데 8)에서 짓 장은 귀신을 물리치는 데 실패한다. 반면 26)에서는 짓 장의 지위가 가장 높은 것으로 되어 있다. 이런 착종은 랑 꾼 껀이나 랑 꾼 크엉을 중심인물로 하는 서사시를 구연하던 집단의 크기보다 훨씬 큰 새로운 연맹체가 형성되었기 때문에 생긴 것이 아닌가 한다.

있다.

15) 랑 꾼 껀의 결혼

아내가 없던 랑 꾼 껀은 어느 날 물가를 내려다보다가 머리를 감고 있는 자기의 친동생인 바 하이 찌엉(Vạ Hai Chiếng)을 보고 아내로 삼기로 한다. 원로회의를 소집해서 의견을 물으니 친동생과의 결혼은 있을 수 없다고 한결같이 반대한다. 그래도 뜻을 굽히지 않고 랑 꾼 껀은 여러 신들에게 물어본다. 신들은, "네가 바 하이 찌엉과 결혼하고 싶다면 / 월초에는 돼지와 함께 밥을 먹고 / 월말에는 닭과 함께 물을 마셔야 한다 / 이렇게 삼 년 칠 개월을 계속해야 한다."고[681] 요구한다. 랑 꾼 껀은 여동생과 끝내 결혼한다. 그렇지만 신들의 요구를 이행하지 않는다. 그 때문에 격노한 신의 저주를 받아 열두 귀신을 낳는다. 두려워 얼굴이 수척해진 랑 꾼 껀은 여동생을 들 밖 황량한 땅에 내버려두고 온다.

결국 랑 꾼 껀은 이웃 마을 우두머리의 딸인 벗 더우 덧(Vật Đầu Đất)과 결혼하고, 또 이어서 벗 더우 느억(Vật Đầu Nước)과 결혼했으나 두 여자는 모두 못생긴데다가 마음 또한 곱지 못했다. '땅의 존재'인[682] 두 부인과의 사이에서 꾼 또이(Cun Tồi)와 꾼 딴(Cun Tàn)을 낳았다. 그 다음에 '하늘의 존재'인 하느님의 딸은 아 사오(Ả Sao), 아 상(Ả Sáng), 아 장(Ả Rạng)과 결혼한다. 결혼식은 참으로 성대하게 치러졌다. 아 사오와의 사이에서는 자식이 없고, 다른 두 아내 사이에서 랑 꾼 크엉(Lang Cun Khương)과 똥 인(Toóng Ín)을 낳았다.

이 대목에는 세 번에 걸친 결혼이 나온다. 첫 번째 결혼은 남매혼이었는데, 근친간의 결혼은 금기 사항이고, 금기를 어길 경우 신의 징벌이 따른다고 해서 남매혼을 부정하고 있다.[683] 두 번째 결혼은 이웃 마

681 65면.

682 '덧'은 땅이고, '느억'은 물이다. 이름에 이런 말이 들어 있는 것을 보아서도 이들이 '땅의 존재'라는 점을 알 수 있다.

683 6)인간의 기원에서는 남매혼을 인정한 것과는 크게 달라졌다.

을의 두 여인과의 결혼이었는데 만족스럽지 못했다. 하느님의 딸과 결혼한 세 번째 결혼이 있고 나서야 다음 시대를 이끌어 갈 지도자(랑 끈 크엉)가 탄생할 수 있었다. 천신 숭배 집단과 지모신 숭배 집단 사이의 대결과 화합이라는 해석을 연장해 보면, 이 세 번째 결혼을 통해서 천신 숭배 집단의 존재와 힘이 부각되고 있다고 볼 수 있다.

인간의 기원이 하늘과 땅의 결합에서 기인한 것이라고 하고, 새로운 지도자 역시 하늘과 땅의 결합에서 탄생한다는 것을 볼 때, 하늘과 땅의 결합은 므엉족(나아가 고비엣족)의 원형적인 사고방식인 것으로 판단해도 좋을 것이다.

16) 동고(銅鼓)의 기원

랑 끈 껀은 동고 주조하는 법을 배워서 '므엉족의 북'을 만들었다.[684] 동고는 장례식 때 쓰이는 악기이다. 동고는 청동기 문화의 산물이라는 점에 착안하면, 이 대목을 경계로 해서 새로운 내용이 전개될 것이라고 짐작할 수 있다.

동고

684 '동고(銅鼓)는 남중국과 동남아시아 대부분의 지역에서 발견되는 청동기 문화의 대표적인 유물이다.

17) 랑 꾼 껀의 토지 분배

랑 꾼 껀은 늙어 쇠약해졌다. 더 이상은 우두머리 노릇하기 싫어진 랑 꾼 껀은 땅을 나눠주기 위해서 자식들을 불렀다. 공평하게 나눠주기를 원했지만 자식들이 대접한 음식을 배불리 먹고 만취해서 마음이 흔들려서, 가장 좋은 땅은 옹석받이이고 버릇없는 막내 똥 인에게 나눠 주고 가장 나쁜 땅을 랑 꾼 크엉에게 나누어 준다.

게다가 똥 인은 악의를 품고, 랑 꾼 크엉이 일꾼들을 훈련시켜 약탈을 일삼으려 하고 꾼 또이와 꾼 땅을 죽이려 한다고 모함을 한다. 결국 그들은 연합해서 랑 꾼 크엉을 친다. 연합군의 공격에 간신히 몸을 빼낸 랑 꾼 크엉은 하늘로 올라가서 외할아버지, 외할머니에게 호소했다. 하느님은 랑 꾼 크엉이 세상에 돌아가서 우두머리가 되게 하고 똥 인은 치죄(治罪)했다.

18)~25) 쭈(chu)[685] 나무 찾기, 쭈(chu) 나무 베기, 쭈(chu) 나무 집짓기, 쭈(chu) 나무 집의 전소(全燒), 야수(野獸, moong lồ) 사냥, 미친 물고기 잡기, 미친 까마귀 사냥, 논밭의 귀신, 침략자 귀신 마이(May), 귀신 랑(Lang)

랑 꾼 크엉은 쭈 나무를 베어서 집을 지으려 한다. 쭈 나무는 신수이었는데, 있는 곳을 알 수 없었다. 그런데 랑 꾼 크엉이 평소 아끼던 땀 따익(Tặm Tạch)이 오랑우탄에게서 위치를 알아낸다. 그렇지만 땀 따익은 쭈 나무의 이익을 독점하기 위해서 위치를 말해 주지 않는다. 그렇다는 사실을 딸을 통해 전해들은 랑 꾼 크엉은 땀 따익에게 술과 음식을 대접해서 쭈 나무가 있는 위치를 알아낸다.

---

685 '쭈(chu)'는 무엇인가가 모여 있는 곳, 무엇인가가 생겨나는 곳, 무엇인가의 근원이라는 뜻이다. 그래서 'chu đá chu đồng'은 돌(đá)과 구리(đồng)가 모여 있는 곳, 생겨나는 곳이라는 뜻이다. 또한 '쭈(chu)'는 구체적으로 신성한 사물을 가리킬 때도 있다. 'chu cá'는 물고기가 많이 모여 있는 곳이라는 뜻도 있지만, 또 '이 계곡에는 chu cá가 있다.'고 할 경우에는 '이 물가에는 물고기(cá) 모양의 둥근 돌이 있다.'는 의미가 된다. 므엉족 사람들은 그 돌은 그 지역에 물고기가 많게 해 주는 신성한 돌이라고 믿는다고 한다. (Ủy Ban Khoa Học Xã Hội Việt Nam, 《Lịch Sử Văn Học Việt Nam(베트남 文學史)》 1, nxb Khoa Học Xã Hội, 1980, 99면)

랑 꾼 크엉은 마을 사람들을 데리고 쭈 나무를 베러 가서, 쭈 나무를 끌고 돌아와서 집을 지었다. 땀 따익은 처참하게 죽였다. 그러자 땀 따익의 자식들은 분노가 치밀어 올라서 랑(Lang)의 집에 불을 질렀다. 쭈 나무 집은 불타올라 19일을 탔고 연기가 19일 밤 동안 치솟아 올랐다. 불은 집을 다 태우고 마을로 퍼져 나가고 산에 옮겨붙었다. 모든 곳을 불태웠고 사방에 연기가 자욱했다.

랑 집안사람들이 땀 따익의 아들들을 죽이려 사방으로 찾아 다녔다. 그런데 아들들은 변신해서 몸을 감출 줄 알았다. 그들은 용수 속에 몸을 숨기고 있었다. 랑 꾼 크엉이 숨은 곳을 알고 나무를 칼로 베자 피가 사방으로 흘렀고, 피가 풀과 나무에 스며들어 야수들로 변했다. 한 줄기 선혈(鮮血)이 가장 무시무시한 야수(몽 로, moong lỗ)로 변해서 가축과 사람을 해쳤다. 랑 집안사람들을 중심으로 사냥에 나서서 야수를 죽인다.

들판에서 고기를 잡고 남은 폐(肺) 두 세 조각을 먹은 사냥개 무리가 미친개가 되었다. 미친개를 죽여 시체를 강에 던져 버렸는데, 그것을 먹은 물고기들도 모두 미쳐 버렸다. 다시 미친 물고기를 없앴는데, 까마귀가 물고기 시체를 먹고 미쳐 버렸다. 랑 꾼 껀의 집 꼭대기까지 와서 큰 소리로 시끄럽게 울어서 귀가 울리고 머리가 아팠다. 랑 꾼 껀은 활을 쏘아 쫓아 버린다.

죽은 똥 인의 혼이 여러 귀신을 이끌고 와서 싸웠다. 똥 인은 또한 여러 종류의 수중 괴물을 이끌고 와서 물에서 떠올라 격렬하게 싸우도록 해서, 랑 꾼 또이와 랑 꾼 땅을 죽였다. 끝내 랑 꾼 크엉은 승리를 거둔다. 까마귀가 똥 인의 살과 뼈를 물어다가 하오 동굴과 쫑 동굴에 버렸다.

신령스러운 나무를 베어 통치자의 위세를 장식하는 집을 짓는다는 것은, 신수(지모신) 숭배 집단의 결정적 패배를 의미한다고 볼 수 있다. 땀 따익과 그 자식들은 신수 숭배 집단의 옹호자들이었을 것이다. 땀 따익의 자식들이 용수 속에 몸을 숨겼다는 것을 보아도 그 점이 분명하다. 싸움이 치열하게 전개되는 것은 집단 간의 투쟁이 처절했다는 뜻일 것이다.

한편 뒷부분에 나타난 전쟁은 랑 꾼 껀의 뒤를 이은 랑 꾼 크엉이 형제들과의 다툼을 승리로 이끌어 통치권을 확립하기 위한 것이기도 하다. 17)에서 발생한 형제 간의 다툼이 이곳에서 최종적인 해결에 이른다. 그런데 여기서도 통치자는 곧 무당이다. 그 점은 귀신과 싸운다는 설정에서 잘 드러난다. 미친 개, 미친 물고기, 미친 까마귀를 제거하는 것은 인간으로서 땅, 바다, 하늘을 정복한다는 뜻으로 볼 수 있고, 적대 세력을 비유한 것으로 볼 수도 있다. 인간으로서, 무당으로서, 통치자로서의 권위를 확립하기 위한 장엄한 투쟁이 길게 전개되고 있으니 무속영웅서사시라고 할 수 있는 면모를 갖추고 있다고 할 수 있다.

26) 영토를 온전하게 하고 짓 장을 도읍으로 모시다

모든 일이 안정되었다. 마을에는 "더 이상은 적이 없고 / 더 이상은 귀신 문제도 없어 / 다만 백로 떼가 선회할 뿐이고 / 사슴 무리가 한가로이 다닐 뿐이었다."[686]고 했다. 짓 장은 대단히 기뻤다. 랑 꾼 크엉과 원로들은 최고 우두머리(짓 장)를 평야 지대에 모셨다. 모든 사람들이 왕을 배웅했다. 길에 오를 준비를 하던 때에 짓 장은 닭이 "용수, 마을, 물, 불, 집이 기원한 곳 … 아버지의 고향, 조상의 땅을 잊지 말라."[687]고 우는 소리를 듣는다. 왕은 나뭇잎을 하나 따서 길에 뿌리고는 송축의 말을 했다. 태양은 빛났고 마을과 물을 밝게 비춰 주고 있었다.

3. 작품의 의미

지금까지 살펴본 작품의 전체적인 내용을 '세상과 인간의 기원'(1~7),

686 168면.
687 168면.

'문화의 기원'(8~16), '적대 세력과의 투쟁'(17~26)으로 묶어 볼 수 있다. 그런 내용이 작품의 전반, 중반, 후반에 순차적으로 대응된다. 작품의 전반부는 세상과 인간의 기원, 자연현상의 기원을 말하고 있다. 작품의 후반부는 영웅의 투쟁을 길게 부연하고 있다. 전반부는 창세서사시, 후반부는 영웅서사시라고 할 수 있다. 작품의 중반부는 주인공이 문화영웅의 면모를 갖고 있으면서 통치권을 확립해 가고 있다는 점에서 이어서 전개되는 투쟁을 예비하고 있다고 할 수 있다. 작품의 통일성은 하늘과 땅의 상호관계가 일관되고 있는 데서도 찾을 수 있다.

'세상과 인간의 기원'은 원시서사시로서의 전형적인 면모를 담고 있다. 그런데 작품의 후반부에 가서는 영웅의 활약이라고 할 것이 길게 나타난다. 그러나 투쟁의 핵심으로 무당(=통치자)과 귀신의 대결이 크게 부각되어 있어, 고대영웅서사시로서의 면모를 충분히 가지고 있다고 보기는 힘들다. 또한 건국의 영웅이라고 볼 수도 없다. 그러므로 원시서사시에서 고대서사시로 넘어가는 단계의 모습을 보여 주는 것으로 보는 것이 온당할 것이다.

천지개벽, 인류의 기원, 불과 물의 기원, 일월 조정, 인세 차지 경쟁이 한국 창세서사시에 공통적으로 나타나는 신화소인데, 〈땅과 물의 기원〉에는 인세 차지 경쟁을 제외한 신화소가 나타나 있다. 세부적으로는 한국 창세서사시와 마찬가지로 달의 조정과 물의 근본 찾기가 〈땅과 물의 기원〉에도 나타나고 있음이 확인된다.

그러면서도 〈땅과 물의 기원〉에서는 거인신 대신 신수를 설정하고, 하늘과 땅의 결합으로 시조(지도자)가 태어나며, 인간의 시조는 알에서 다시 알이 부화되어 태어났다고 하는 점이 독특하다. 아울러 무당(=통치자)이 무당으로서의 능력을 입증하는 투쟁이 길게 부연되는 면모도 주목할 만한 특징이다. 따라서 이러한 면모들을 창세서사시 〈땅과 물의 기원〉이 계승되고 변모되는 양상을 살피는 근거로 삼을 수 있다.

한편 비엣족의 창세신화는 짤막한 여러 신화소가 단편(斷片)으로 전승되고 있다. 단편(斷片)인 동시에 단편(短篇)인 면모는 비엣족 창세신화의 두드러진 특징이라고 할 수 있다. 비엣족에게 창세신화가 빈약하고 모호하게 된 것 역시 본래 가지고 있던 창세서사시의 전승이 단절되고, 그 자리에 중국의 단편적인 창세신화가 침투해서 나타난 결과가 아닐까 한다. 중국의 지배를 받던 시기에 그런 변화가 점진적으로 일어났을 것이다.[688]

비엣족이 창세서사시를 소극적으로 계승하면서 해체한 것은 중세로 접어든 역사적 경험과 밀접한 관련이 있는 것으로 보인다. 국가를 건설하면서 창세서사시가 아닌 건국서사시가 필요했다. 그러면서도 중세문명을 받아들인 자부심도 표현해야 했다. 그래서 만든 건국신화에서 비엣족의 기원을 중국 염제신농씨(炎帝神農氏)에 결부시킨 결과 주변 소수민족에 비해서 비엣족의 위상은 높아졌다고 할 수 있다.[689] 한문문명을 받아들이면서 산지 소수민족을 '야만인'(Mọi)이라고 낮추어 볼 수 있는 근거를 건국신화에 마련해 놓았다. 그렇지만 그렇게 하면서 창세서사시의 풍부한 원천에서 멀어지고 말았다. 신농씨 이전에 있었던 창세 이야기를 중국을 통해서 받아들일 수는 있었지만, 중국의 신격을 받아들여서 숭배의 대상으로 삼을 수는 없었다.

불교는 창세서사시에게는 거대한 도전이었다. 우선 불교가 들어와서 사후 세계에 대한 관념을 근본적으로 바꿔 놓았다. 그 결과 사람이 죽어서 인류 최초의 모습인 새가 되는 것이 최고의 소망이라는 내세관이 지속될 수 없었을 것이다. 또한 불교 승려들이 장례에 적극 관여해

688 Đinh Gia Khánh ch.b, 같은 책, 613면에서 '왜 비엣족에게는 체계적인 서사시가 없는가?' 하는 질문을 던지고, 다음과 같은 두 가지 요인이 작용했을 것이라고 했다. 첫째, 고대 어우 락국이 중국의 침략을 받고 천 년 가까이 지배를 받았다. 둘째, 한(漢)나라의 동화정책에 비엣족이 신화를 잃었다. 중세문명세계에 들어가면서 서사시를 잃었다는 말로 받아들일 수 있다.

689 조동일,《동아시아 구비서사시의 양상과 변천》, 문학과지성사, 1997, 275면에서 "건국시조가 신농씨의 혈통을 받았다고 하는 것이 원시적인 생활을 하면서 한문문명 밖에 머무르고 있는 소수민족들을 얕보고 억누를 수 있는 자격이 있음을 입증한다."고 했다.

서 무당의 역할을 잠식해 간 것도 주목해야 한다.[690] 창세서사시 구연이 아닌 불경을 읽는 것으로 대체된 변화가 창세서사시를 전승한 근거와 기반을 근본적으로 위협했을 것이다.

〈땅과 물의 기원〉 후반부에 있는 '적대 세력과의 투쟁' 역시 부족이 통합되어 국가가 성립하고, 무당의 지위가 약화되면서 본래의 모습대로 전승될 수 없게 되었을 것이다. 요컨대 국가를 건설하고, 중세문명을 받아들이고, 불교가 들어와 사후 세계에 대한 생각을 바꿔 놓고, 비엣족 중심의 건국신화를 마련해야 했던 여러 가지 요인이 복합적으로 작용해서 창세서사시의 전승이 단절된 것이라고 본다. 그 결과 본래의 창세서사시를 잃고 중국을 통해 받아들인 단편적인 창세신화만 갖게 된 것으로 보인다.

690 Cuong Tu Nguyen, Rethinking Vietnamese Buddhist History : Is the Thiền Uyển Tập Anh a "Transmission of the Lamp" Text?, K.W.Taylor and John K.Whitmore ed., ESSAYS INTO VIETNAMESE PASTS, Cornell University, Ithaca, New York, 1995에서 잘 요약한 바와 같이 베트남 초기 불교의 면모를 보여 주는 자료인 《선원집영(禪苑集英)》에는 승려들이 무당의 역할을 대체해 간 면모가 잘 드러나 있다.

연표

1859년까지

연대	베트남	중국과 한국
?~B.C.258?	문랑국(文郎國)	
B.C.257?~B.C.208	구락국(甌貉國)	
B.C.221~B.C.206		진(秦)
B.C.207	조타(趙佗)의 남월(南越) 건국	
B.C.207~B.C.111	남월(南越)	
B.C.202~A.D.8		전한(前漢)
B.C.108		한사군(漢四郡) 설치
B.C.111	한(漢) 무제(武帝)의 남월(南越) 정복	
B.C.57?~A.D.676		한국, 삼국시대
A.D.25~A.D.220		후한[東漢]
40~43	징씨(徵氏) 자매의 저항 운동	
43	마원(馬援)의 원정과 중국 지배권의 재확립	
187~226	사섭(士燮) 정권	
220~280		중국, 삼국시대
265~420		진(晋)
420~589		남북조(南北朝) 시대
541~547	이분(李賁)의 저항과 만춘국(萬春國) 건국	
550	조광복(趙光復)의 용편(龍編) 재점령	
571~602	이불자(李佛子)의 지배	
581~618		수(隋)
587		중국, 최초의 과거(科擧) 실시
618~907		당(唐)
676~935		통일신라
679	안남도호부(安南都護府)의 설치	
698~926		발해
782~791	포개대왕(布蓋大王) 풍홍(馮興)의 반란	
907~979		오대십국(五代十國) 시대
918~1392		고려
938	오권(吳權), 남한(南漢) 군대 격퇴	
939~944	오조(吳朝)	
945~966	십이사군시대(十二使君時代)	
958		고려, 과거 실시
960~1127		북송(北宋)
966	정부령(丁部領)의 베트남 통일	
968~980	정씨(丁氏)의 대구월(大瞿越)	
972	중국, 베트남의 독립을 인정	
980~1009	전려(前黎)	
981	여환(黎桓)의 송군(宋軍) 격퇴	

1010~1225	이조(李朝)	
1054	이(李) 성종(聖宗) 국호를 대월(大越)로 함	
1069		왕안석(王安石), 신법(新法) 추진
1075	최초의 과거 실시	
1075~1077	이상걸(李常傑)의 송군(宋軍) 격파	
1127~1279		남송(南宋)
1170		고려, 무신란
1206~1368		몽고, 원(元, 1271~)
1225~1400	진조(陳朝)	
1231		몽고의 고려 침입 시작
1231~1273		고려, 대몽항쟁
1257	몽고의 제1차 침입	
1272	여문휴(黎文休), 《대월사기(大越史記)》 완성	
1284~1285	몽고의 제2차 침입	
1287~1288	몽고의 제3차 침입	
1368~1644		명(明)
1392~1910		조선
1400~1407	호씨(胡氏) 정권	
1407~1427	명(明)의 지배기	
1428~1788	여조(黎朝)	
1442	베트남 최초의 진사제명비(進士題名碑) 건립	
1446		훈민정음 반포
1460~1497	여(黎) 성종(聖宗)의 치세	
1479	오사련(吳士連), 《대월사기전서(大越史記全書)》 편찬	
1527~1592	막씨(莫氏) 정권	
1532	완김(阮淦)의 여씨(黎氏) 복위 운동 시작	
1558	완황(阮潢)의 순화(順化) 진수(鎭守) 부임	
1592	여조(黎朝)의 승룡(昇龍) 회복	
1592		임진왜란 발발
1599	정씨(鄭氏) 왕을 칭함	
1616~1911		후금(後金), 청(淸, 1636~)
1627	예수회 선교사 로드의 포교 활동 시작	정묘호란
1636		병자호란
1627~1672	정씨(鄭氏) · 완씨(阮氏)의 무력 충돌	
1708	막구(鄚玖), 완씨(阮氏)에 귀의	
1738~1770	여유밀(黎維密)의 반란	
1771	서산(西山) 운동의 시작	
1786	완문혜(阮文惠), 승룡(昇龍) 입성	
1788	완문혜, 광중(光中)황제를 칭함	
1788~1789	청(淸)과의 전쟁	
1792	광중황제의 사망	
1802	완복영(阮福映), 승룡 점령	
1802~1945	완조(阮朝)	
1804	완조, 국호를 월남(越南)으로 정함	
1820~1840	명명(明命)황제의 치세	
1840~1842		청, 아편전쟁

1848~1883	사덕(嗣德)황제의 치세	
1850~1864		청, 태평천국의 난
1854	고백괄(高伯适)의 반란	
1858	프랑스 · 스페인 연합군의 다낭 항 점령	
1859	프랑스 · 스페인 연합군의 사이공 점령	

1859년 이후

프랑스령 식민 시대(1859~1954)

1859	프랑스군 사이공, 쟈딘 및 미토 점령
1862	제1차 사이공 조약[=임술조약(壬戌條約)] 체결
1867	프랑스 남부 코친차이나 전 지역 점령
1873	프랑스 북부 통킹에 무력 진출[홍강(紅江)을 통한 중국 내륙 진출 목적]
1874	제2차 사이공 조약[=갑술조약(甲戌條約)] 체결
1882	앙리 리비에르의 하노이 공격
1883	프랑스의 위협에 따라 응우옌 왕조와 프랑스 사이에 아르망 조약[= 제1차 후에 조약, 계미조약(癸未條約) 체결 (프랑스의 보호국으로 전락)]
1884	파트노트르 조약[= 제2차 후에 조약, 갑신조약(甲申條約) 체결]
1885~1888	근왕운동(勤王運動)
1885~1895	반정봉(潘廷逢)의 저항 운동
1887	프랑스령 인도차이나의 성립
1893	프랑스 라오스를 인도차이나 연방에 편입
1904	반패주(潘佩珠)의 유신회(維新會) 조직
1905~1908	동유운동(東遊運動)
1907	동경의숙(東京義塾)
1912	베트남광복회 조직
1915	유럽 전선에 14만 명의 베트남인이 병사, 노동자로 징발됨
1919	호찌민, 베르사이유 강화 회의에 8개항의 '베트남 인민의 요구' 제출
1925	베트남청년혁명동지회 성립, 반패주 체포
1926	반주정(潘周楨)의 사망
1927	베트남국민당의 창당
1930	인도차이나공산당의 성립
1940.9	일본군의 베트남 진주
1941.5	호찌민, 인도차이나공산당을 주체로 하는 '베트남 독립동맹[베트민, 월맹(越盟)]'을 결성
1944.12.	베트남 인민군의 전선인 '해방군 무장 선전대'를 조직
1945.3.	일본군 프랑스 식민 당국을 축출하고 베트남 직접 지배(= 일본군의 무력 쿠데타)
1945.8.	일본군 항복, 8월 혁명과 독립선언
1945.9.2	베트남민주공화국의 성립
1945.9.	연합군 베트남 진주(일본국 무장해제를 위해 16도선 이북에는 20만의 장개석군이, 이남에는 영국군이 진주)
1946.1.	영국군, 프랑스군에게 북위 16도선 이남의 전권을 이양
1946.2.	'프랑스 · 중국협정'에 의거 프랑스군 북위 16도선 이북 관리권 획득
1946.8.	퐁텐느블로 교섭 결렬
1946.12.	베트민군 하노이에서 일제 봉기, 제1차 인도차이나 전쟁(대불전쟁) 발발
1950.1.	중국, 소련 '베트남 민주공화국'을 승인

1950.2.	미국, 영국 '베트남국(바오 다이 정권)' 승인
1954.5.	디엔 비엔 푸 함락
1954.7.	제네바 협정에 조인(북위 17도선을 잠정 군사분계선으로 하여 베트남을 남과 북으로 분할)

대미 항쟁시대(1954~1973)

1955	남부에 미국 지원 베트남 성립(초대 대통령 응오 딘 지엠)
1956.5.	북베트남 남베트남에 대해서 통일 선거 실시 협의 제의, 남베트남 이를 거부
1958	김일성 북베트남 방문, 남베트남에서 반(反) 응오 딘 지엠 조직 성립
1960.1.	북베트남 신헌법 공포
1960.12.	남베트남 민족해방전선(NLF, 속칭 베트콩) 결성
1962.1.	미국, 사이공에 '남베트남군사원조사령부'를 설치
1963.11.	쿠데타로 남베트남 응오 딘 지엠 정권 붕괴
1964.8.	통킹만 사건 발생, 미군기 북베트남 어뢰정 기지 공습
1965.2.	미국군 북폭 개시, 미국의 전쟁 개입(제2차 인도차이나 전쟁)
1968.1.	남베트남 민족해방전선 일제 공세(구정 대공세)
1968.5.	미국, 북베트남, 파리에서 평화 회담 시작
1969.1.	남베트남 민족해방전선, 사이공 정권을 포함한 파리 회담 시작
1969.6.	남베트남 민족해방전선을 주체로 한 '남베트남 임시혁명정부' 성립
1969.9.	호찌민 주석 서거
1973.1.	미국, 북베트남, 남베트남, 남베트남임시혁명정부, 파리에서 평화 협정에 조인

통일된 베트남 사회주의 공화국 시대 (1973~현재)

1975.4.30	베트남 공산화(사이공 함락)
1976.4.26	남북통일 총선거 실시
1976.7.2.	베트남 사회주의 공화국(The Socialist Republic of Vietnam) 수립
1977	UN 가입
1978.10.	캄보디아 침공
1979. 2	베 · 중 국경 전쟁
1985	베 · 캄보디아 국경 획정 조약 체결
1986	'도이 머이(đổi mới, 쇄신)' 정책 추진 결정(6차 전당대회)
1989.9.	캄보디아 철군 완료
1991	중국과 국교 정상화
1992.12.22.	한국과 수교
1995.7.12	미국과 수교
1995.7.15	ASEAN 가입
1998	APEC 가입
2000.11	Clinton 미 대통령 방베
2002	베트남 · 미국 간 무역 협정 발효
2004	ASEM 정상회의 주최
2005.6	판 반 카이 총리 방미
2005.12	베트남 · 캄보디아 국경조약 부속 협정 의정서 교환
2006.11	APEC 정상 회의 주최, WTO 가입
2006.11	Bush 미 대통령 방베
2007.6	응우옌 밍 찌엣(Nguyễn Minh Triết) 국가주석 방미

2008~2009	유엔안보리 비상임이사국 수임
2008.12.31.	베 · 중 국경 확정 종결 선언
2010	ASEAN 의장국 수임

색인

작가

기타

문학의 창으로 본 베트남

초판 발행 2017년 8월 7일
초판 3쇄 2018년 9월 17일

지은이 최귀묵

펴낸곳 고려대학교출판문화원
www.kupress.com
kupress@korea.ac.kr
02841 서울특별시 성북구 안암로 145
02-3290-4230, 4232
Fax 923-6311

찍은곳 한국컴퓨터인쇄정보

ISBN 978-89-7641-939-2 93890

값 17,000원

* 잘못 만들어진 책은 바꿔드립니다.